国家文化产业资金支持媒体融合重大项目

高等职业教育财务会计类富媒体智能型·项目化系列教材

财务管理实务

CAIWU GUANLI SHIWU

（第三版）

钭志斌 主编

东北财经大学出版社
Dongbei University of Finance & Economics Press
大连

图书在版编目（CIP）数据

财务管理实务 / 钭志斌主编．—3版．—大连：东北财经大学出版社，2025.8．—（高等职业教育财务会计类富媒体智能型·项目化系列教材）．—ISBN 978-7-5654-5730-2

Ⅰ．F275

中国国家版本馆CIP数据核字第2025HS7841号

财务管理实务

CAIWU GUANLI SHIWU

东北财经大学出版社出版

（大连市黑石礁尖山街217号　邮政编码　116025）

网　　址：http://www.dufep.cn

读者信箱：dufep@dufe.edu.cn

大连天骄彩色印刷有限公司印刷　东北财经大学出版社发行

幅面尺寸：185mm×260mm　　字数：408千字　　印张：18

2025年8月第3版　　2025年8月第1次印刷

责任编辑：王天华　曲以欢　　责任校对：那　欣

封面设计：原　皓　　版式设计：原　皓

书号：ISBN 978-7-5654-5730-2　　定价：45.00元

教学支持　售后服务　联系电话：（0411）84710309

如有印装质量问题，请联系营销部：（0411）84710711

第三版前言

财务管理是企业管理的重要组成部分，是利用价值形式对企业生产经营活动进行的综合性管理，其核心是资金筹集、投放、运营与分配的管理。

本书按照“知识与技能—数字化应用—职业判断力”的思路进行编写，具有以下特点：

1. 结构严谨，实例丰富

本书修订了拓展阅读，融入习近平新时代中国特色社会主义思想和党的二十大精神，系统构建包括财务原理、数字化能力、报表分析、管理层讨论与分析、筹资、投资、运营、分配各环节的知识体系，结构严谨；实例和习题中的案例大多来自现实的经济生活，素材真实、财务数据可靠，便于读者对理论知识的理解与应用。

2. 突出职业判断与技能训练

本书按照知识点、技能点进行编写，强化学习者职业判断能力的培养和职业技能的训练。课后职业能力测试的知识点环环相扣，案例分析按照决策过程进行设计，融职业判断与技能训练于一体。

3. 全面融入Excel应用工具

本书在讲述财务计算、模型制作、图形绘制时，以“技能拓展”的形式，融入Excel在财务工作中的应用，并提供部分实训数据源及代码，使财务理论与实践应用达到完美结合，具有较强的应用指导性。

本书由丽水职业技术学院钭志斌担任主编，浙江金融职业学院王忠孝、黄山职业技术学院周毅敏担任副主编，丽水职业技术学院张诚航、浙江畅尔智能装备股份有限公司周爱标参与编写。具体编写分工如下：项目一、项目六由周毅敏编写；项目二、项目七、项目八及Excel的应用部分由钭志斌编写；项目三、项目四由王忠孝编写；项目五由周爱标、张诚航编写。本版修订工作由丽水职业技术学院钭志斌、张诚航、钟雪兰、陈丛珊完成。

为了方便教学，本书配有数字化教学资源，用书教师可登录东北财经大学出版社网站（http：//www.dufep.cn）免费下载。此外，用书教师还可以加入“财务管理教学群”（QQ：537440502），或发邮件至122285625@qq.com进行学术交流和讨论，以及索取、查阅和下载最新资料。

本书在编写过程中，参阅了相关的著作和上市公司的资料，在此向这些作者和企业表示衷心的感谢。书中对所涉及的上市公司以及真实的企业案例素材的剖析，仅是编者从财务学习、应用角度进行的，与企业实际状况并不一定相符。

由于编者水平有限，书中难免有错漏之处，敬请广大读者批评指正。

钭志斌

2025年8月

目　录

项目一　财务管理认知 / 1

任务一　识别财务管理工作 / 2
任务二　确定财务管理目标 / 8
任务三　分析财务管理环境 / 12
拓展阅读 / 17
职业能力测试 / 19

项目二　财务管理原理 / 21

任务一　资金时间价值原理 / 22
任务二　风险价值衡量 / 42
任务三　杠杆系数计算与控制 / 48
拓展阅读 / 60
职业能力测试 / 61

项目三　筹资管理 / 65

任务一　企业筹资认知 / 66
任务二　资金需要量的预测 / 68
任务三　权益资金的筹集 / 74
任务四　债务资金的筹集 / 78
任务五　资本成本认知 / 92
任务六　资本成本的计算 / 96
任务七　资本结构的优化 / 103
拓展阅读 / 108
职业能力测试 / 109

项目四　营运资金管理 / 112

任务一　营运资金分析 / 113

任务二 现金管理 / 120
任务三 应收账款管理 / 129
任务四 存货管理 / 137
拓展阅读 / 143
职业能力测试 / 144

项目五 投资管理 / 147

任务一 项目现金流量的计算 / 148
任务二 财务评价指标的计算 / 151
任务三 证券投资 / 158
任务四 债券投资 / 163
任务五 股票投资 / 167
拓展阅读 / 172
职业能力测试 / 172

项目六 利润分配管理 / 175

任务一 利润分配原则的确定 / 176
任务二 不同股利政策的比较 / 182
任务三 利润分配方案的确定 / 186
任务四 股票分割与回购的决策 / 190
拓展阅读 / 192
职业能力测试 / 193

项目七 财务预算管理 / 196

任务一 构建全面预算体系 / 197
任务二 预算编制的基本方法 / 200
任务三 预算的编制 / 206
任务四 预算的执行与考核 / 221
拓展阅读 / 223
职业能力测试 / 224

项目八 财务报表分析 / 229

任务一 财务报表分析 / 230
任务二 基本比率分析 / 242
任务三 上市公司基本财务分析 / 255
任务四 企业综合绩效分析 / 258

拓展阅读 / 264
职业能力测试 / 265

参考文献 / 270

附 录 / 271

微课索引 / 279

项目一

财务管理认知

【知识点】

1. 财务管理的对象
2. 财务管理的工作
3. 财务与会计的区别（微课）
4. 财务管理目标
5. 财务管理的微观环境
6. 财务管理的宏观环境（微课）

【技能点】

1. 财务工作的职业判断
2. 预测利率变动方向（微课）

任务一 识别财务管理工作

财务管理研究什么，具体做什么工作？在财务工作中应注意什么？一名合格的财务人员应具备哪些知识与技能才能胜任这项工作？本节内容将回答这些问题。

知识点1-1 财务管理的对象

假设你决定创办一家公司，你将面对以下各种问题：

你需要什么样的厂房、机器与设备？你将从何种渠道获得你所需的资金？你将如何管理每天的收款与付款业务？你将如何协调债权人、债务人、税务机关、投资者等利益相关者的关系？你将如何确定利润分配政策？……

简单地说，财务管理就是研究以上问题，即资金的筹集、投放、运营与分配。

一、资金的筹集

为了更具体地说明什么是财务管理，我们首先来看会计的恒等式：

资产＝负债＋所有者权益

会计等式的右边表示企业资金的来源。企业购买原材料、机器设备、支付员工薪金等经营活动都需要有足够的资金支持。以何种渠道筹措所需的资金、筹措多少资金，如何保持企业资金的顺畅周转，这是公司财务人员应考虑的问题之一，这将会涉及企业的筹资管理。

二、资金的投放

会计等式的左边是资产，按照资产的流动性它可以划分为“流动资产”和“长期资产”。具体可以表现为货币资金、存货、固定资产、无形资产等。如何根据市场需求来安排企业资产的分布以及如何提高其使用效率是财务人员应考虑的问题之一。资产的结构不同，企业的效益将会不同，这将涉及资金的投放管理与运营管理。

三、资金的运营与分配

如果我们进一步考虑企业未来的发展情况，可以将会计恒等式演绎成下列等式：

资产＝负债＋所有者权益＋收入－费用

公司的股东，总是期望现有的资源能产生更多的收入，能够对生产经营各环节进行较好的成本控制，能够给股东带来更多的财富。因此，项目投资管理、成本费用控制、利润分配管理等内容也成为公司财务人员日常工作内容之一。

上述的管理过程具体表现为资金流与业务流两个方面。我们以制造业为例，说明企业财务管理的对象，制造业资金运动流程如图1-1所示。

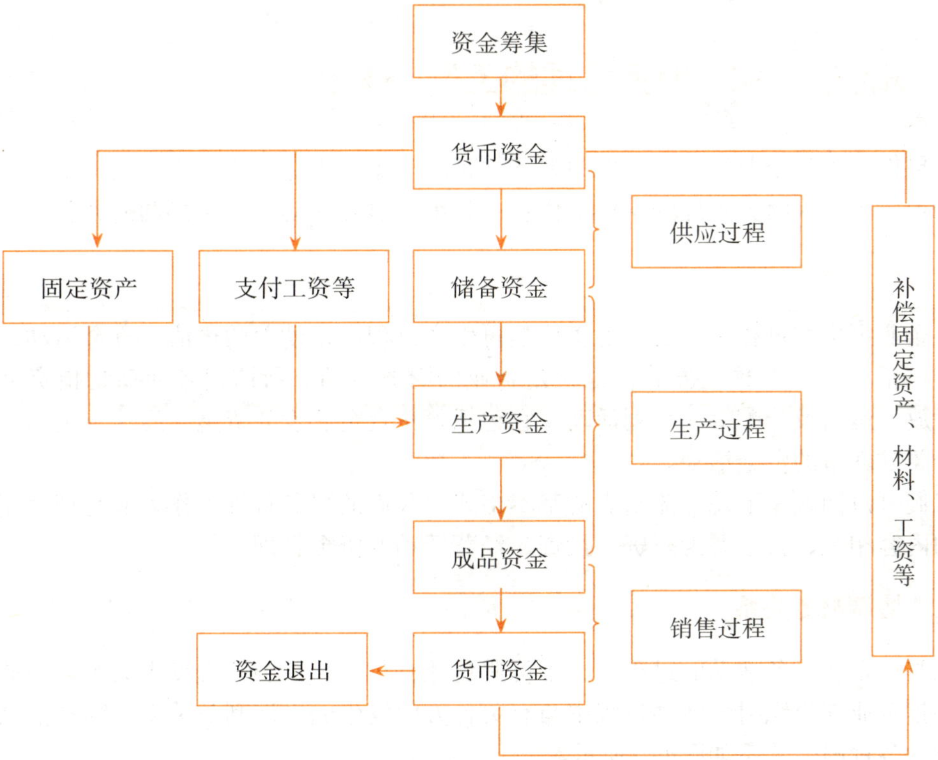

图1-1　制造业资金运动流程

按照业务流程，可以将企业的经济活动分为供应、生产、销售三个阶段。供应过程是购入生产经营所需的材料物资，形成生产储备的过程，这时货币资金转化为储备资金。生产过程是将材料物资投入生产，加工成产成品的过程。在该过程中储备资金和固定资产的价值转化为生产资金；当产品加工完成验收入库后，生产资金又转化为成品资金。销售过程是将产成品销售出去并收回销售货款的过程，在该过程中成品资金随着销售活动转化为货币资金，收回的货款减除销售产品成本等费用后就形成了企业的利润。企业需要从赚取的利润中拿出一部分以税收的形式缴给国家，一部分以红利的形式分配给投资者，还有一部分留存于企业，用于企业发展经营。

企业的资金随着供产销活动不断地改变着它的形态，即从货币资金开始，依次转化为储备资金、生产资金、成品资金、货币资金，进行不断地循环，形成了企业资金周转。在财务活动中，对每种资金形态的增减变化、资金周转的速度与数量等，都必须加强监督和管理，以提高资金的使用效率。不可否认的是，对业务流的管理也能有效地提升企业的价值，有助于实现企业价值最大化，但这些内容会在生产运营管理、生产流程管理等课程中进行介绍。

在本书中，将财务管理定义为根据资金运动规律，遵照国家法律政策，对企业生产经营过程中资金的筹集、使用和分配，进行预测决策、计划控制，提高资金运用效果，实现资本保值增值的管理工作。

知识点1-2　财务管理的工作

如果你认为将企业资金活动作为财务管理的对象过于宽泛或抽象的话。那么，你可以将两项内容作为财务管理的主要工作：一是组织财务活动；二是协调财务关系。

一、组织财务活动

在企业再生产过程中，资金的实质是再生产过程中运动着的价值。资金运动，构成企业经济活动的一个独立方面，也就是企业的财务活动。所谓财务活动是指资金的筹集、投放、运营及分配等一系列活动，它包括筹集资金、投放资金、运营资金与分配资金四个关键环节的资金活动。

我们可以回顾一下现金流量表的基本格式，我们的财务管理工作大多与现金流量表反映的内容相关，其主要为筹资、投资、经营活动的资金管理。

二、协调财务关系

在组织企业财务活动的过程中，不可避免地会与各相关利益者发生关系。企业财务关系是指企业在组织财务活动过程中与有关各方面发生的经济利益关系。财务活动中需要协调的各种财务关系如图1–2所示。

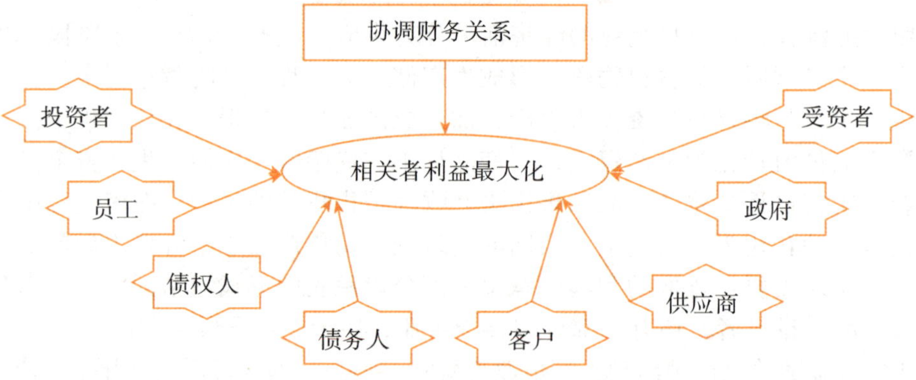

图1–2　财务活动中需要协调的各种财务关系

（一）企业的财务关系

企业的财务关系主要包括以下几个方面：

1. 与政府之间的财务关系

与政府之间的财务关系是指企业按照税法等规定向政府缴纳各种税费、接受各级政府依法监督所形成的经济关系，这种关系具有无偿性和强制性。

2. 与投资者之间的财务关系

与投资者之间的财务关系是指投资者向企业投入资金，企业向其支付投资报酬所形成的经济关系。企业与投资者之间的关系是风险与共和以资本保值、增值为核心的剩余权益分配关系，是一种经营权与所有权关系。

3. 与债权人之间的财务关系

与债权人之间的财务关系是指企业向债权人借入资金，并按借款合同的规定按期支付利息和归还本金所形成的经济关系，是一种债权债务关系。

4. 与受资者之间的财务关系

与受资者之间的财务关系是企业以购买股票或直接投资的形式向其他企业投资形成的经济利益关系，是一种投资与受资的关系。

5. 与债务人之间的财务关系

与债务人之间的财务关系是指企业将其资金以购买债券、提供借款或商业信用等形式出借给其他单位所形成的经济关系。企业将资金借出后，有权要求其债务人按约定的条件支付利息和归还本金，这也是一种债权债务关系。

6. 与内部各单位之间的财务关系

与内部各单位之间的财务关系是指企业与其内部各单位和员工之间、内部各单位之间，在生产经营中由于相互提供产品或劳务、企业向员工支付劳动报酬等原因所形成的经济利益关系，是一种企业内部各单位之间的经济利益的分配关系。

在上述关系中，企业与政府、投资者、债权人之间的财务关系是主导性关系。正确处理和协调有关方面的财务关系，取得国家、投资者和其他单位的信任，实现企业与其他各种财务主体之间的利益均衡，促进企业生产经营活动的正常运营，是财务人员的主要工作之一。

【做中学1-1】（单选题）ST新潮自2009年以来连续15年未向投资者分红。公司因境外资产控制权“空心化”、信息披露不透明以及分红机制存在制度性缺陷等问题，长期未实施分红政策。2025年2月，上交所对ST新潮发出监管函，要求其推动分红以提升投资者回报水平。这一事件反映出公司需要协调的财务关系是（　　）。

A. 企业与投资者之间的财务关系

B. 企业与政府监管部门之间的财务关系

C. 企业与供应商之间的财务关系

D. 企业与员工之间的财务关系

参考答案：A。

（二）协调所有者、经营者、债权人三者之间的关系

在企业的各种财务关系中，所有者、经营者、债权人构成了企业主要的财务关系。因此，在财务工作中首先要做好这三者之间的冲突协调。

1. 所有者与经营者的矛盾与协调

在所有权和经营权分离以后，所有者的目标是使企业价值最大化，而经营者是最大合理效用的追求者，其目标是追求更多的享受成本，如增加报酬、增加闲暇时间、减少风险。因此，经营者有可能为了自身的目标而背离股东的利益。他们之间的主要矛盾是经营者希望在提高企业价值和股东财富的同时，能更多地增加享受成本；而所有者则希望以较少的享受成本带来更多的企业价值或股东财富。为了解决这一矛盾，可以采取解聘、接收、激励等具体措施达到双方共赢。

2.所有者与债权人的矛盾与协调

债权人把资金借给企业，其目标是到期时能收回本金与利息；公司借款的目的是将筹集到的资金，投入有一定风险的生产经营项目，用于扩大再生产。它们之间的目标并不一致，有时，所有者可能要求经营者改变举债资金原定用途，将其用于风险更高的项目，加大了债权人的风险。若高风险项目经营成功，则额外的利润就会被所有者独享；若经营失败，债权人却要与所有者共同承担由此而造成的损失。由于偿债风险的提高将会使债务的变现价值下降，给债权人带来损失。为了协调所有者与债权人的上述矛盾，通常可以采用在借款合同中加入限制性条款或采取收回借款、停止借款等办法加以解决。

【做中学1-2】（多选题）2025年2月杉杉股份发布公告，其控股股东杉杉集团因债务问题被多家银行申请重整，其核心问题是所有者与债权人之间的利益冲突。为了协调所有者与债权人的矛盾，下列措施中合理的有（　　）。

A. 在借款合同中加入限制性条款，约束企业资金用途，降低债权人风险

B. 债权人通过司法途径提前收回借款或冻结企业资产，保障自身权益

C. 企业通过破产重整程序，引入战略投资者，盘活资产，保障债权人和所有者的共同利益

D. 所有者在企业经营成功时与债权人分享超额利润，以换取债权人的信任和支持

参考答案：ABC。

技能点1-1　财务工作的职业判断

在资产负债表的右边，反映企业资金的筹集与分配，即企业资金的来源。左边反映企业资金的投放，即企业资金的占用。财务活动的主要工作之一是组织资金的筹集、资金的投放、资金的运营与分配。在这一过程中，企业要与债权人、投资者等利益相关者发生各种各样的财务关系。因此，必须协调好经营者、股东等各利益相关方的财务关系。

【做中学1-3】北海公司2025年的结构百分比资产负债表见表1-1。

表1-1　北海公司2025年的结构百分比资产负债表　金额单位：万元

资产	资产分布	资产结构	负债和所有者权益（或股东权益）	资金来源	资金结构
流动资产：			流动负债：		
货币资金	3 200	13%	短期借款	2 300	9%
应收账款	4 300	18%	应付账款	6 900	28%
存货	4 500	18%	应交税费	600	2%
流动资产合计	12 000	49%	流动负债合计	9 800	40%

续表

资产	资产分布	资产结构	负债和所有者权益（或股东权益）	资金来源	资金结构
非流动资产：			非流动负债：		
投资性房地产	1 200	5%	长期借款	5 000	20%
固定资产	10 000	41%	非流动负债合计	5 000	20%
在建工程	1 200	5%	负债合计	14 800	61%
非流动资产合计	12 400	51%	所有者权益：		
			实收资本	3 400	14%
			盈余公积	1 200	5%
			未分配利润	5 000	20%
			所有者权益合计	9 600	39%
资产总计	24 400	100%	负债和所有者权益（或股东权益）总计	24 400	100%

注：因四舍五入，部分数据存在尾差。

要求：请你阅读该报表，回答下列问题。

（1）请复核报表各项目的结构百分比，并分析该企业的资金主要从哪些渠道获得？（提示：请在Excel中进行计算，掌握绝对引用的应用技巧，资金来源分析可以判断企业财务风险的高低）

（2）该企业的资金主要投向哪里？（提示：主要分析企业资金的占用，即资产负债表左边的资产结构分析，资产结构分析可以判断企业经营风险的高低）

（3）通过对该报表的结构分析，请你陈述财务管理的主要工作内容是什么？（提示：筹资、投资、运营等财务活动与财务关系的协调）

知识点1-3　财务与会计的区别

微课

财务与会计的区别

财务管理通常与企业的高级管理人员相关。其工作岗位的主要负责人一般称为首席财务官或财务总监（CFO）。图1-3是一张简化的组织机构图，它描述了财务人员主要的工作环节，即组织筹资、投资、运营、分配等环节的财务活动及其在这一系列过程中涉及的各种经济利益关系（如与生产、营销等部门的关系）的协调。

从图1-3中，我们还可以看出财务管理工作主要是进行资金的筹集、投放、运营与分配等财务活动，而会计核算工作主要是对发生的经济业务进行确认、计量、记录、报告。

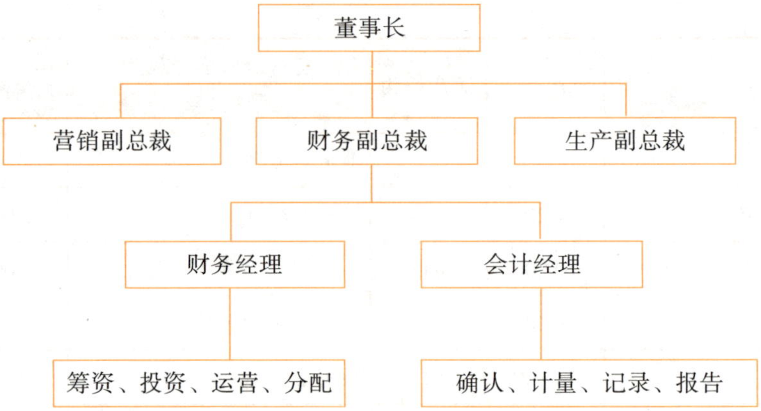

图1-3 简化的组织机构图

本书将财务管理划分为组织财务活动和协调财务关系。这是非常宽泛的划分，实务工作并非局限于这些内容，它还包括更广的内容，它们将在管理会计、运营管理等其他课程中加以论述。

任务二 确定财务管理目标

财务管理的目标有多种，其中以利润最大化、股东财富最大化、企业价值最大化等目标最具有影响力和代表性。作为公司的管理者，如何根据公司发展阶段、所处的经济环境选择恰当的财务目标，是我们必须思考的问题之一，也是今后决策的主要依据之一。

知识点1-4 财务管理目标

财务管理目标是企业经营目标在财务上的集中和概括，是企业一切财务活动的出发点和归宿。它主要有以下几种代表性的理论：

一、利润最大化

利润最大化曾经被人们广泛接受，在西方微观经济学的分析中就有假定：厂商追求利润最大化。这一观点认为，利润代表企业新创造的财富，利润越多则说明企业的财富增加越多，越接近企业的目标。利润最大化的优点是，企业追求利润最大化，就必须强化经济核算，加强管理，改进技术，提高劳动生产率，降低生产成本。这些措施有利于企业资源的合理配置，有利于企业整体经济效益的提高。

但是，这种观点存在一些局限性：

（1）没有考虑利润取得的时间。例如，现在获利50万元与3年后获利50万元，它们的内在价值是不一样的，因为当前获利的50万元还可以获得未来3年的时间价值增量。

（2）没有考虑获取利润和所承担风险的关系。例如，即使不同行业在同期均实现了50万元的利润，但由于各行业的风险水平不同，这种利润水平是无法直接进行比较的。

（3）没有考虑所获利润和投入资本额的关系。例如，两个企业均获得50万元利润，但一个企业投入资本100万元，另一个企业投入资本150万元。在这种情况下，仅从绝对利润来看，无法判断哪个企业更符合目标。实际上，第一个企业的投资回报率为50%（50÷100×100%），而第二个企业的投资回报率仅为33.3%（50÷150×100%）。显然，第一个企业更高效地利用了资本。若不结合投入资本进行分析，仅从绝对利润来看，也难以作出正确判断。

（4）可能会导致企业的短期行为。例如，企业可能会对机器设备等资源进行超负荷、掠夺性使用，以追求当期利润的最大化，而忽视设备的维护和更新。这种行为虽然可能在短期内提升利润，但却牺牲了企业的长期发展能力，最终可能导致企业资源枯竭、竞争力下降，甚至走向衰败。

二、每股收益最大化

利润最大化的另一种表现方式是每股收益最大化。它将企业的利润与股东投入的资本联系起来进行考察，能克服利润最大化目标的部分缺点。

1. 每股收益最大化的优点

（1）考虑股东投入资本。与单纯的利润最大化相比，每股收益最大化通过将净利润与普通股数量挂钩，能够更准确地反映股东每单位资本的回报水平。

（2）提升股东价值。每股收益最大化直接提升了股东的投资回报，吸引更多的投资者关注，从而推动股价上涨，增强股东对公司的信心。

（3）激励管理层。每股收益作为重要的财务指标，能够激励管理层通过提高运营效率、降低成本等方式提升公司业绩。

2. 每股收益最大化的缺点

（1）忽视风险和时间价值。每股收益最大化仍然没有考虑利润取得的时间和风险，可能导致管理层过度关注短期利润，而忽视长期发展。

（2）可能引发短期行为。为了提升每股收益，管理层可能会采取一些短期措施，如削减研发支出、减少员工福利或过度负债，从而损害公司的长期竞争力。

（3）忽略社会责任。过度追求每股收益最大化可能导致企业忽视对员工、环境和社会的责任，影响公司的品牌形象和长期发展。

综上所述，每股收益最大化虽然在一定程度上克服了利润最大化的局限性，但仍然存在一些不足。企业在设定财务管理目标时，需要综合考虑短期与长期目标的平衡，避免过度依赖单一指标。

三、股东财富最大化

股东财富最大化是指企业的财务活动以实现股东财富最大化为目标。在上市公司，股东财富是由其所拥有的股票数量和股票市场价格两方面决定的。在股票数量一定时，股票价格越高，股东财富也就越大。

1.股东财富最大化的优点

与利润最大化相比，股东财富最大化具有以下优点：

（1）它考虑了风险因素，因为通常股价会对风险产生比较敏感的反应。

（2）在一定程度上能避免企业的短期行为。因为不仅目前的利润会影响股票价格，未来的利润同样会对股价产生重要影响。

2.股东财富最大化的缺点

对上市公司而言，股东财富最大化目标比较容易量化，便于考核和奖惩。但是，它也存在以下缺点：

（1）其通常只适用于上市公司，非上市公司难以应用，因为非上市公司无法像上市公司一样随时准确获得公司股价。

（2）股价的变动受到众多因素影响，特别是企业外部的因素，有些还可能是非正常因素。股价不能完全准确地反映企业的财务管理状况，如有的上市公司处于破产的边缘，但由于可能存在某些机会，其股票市价可能还在走高。

（3）更多地强调股东利益，而对其他相关者的利益不够重视。

四、企业价值最大化

企业的价值是指企业全部资产的市场价值。通俗地说就是企业值多少钱。该观点认为，企业的价值是该企业创造的未来现金流量以其加权平均资本成本为贴现率折现的现值。即：

$$企业价值=\sum(未来现金流量\times折现率)$$

采用企业价值最大化作为财务目标，具有以下优点：

（1）考虑了取得报酬的时间，并用资金时间价值的原理进行了计量。

（2）充分考虑了风险和报酬的因素，折现率中包括了风险附加率的影响。

（3）企业价值最大化能克服企业追求利润上的短期行为，因为其考虑了未来的现金流对企业价值的影响。

但是，在评估企业价值时，企业未来的现金流和与企业风险相适应的折现率是很难预计的。

【做中学1-4】（多选题）在北海公司企业战略目标研讨会上，张经理主张“落实合作共赢的价值理念，着力于企业未来长远的发展”；李经理认为“既然企业的绩效按年度考核，财务目标就应当集中体现当年的利润指标”；王经理提出“应给企业股东带来更多的分红”。上述观点涉及的财务管理目标有（　　）。

A.利润最大化　　B.企业规模最大化

C.企业价值最大化　　D.股东财富最大化

参考答案：ACD。

五、相关者利益最大化

在现代企业是多边契约关系的总和的前提下，要确立科学的财务管理目标，要考虑哪些利益关系会对企业发展产生影响。在市场经济中，企业的理财主体更加细化和多元化。股东作为企业所有者，在企业中拥有最高的权力，并承担着最大的义务和风险，但是债权人、员工、企业经营者、客户、供应商和政府也为企业承担着风险。因此，企业的利益相关者不仅包括股东，还包括债权人、企业经营者、客户、供应商、员工、政府等。在确定企业财务管理目标时，不能忽视这些相关利益群体的利益。

1.相关者利益最大化的具体内容

相关者利益最大化的具体内容包括如下几个方面：

（1）强调风险与报酬的均衡，将风险控制在企业可以承受的范围内。

（2）强调股东的首要地位，并强调企业与股东之间的协调关系。

（3）强调对代理人即企业经营者的监督和控制，建立有效的激励机制以确保企业战略目标的顺利实施。

（4）关心本企业普通职工的利益，创造优美和谐的工作环境并提供合理恰当的福利待遇，激励职工长期为企业努力工作。

（5）不断加强与债权人的关系，培养可靠的资金供应者。

（6）关心客户的长期利益，以便保持销售收入的长期稳定增长。

（7）加强与供应商的协作，共同面对市场竞争，并注重企业形象的宣传，遵守承诺，讲究信誉。

（8）保持与政府部门的良好关系。

2.相关者利益最大化的优点

以相关者利益最大化作为财务管理目标，具有以下优点：

（1）有利于企业长期稳定发展。这一目标注重企业在发展过程中考虑并满足各利益相关者的利益。在追求长期稳定发展的过程中，站在企业的角度上进行投资研究，避免只站在股东的角度进行投资可能导致的一系列问题。

（2）体现了合作共赢的价值理念，有利于实现企业经济效益和社会效益的统一。由于兼顾了企业、股东、政府、客户等的利益，企业就不仅仅是一个单纯谋利的组织，还承担了一定的社会责任。企业在寻求其自身的发展和利益最大化的过程中，由于需维护客户及其他利益相关者的利益，就会依法经营，依法管理，正确处理各种财务关系，自觉维护和切实保障国家、集体和社会公众的合法权益。

（3）这一目标本身是一个多元化、多层次的目标体系，较好地兼顾了各利益主体的利益。这一目标可使企业各利益主体相互作用、相互协调，并在使企业利益、股东利益达到最大化的同时，也使其他利益相关者利益达到最大化。

（4）体现了前瞻性和现实性的统一。比如，企业作为利益相关者之一，有其一套评价指标体系，如未来企业报酬贴现值；股东的评价指标可以使用股票市价；债权人可以寻求风险最小、利息最高；员工可以追求工资福利；政府可考虑社会效益等。不同的利益相关者有各自的指标，只要合理合法，互利互惠、相互协调，就可以实现所有相关者利益最大化。

任务三 分析财务管理环境

作为财务人员，你要充分意识到熟知公司基本情况及其经济环境、金融市场、法律环境等外部信息对财务工作的重要性。

知识点1-5 财务管理的微观环境

当你首次进入企业时，可以从以下几个方面考察企业内部环境对财务活动的影响：

一、企业组织体制

企业组织体制包括企业的所有制形式、企业类型、企业的经济责任制和企业内部组织形式等。组织体制的不同，对财务活动的具体要求也不一样，我们必须关注企业组织体制差异对财务工作的影响。比如，我国《公司法》第九十一条规定“设立股份有限公司，可以采取发起设立或者募集设立的方式。发起设立，是指由发起人认购设立公司时应发行的全部股份而设立公司。募集设立，是指由发起人认购设立公司时应发行股份的一部分，其余股份向特定对象募集或者向社会公开募集而设立公司。”第四十二条规定“有限责任公司由一个以上五十个以下股东出资设立。”从中可以看出，不同的组织体制，对企业的筹资管理的要求是不一样的。

二、企业的经营管理水平与技术环境

经营管理状况是指企业的经营管理水平，包括物资采购、物资供应及物资销售等能力。企业经营管理状况对企业财务活动有重大影响。企业的经营管理状况好，水平高，会营造一个良好的内部财务环境；否则，会限制财务工作的顺利开展。

财务管理的技术环境，是指财务管理得以实现的技术手段和技术条件，它决定着财务管理的效率和效果。目前，我国进行财务管理所依据的会计信息主要是由会计系统提供的，一般占企业经济信息总量的60%~70%。

我国正在全面推进会计信息化工作，力争通过5~10年的努力，建立健全会计信息化法规体系和会计信息化标准体系（包括可扩展商业报告语言（XBRL）分类标准），全力打造会计信息化人才队伍，基本实现大型企事业单位会计信息化与经营管理信息化的融合，进一步提升企事业单位的管理水平和风险防范能力，做到数出一门、资源共享，便于不同信息使用者获取、分析和利用。通过全面推进会计信息化工作，使我国的会计信息化达到或接近世界先进水平。会计信息化的全面推进，必将促使企业财务管理的技术环境进一步完善和优化。

三、企业的生产状况

企业的生产状况主要是指由生产能力、厂房设备、生产组织、人力资源、物质资源、技术资源所构成的生产条件和企业产品的寿命周期。

就生产条件而言，企业可分为劳动密集型、技术密集型和资源开发型的企业。劳动密集型企业所需工资费用较多，长期资金的占用一般较少；技术密集型企业需要使用较多的先进设备，需要筹集较多的长期资金；资源开发型企业则需投入大量资金用于勘探、开采，资金回收期较长。因此，企业的生产状况会影响企业资金的筹集、投放和分配。

【做中学 1-5】（多选题）下列各项有关企业资金筹集的说法中，正确的有（　　）。

A. 高新技术型企业，一般应考虑筹集较多的长期资金

B. 劳动密集型的企业，一般较多地利用短期资金

C. 生产轮船、飞机的企业，一般较多地利用长期资金

D. 生产食品的企业，由于生产周期很短，可以较多地利用短期资金

参考答案：ABCD。

四、企业的供销存情况

企业的供销存情况可以从材料的供应环境和产品的销售环境角度来理解。

供应环境是指企业在市场采购物资时涉及采购数量和采购价格的有关影响因素。企业采购面临的环境，按物资供应是否充裕，可分为稳定的采购环境和波动的采购环境。在稳定的采购环境下，商品资源相对比较充足，运输条件比较正常，一般能保证生产经营的需要，企业可以少储备物资，不必占用过多的资金。而在波动的采购环境下，商品资源相对比较紧缺，企业要设置物资的保险储备，需要占用较多资金。例如，对价格看涨的物资，企业通常要提前进货，投放较多资金，而对价格看跌的物资，则应在保证生产需要的情况下推迟采购，节约资金。

销售环境主要是指企业商品在销售市场上的竞争程度。销售环境对企业财务活动的影响，主要表现在因价格和销售量波动而影响资金的收回、商业信用的运用、借贷的风险等方面。一般来说，市场竞争性强的企业风险大，利用债务资金要慎重；市场竞争性一般的企业风险较小，资金占用量相对较少，可较多地利用债务资金。

【做中学 1-6】（多选题）下列各项关于机器人配件行业的资金筹集与采购策略的说法中，正确的有（　　）。

A. 机器人配件行业属于技术密集型行业，企业通常需要较多的长期资金用于技术研发和设备购置

B. 由于机器人配件行业市场竞争激烈，企业通常会根据市场价格波动灵活调整采购策略，以降低成本

C. 在稳定的采购环境下，机器人配件企业可以减少物资储备，以降低资金占用

D. 当机器人配件的价格看涨时，企业应推迟采购，以节约资金

E. 机器人配件行业对原材料的质量要求较高，企业通常会选择与少数优质供应商

建立长期合作关系，以确保供应的稳定性

参考答案：ABCE。

知识点1-6 财务管理的宏观环境

微课

宏观环境分析

宏观的财务环境主要是指企业所面临的经济环境、法律环境、金融环境。

一、经济环境

经济环境是指构成企业生存和发展的社会经济状况和国家经济政策。它主要包括经济周期、经济发展水平等。

（一）经济周期

市场经济条件下，经济发展与运行带有一定的波动性，需要经历复苏、繁荣、衰退和萧条几个阶段的循环，这种循环称作经济周期。处在不同的经济周期阶段，企业应采取不同的财务策略，见表1-2。

表1-2 不同经济周期中的财务策略

复苏	繁荣	衰退	萧条
1.增加厂房	1.扩充厂房	1.停止扩张	1.建立新的投资标准
2.融资租入设备	2.增加设备投资	2.出售多余设备	2.出售多余设备
3.建立存货	3.继续建立存货	3.削减存货	3.削减存货
4.开发新产品	4.开展营销规划	4.停产滞销产品	4.放弃次要利益
5.增加劳动力	5.增加劳动力	5.停止扩招雇员	5.裁减雇员

事实上，作为微观个体的企业，也存在着上述经济周期，即企业自身的发展阶段。我们应该根据公司在初创期、成长期、成熟期、衰退期资金运动的特点，开展适应不同阶段的财务活动。

【做中学1-7】（多选题）根据目前所处的经济周期，江南公司采用了增加劳动力、扩建厂房等措施，从中可知该企业很可能处于经济周期的（　　）阶段。

A.衰退　　B.繁荣　　C.萧条　　D.复苏

参考答案：BD。

（二）经济发展水平

经济发展水平是指一个国家经济发展的规模、速度和所达到的水准。反映一个国家经济发展水平的常用指标有国民收入、人均国民收入、经济发展速度等。经济发展水平越高，财务管理水平也越高。财务管理水平的提高，将推动企业降低成本，改进效率，提高效益。因此，企业财务人员必须积极探索与经济发展水平相适应的管理模式。

（三）宏观的经济政策

政府具有较强的宏观经济调控能力，国民经济的发展规划、国家的产业政策、经济体制改革的措施、政府的行政法规等对企业的财务活动都有重大影响。

如金融政策中的货币发行量、信贷规模会影响企业投资的资金来源和投资的预期收益；财税政策会影响企业的资金结构和投资项目的选择等；价格政策会影响资金的投向和投资的回收期及预期收益；会计制度的改革会影响会计要素的确认和计量，进而对企业财务活动的事前预测、决策及事后评价产生影响等。

【做中学1-8】（多选题）国家开展大规模消费品以旧换新政策，旨在通过财政补贴等方式刺激消费、促进产业升级。下列关于该政策对企业的宏观环境影响及企业财务管理策略的描述中，正确的有（　　）。

A. 政策实施将增加企业销售机会，但可能压缩利润空间，企业需优化成本结构加以应对

B. 政府财政补贴和税收优惠政策将降低企业经营成本，企业可借此扩大市场份额

C. 以旧换新政策将推动企业加快设备更新和技术升级，企业需增加固定资产投资

D. 政策带来的消费增长将拉动企业销售收入，企业应提前布局，增加库存以满足市场需求

参考答案：ABCD。

（四）通货膨胀水平

通货膨胀对企业财务活动的影响是多方面的。它引起资金占用的大量增加，从而增加企业的资金需求；会虚增企业利润，造成企业资金由于利润分配等因素而流失；会增加企业的筹资难度，会提高企业的资金成本。

为了减轻通货膨胀对企业造成的不利影响，企业应当采取措施予以防范。在通货膨胀初期，货币资金面临着贬值的风险，这时企业进行投资可以避免风险，实现资本保值；与客户应签订长期购货合同，以减少物价上涨造成的损失；取得长期负债，保持资本成本的稳定。在通货膨胀持续期，企业可以采用比较严格的信用条件，减少企业债权；调整财务政策，防止和减少企业资本流失等。

【做中学1-9】（判断题）为了防范通货膨胀风险，公司应当与供货方签订固定价格的长期采购合同。（　　）

参考答案：对。

二、法律环境

法律环境是指企业和外部发生经济关系时所应遵守的各种法律法规和规章制度。它主要包括企业组织法律规范、税收法律规范。其具体包括公司法、证券法、金融法、证券交易法、税法、企业财务通则、内部控制基本规范等。法律环境对企业的影响是多方面的，影响范围包括企业组织形式、公司治理结构、投融资活动、日常经营、收益分配等。

市场经济是法治经济，企业的经济活动总是在一定法律规范内进行的。法律既约束着企业不从事非法经济行为，也为企业从事各种合法经济活动提供保护。国家相关法律

法规按照其对财务管理内容的影响情况可以分为如下几类：

（1）影响企业筹资的各种法律法规主要有：公司法、证券法、金融法、证券交易法等。这些法规可以从不同方面规范或制约企业的筹资活动。

（2）影响企业投资的各种法律法规主要有：证券交易法、公司法、企业财务通则等。这些法规从不同角度规范企业的投资活动。

（3）影响企业收益分配的各种法律法规主要有：税法、公司法、企业财务通则等。这些法规从不同方面对企业收益分配进行了规范。

三、金融环境

金融环境是企业融资最直接的外部环境，主要包括金融机构、金融市场和利率等要素。其中，利率是影响企业融资活动的最重要因素。

在金融市场上，利率是资金使用权的价格。利率变化将影响到企业的融资成本及其资产价格。我们可以利用利率公式结合国家相关的经济数据来合理预测利率未来的变动趋势，并依此决定企业的融资、投资行为。利率的基本公式为：

利率＝纯粹利率＋通货膨胀附加率＋风险附加率

（一）纯粹利率

纯粹利率是指无通货膨胀、无风险情况下的平均利率。例如，在没有通货膨胀时，短期国库券的利率可以视为纯粹利率。纯粹利率的高低，受平均利润率、资金供求关系和国家政策调节的影响。我们也可以监测国库券利息的变化来判断央行利率的走向，这是最简便的办法。

【做中学 1-10】（多选题）中国人民银行发行了320亿元的3个月期央票。下列说法中，正确的有（　　）。

A.3个月期央票的利率因时间短，可以视作无风险、无通货膨胀的纯粹利率

B.央行发行的票据由于违约风险极低，可视作无风险票据

C.3个月的票据由于期限短，可忽略通货膨胀的影响

D.纯粹利率是指无风险、无通货膨胀时的利率

参考答案：ABCD。

（二）通货膨胀附加率

通货膨胀使货币贬值，投资者的真实报酬下降。因此投资者把资金交给借款人时，会在纯粹利率的水平上再加上通货膨胀附加率，以弥补通货膨胀造成的购买力损失。财政部每次发行国库券的利息率都会随预期的通货膨胀率的变化而变化。

（三）风险附加率

投资者除了关心通货膨胀率以外，还关心资金使用者能否保证他们收回本金并取得一定的收益。这种风险越大，投资人要求的收益率越高。风险附加率是投资者要求的除纯粹利率和通货膨胀附加率之外的风险补偿。

技能点1-2　预测利率变动方向

从利率的基本公式“利率＝纯粹利率＋通货膨胀附加率＋风险附加率”可以知道，影响利率水平高低的主要因素有纯粹利率、通货膨胀附加率、风险附加率等因素，如果上述三个因素或是其中一个因素呈现出持续上升的趋势时，各国央行势必要考虑提高本国的利率水平。

因此，作为公司的财务人员，要及时了解宏观环境的变化和要求，熟悉企业内部运行机制，以提高对财务环境变化的适应能力。

【做中学1-11】中国人民银行决定自2024年9月27日起，下调金融机构存款准备金率0.5个百分点，释放长期流动性约1万亿元。同时，央行将公开市场7天期逆回购操作利率下调20个基点，从1.7%调整为1.5%。这次降准降息是央行落实中央政治局会议要求，加大逆周期调节力度，支持经济稳定增长的重要举措。

微课

预测利率变动方向

要求：请你根据利率的基本公式分析预期央行降息的原因。

参考答案：根据“利率＝纯粹利率＋通货膨胀附加率＋风险附加率”公式可知，当预期等式右边的因素会下降时，必然会促使等式左边利率的下降。2024年国内经济面临需求不足、通缩压力加大等问题，经济增长动能有待进一步增强。降息政策旨在通过降低融资成本，刺激投资和消费，增强经济内生增长动力。

拓展阅读

假设你是企业的高级管理人员，请阅读以下材料，谈谈你对“ESG与相关者利益最大化财务管理目标”的思考。

ESG与相关者利益最大化财务管理目标

一、ESG理念与企业财务管理目标

ESG（环境、社会和治理）理念近年来在全球范围内迅速发展，成为企业可持续发展的重要框架。ESG不仅关注企业的财务表现，还强调企业在环境保护、社会责任和公司治理方面的表现。随着全球对可持续发展的重视，企业财务管理目标也在逐渐从传统的利润最大化向ESG理念下的综合价值最大化转变。

微课

人民币升值对外币资产的影响

二、ESG对财务管理目标的影响

（一）传统财务管理目标的局限性

传统的财务管理目标主要集中在股东财富最大化和利润最大化上，往往忽视了企业对环境、社会和利益相关方的影响。这种单一目标模式在面对复杂的外部环境和可持续发展要求时，显得力不从心。

（二）ESG理念下的新财务管理目标

在ESG理念下，企业财务管理目标需要重塑，以更好地适应可持续发展的要求。新的财务管理目标包括：

（1）负责任投资。将环境和社会因素纳入投资决策，确保企业的长期稳定发展。

（2）社会资本保护。通过积极履行社会责任，增强企业与社会的互动，提升企业的社会形象和声誉。

（3）可持续发展。通过优化资源配置，降低环境风险，实现企业的长期可持续发展。

（三）ESG与财务绩效的关系

研究表明，ESG表现良好的企业往往能够实现更高的财务绩效。ESG表现不仅能够降低企业的融资成本，还能通过提升创新能力、优化风险管理，增强企业的竞争力。此外，ESG信息披露的透明度也与企业价值呈正相关关系。

三、ESG理念下的财务管理策略

（一）量化ESG与财务影响

企业需要建立科学的指标体系，量化ESG因素对财务绩效的影响。例如，通过情景分析和成本效益分析，评估ESG项目对企业财务状况、经营成果和现金流量的潜在影响。

（二）优化治理结构

ESG理念要求企业建立完善的治理结构，明确董事会和管理层在可持续发展中的职责。企业需要设立专门的ESG委员会，监督和管理ESG相关事务。

（三）利益相关方参与

企业应积极与利益相关方沟通，了解其需求和期望，将利益相关方的利益纳入企业决策过程。这不仅有助于提升企业的社会形象，还能增强企业的市场竞争力。

（四）数字化转型

数字化技术可以为企业提供更高效的数据收集、分析和报告工具，帮助企业更好地管理ESG事务。通过数字化转型，企业可以实时监控ESG指标，优化资源配置，提升运营效率。

四、ESG政策对企业财务管理的影响

近年来，我国政府出台了一系列ESG相关政策，推动企业践行可持续发展理念。例如，沪深北交易所发布的《上市公司持续监管指引——可持续发展报告》要求部分上市公司披露ESG报告，这标志着我国资本市场在ESG信息披露方面迈出了重要一步。这些政策不仅为企业提供了明确的ESG管理框架，也推动了企业财务管理目标的重塑。

ESG理念的兴起为企业财务管理目标带来了新的挑战和机遇。企业在追求财务绩效的同时，需要更加关注环境、社会和治理因素，通过优化治理结构、量化ESG影响和推进数字化转型，实现可持续发展目标。未来，随着ESG政策的不断完善，企业将更加注重ESG与财务目标的融合，推动经济社会的全面可持续发展。

职业能力测试

一、判断题

（　　）1.财务工作者应当精通税法、公司法等法律、规章制度，以更好地开展财务管理工作。

（　　）2.如果预期市场利率下降，企业应当考虑筹集长期资金来满足企业生产经营的需要。

（　　）3.因连续亏损即将被退市的ST上市公司当前的财务管理目标应该是实现企业价值最大化。

（　　）4.由于存在会计估计、会计政策的不同选择，使得以利润最大化作为考核目标具有很大的弹性。

（　　）5.一般说来，在加息预期强烈的情况下，购买债券宜短不宜长。

二、单项选择题

1.在下列各种观点中，不能考虑资金的时间价值和投资风险，难以克服管理上的片面性和短期行为的财务管理目标是（　　）。

A.利润最大化　　B.企业价值最大化

C.相关者利益最大化　　D.股东财富最大化

2.根据企业价值$=\sum$(未来现金流量 × 折现率)这一公式，下列说法中，错误的是（　　）。

A.该公式考虑了取得报酬的时间，并用资金时间价值的原理进行了企业价值计量

B.该公式充分考虑了风险和报酬的因素

C.折现率中包括了风险附加率的影响

D.其价值的确定方式有可能促使企业管理层更加关注短期利益的兑现

3.根据相关者利益最大化财务管理目标理论，承担最大风险并可能获得最大报酬的是（　　）。

A.股东　　B.债权人　　C.经营者　　D.供应商

4.下列关于股东财富最大化的说法中，正确的是（　　）。

A.没有考虑利润取得的时间

B.没有考虑获取利润和所承担风险的关系

C.没有考虑获取利润和投入资本额的关系

D.它更多地强调股东利益，而对其他相关者的利益重视不够

5.在经济繁荣阶段，不应该选择的财务管理战略是（　　）。

A.扩充厂房　　B.继续建立存货　　C.停止招收员工　　D.研发新产品

三、多项选择题

1.所有者通过经营者损害债权人利益的常见形式有（　　）。

A. 未经债权人同意发行新债券

B. 投资于比债权人预计风险要高的新项目

C. 未经债权人同意举借新债

D. 根据借款合同使用资金，但合同规定的项目给企业带来亏损

2. 债权人为了防止自身利益受损害，通常采取的措施有（　　）。

A. 优于股东分配剩余财产　　B. 在合同中增加限制性借款条款

C. 参加董事会，进行相关决策　　D. 收回借款，不再借款给债务人

3. 2021年美国4月CPI同比增长4.2%，这将会引发市场对加息预期升温的担忧。下列说法中，正确的有（　　）。

A. 利率与通货膨胀存在密切的关系

B. 利率＝纯粹利率＋通货膨胀附加率＋风险附加率

C. 持续的通货膨胀很有可能带来利率上升

D. 利率＝通货膨胀附加率＋风险附加率

4. 财务管理的主要工作包括（　　）。

A. 组织财务活动　　B. 协调财务关系　　C. 会计核算　　D. 会计监督

5. 下列关于通货膨胀对企业财务活动的影响的说法中，正确的有（　　）。

A. 引起利润上升　　B. 引起资金占用量增加

C. 加大企业筹资成本　　D. 证券价格下降

四、简答题

1. 在一家公司中，哪些人需要向财务总监报告，哪些人是公司理财的核心？你若应聘企业财务经理的岗位，你将主要负责哪方面的工作，会与哪些利益相关者发生关系？

2. 国家统计局会定期公布我国国民经济运行数据，如CPI（消费者价格指数），请问CPI与利率有何关系？持续上升的CPI会给利率带来何种影响？（提示：CPI可以在一定程度上代表通货膨胀率）

3. 为什么说中国人民银行发行的短期国库券的利率变化，可以作为预测利率变化的监控手段？

五、案例题

2025年，我国央行的货币政策将继续保持适度宽松的基调。根据华泰证券的分析，央行可能会综合权衡多项政策目标，择机降准降息。中泰证券首席经济学家李迅雷在2月26日表示，2025年我国经济仍面临需求不足和通缩压力，全年加息的空间不大。他预计，上半年物价压力较大的时期可能会有1～2次降息，而下半年随着物价回落，降息的必要性将进一步降低。

思考：

（1）利率主要由哪些因素构成？请你写出利率的基本公式。

（2）请你依据利率计算公式解释“2025年我国经济仍面临需求不足和通缩压力，全年加息的空间不大”。

项目二

财务管理原理

【知识点】

1. 资金时间价值
2. 风险类别
3. 风险应对
4. 风险与报酬的关系
5. 成本习性
6. 经营杠杆
7. 财务杠杆
8. 复合杠杆

【技能点】

1. 单利终值与现值的计算
2. 复利终值与现值的计算
3. 普通年金终值与现值的计算
4. 年金的计算
5. 预付年金终值与现值的计算
6. 递延年金终值与现值的计算
7. 永续年金现值的计算
8. 利率和期限的计算（微课）
9. 风险衡量
10. 经营杠杆系数的计算与分析（微课）
11. 财务杠杆系数的计算与分析（微课）
12. 复合杠杆系数的计算与分析（微课）

任务一　资金时间价值原理

知识点2-1　资金时间价值

资金时间价值是现代财务管理的基础原理之一，因其非常重要并且涉及所有理财活动，被称为理财的“第一原则”。

资金时间价值是指在不考虑风险和通货膨胀的条件下，资金经历一定时间的投资和再投资所增加的价值，也称为货币时间价值。资金时间价值几乎渗透到财务领域的每一个环节，它被广泛地用于资金筹集、运用和分配决策中。

一定数量的货币资金在不同时点上具有不同的价值。年初的100元钱比年末的100元钱具有更高的经济价值。

【做中学2-1】（单选题）假如你现在用100元钱购买了一年期国债，利率为4%，1年后的本息和为104元，下列说法中，正确的有（　　）。

A.在无风险和通货膨胀的条件下，增值的4元利息收入，为资金时间价值

B.增值的4元利息收入，为资金时间价值

C.在无风险条件下，增值的4元利息收入，为资金时间价值

D.在无通货膨胀的条件下，增值的4元利息收入，为资金时间价值

参考答案：A。

资金时间价值可以用绝对数来表示，也可以用相对数来表示。相对数的表现形式是增值额占投资额的百分比，即无风险、无通货膨胀情况下的投资报酬率。

因为货币具有时间价值，所以不同时点的资金不宜直接进行比较。需要将它们换算到相同的时间基础上，然后才能进行价值大小的比较。这时，就需要掌握现值和终值的计算，它将涉及单利、复利和年金三种计算方式。

单利是指只按本金计息，其产生的每期利息不再加入本金计算利息的一种计息方式，即本生利。它只适合于特定情况下的计算，比如商业票据贴现息的计算。

为了计算方便，我们假设I表示利息、P表示现值、F表示终值、i表示一定期间的利率、n表示计算利息的期数。在计算过程中，我们必须注意利率与计算期数的时间范围要一致。

技能点2-1　单利终值与现值的计算

一、单利终值的计算

终值又称将来值，是指现在一定量的资金在未来某一时点上的价值。单利终值的计

算公式为：

$$F=P+P\times i\times n=P\times(1+i\times n)$$

式中：F——终值，即未来某一时点上的资金价值；P——现值，即现在拥有的资金量；i——年利率；n——投资年数。

二、单利现值的计算

现值又称本金，是指未来某一时点上的一定量的资金折合到现在的价值。根据单利终值的计算公式，可以得出单利现值公式：

$$P=F-I=\frac{F}{(1+i\times n)}$$

【做中学2-2】北海公司收到一张面值30 000元的带息票据，票面利率为4%，出票日为2025年2月15日，到期日为2025年4月14日。倘若该企业急需资金，于3月27日到银行办理贴现，银行规定的贴现率为6%。请问：票据的到期值和现值为多少？

微课

拆借天数的计算——单变量求解

票据的到期值就是票据的未来值，即票据的终值。

北海公司持有票据的天数为58天，该票据的到期值为：

$$F=30\,000\times\left(1+\frac{4\%}{360}\times 58\right)=30\,193.33(\text{元})$$

将未到期的票据申请贴现，实质上是根据其到期值求现值。该票据贴现期为18天。所以，其现值为：

$$P=F-I=30\,193.33\times\left(1-\frac{6\%}{360}\times 18\right)=30\,102.75(\text{元})$$

【技能拓展】

用ACCRINTM函数计算到期息

在Excel中，直接用到期日减出票日即可以求出两个日期的间隔天数。其一次性到期支付的利息可以用ACCRINTM函数计算。在单元格中录入：

“=ACCRINTM（DATE（2025，2，15），DATE（2025，4，14），4%，30 000，2）”即可得出到期息为193.33元；若录入“=ACCRINTM（DATE（2025，3，27），DATE（2025，4，14），6%，30 193.33，2）”即可得出贴现息。其语法结构为ACCRINTM（发行日，到期日，票面利率，终值，日计数基准类型）。注意该函数中的日期必须使用DATE函数录入。ACCRINTM函数的应用如图2-1所示。

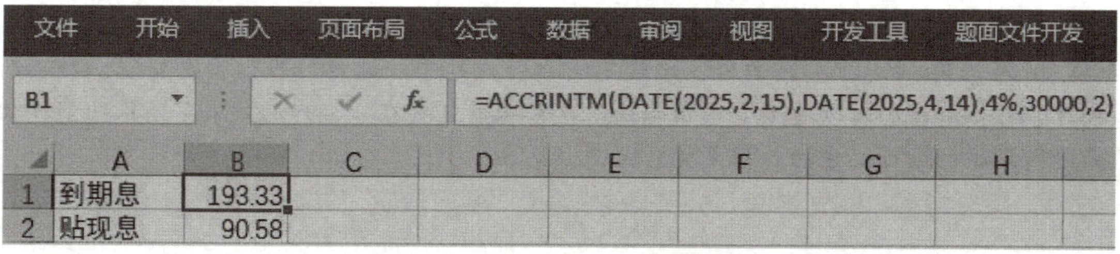

图2-1　ACCRINTM函数的应用

微课

短期融资券的利息计算

复利是指将每期利息加入下期本金再计利息，逐期滚算，利上加利的一种计算利息的方法，即本生利，利滚利。这里所说的计息期是指相邻两次计息的时间间隔，如年、月、日等。根据经济人假设，人们都是理性的，会用赚取的收益进行再投资，企业的资金使用也是如此。因此，在财务估值中一般都按照复利方式计算货币的时间价值。

技能点2-2　复利终值与现值的计算

一、复利终值的计算

复利终值是按复利计算在若干期以后的本利和。根据复利计息的特点，复利终值的表达式推导如下：

一年期的复利终值 $F_1=P+P\times i=P(1+i)^1$

二年期的复利终值 $F_2=F_1+F_1\times i=F_1(1+i)=P(1+i)^2$

三年期的复利终值 $F_3=F_2+F_2\times i=F_2(1+i)=P(1+i)^3$

所以，第n期复利的终值为：

$$F_n=P(1+i)^n$$

上式是计算复利终值的一般公式，其中的 $(1+i)^n$ 被称为复利终值系数，也称为1元复利终值，它表示1元钱的本金在特定利率和期数条件下到期的本利和，可以用（F/P，i，n）来表示。

为了便于计算，可以根据利率与期数，查“复利终值系数表”来确定1元复利终值。该表的第一行是利率i，第一列是计息期数n，相应的 $(1+i)^n$ 值在其纵横相交处。该表的作用不仅在于已知i和n时查找1元的复利终值，而且可在已知1元复利终值和n时查找i，或已知1元复利终值和i时查找n。

【做中学2-3】某项投资的年回报率为12%，江南公司计划投资1元，所得的收益用于再投资。请你分别计算第1年年末、第2年年末、第3年年末该公司该项资产将会达到多少？

根据 $F_n=P(1+i)^n$，可得：

$F_1=P(1+i)^1=1\times$（F/P，12%，1）$=1\times1.1200=1.1200$（元）

$F_2=P(1+i)^2=1\times$（F/P，12%，2）$=1\times1.2544=1.2544$（元）

$F_3=P(1+i)^3=1\times$（F/P，12%，3）$=1\times1.4049=1.4049$（元）

若计算 F_3-F_2、F_2-F_1 的值，比较不同期资产的增长速度。我们将会发现，随着时间的推移，终值的增长速度会越来越快。这意味着复利在短期内的效果不是很明显，但是随着期限的增加，它的作用是相当大的，见表2-1。

表2-1　　复利的魔力——终值增长速度的比较

期限	本金	利率	终值	增速
1	1	12%	1.1200	
2	1	12%	1.2544	0.1344
3	1	12%	1.4049	0.1505
4	1	12%	1.5735	0.1686
5	1	12%	1.7623	0.1888
6	1	12%	1.9738	0.2115
7	1	12%	2.2107	0.2369
8	1	12%	2.4760	0.2653
9	1	12%	2.7731	0.2971
10	1	12%	3.1058	0.3327

【技能拓展】

微课

用FV函数计算复利终值

用FV函数计算复利终值

在Excel中，复利终值可以直接利用FV函数来求解，只要在单元格中录入“=FV（12%，10，，-1）”即可求出年利率为12%，现值为1元，期限为10年的复利终值。其语法结构为FV（利率，期限，年金，现值，type参数）。一般情况下，若为现金流出，“现值”参数用负号表示；若为现金流入，“现值”参数用正数表示，下同。求复利终值时，函数中的年金与TYPE参数为空，用FV函数计算复利终值如图2-2所示。

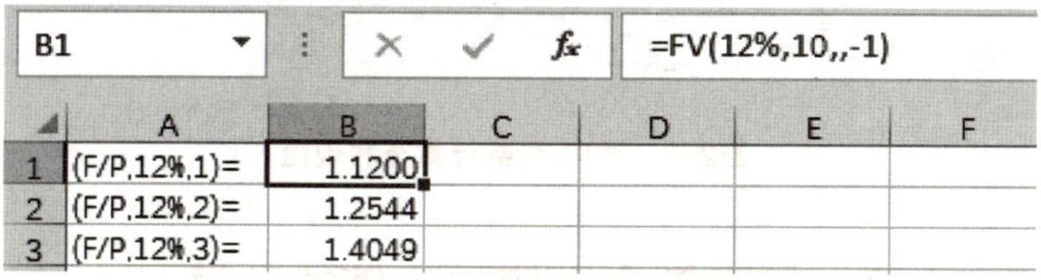

图2-2　用FV函数计算复利终值

二、复利现值的计算

复利现值是复利终值的对称概念，是指未来一定时间的特定资金按复利计算现在的价值，或者说是为取得将来一定本利和现在所需要的本金。

根据复利终值计算公式：

$$F_n = P(1+i)^n$$

所以，

$$P = \frac{F_n}{(1+i)^n} = F_n \times (1+i)^{-n}$$

式中：$(1+i)^{-n}$是把终值折算为现值的系数，称为复利现值系数，或称作1元的复利现值，用符号（P/F，i，n）来表示。例如，（P/F，10%，5）表示利率为10%、期数为5时的复利现值系数，该数值也可以查复利现值系数表取得。

【做中学2-4】 北海公司计划在2年后购买一台数控机床，机床的售价为80 000元。若企业某项理财产品年化收益率为8%，如果现在投资60 000元，能否满足购买的需要？

实际上，该决策可以采用两种方法进行，一是根据机床的现值进行决策；二是根据该项理财产品的终值进行决策。若根据机床的现值进行决策，则有：

$P=F(1+i)^{-n}=80\,000\times(P/F,8\%,2)=80\,000\times0.8573=68\,584$（元）

也就是说，要实现2年后有80 000元，现在应购买68 584元的理财产品。

若根据该项理财产品的终值进行决策，则有：

$F_2=P(1+i)^2=60\,000\times(F/P,8\%,2)=60\,000\times1.1664=69\,984$（元）

也就是说，现在购买60 000元的理财产品，2年后只能得到69 984元，当前的投资金额不能满足2年后购买机床的需要。

【技能拓展】

微课

用PV函数计算复利现值

用PV函数计算复利现值

在Excel中，复利现值可以直接利用PV函数来求解，只要在单元格中录入“=PV（8%，2，，-80 000）”即可求出年利率为8%，终值为80 000元，期限为2年的复利现值。其语法结构为PV（利率，期限，年金，终值，type参数）。求复利现值时，函数中的年金与type参数为空，用PV函数计算复利现值如图2-3所示。

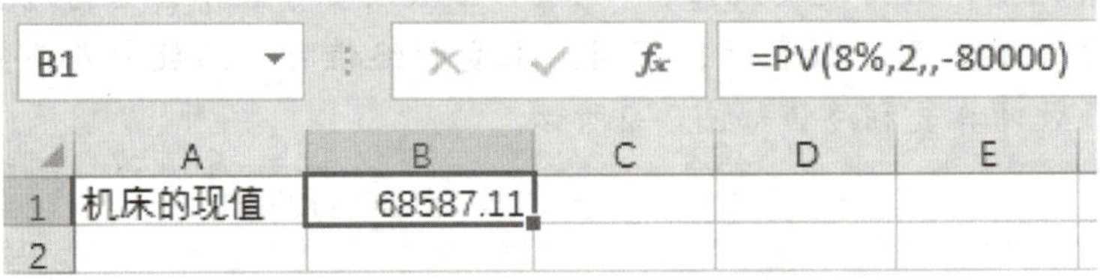

图2-3 用PV函数计算复利现值

技能点2-3 普通年金终值与现值的计算

在实务中，几乎所有的消费贷款和房屋按揭贷款都要求等额偿还，并且通常是按月进行的。我们经常会遇到一次性付款，还是分期等额付款的决策问题。这时，你需要掌握年金的计算与分析。

年金是指等额、定期的系列收支。例如，分期等额付款的赊购、分期等额偿还的贷款、等额发放的养老金、定期等额支付的工程款、每年相同的销售收入等，都属于年金收付形式。

按年金的收付时点，可以将年金划分为普通年金、预付年金、递延年金、永续年金四种形式。

普通年金又称后付年金，是指各期期末收付的年金。普通年金的收付形式如图2-4所示。

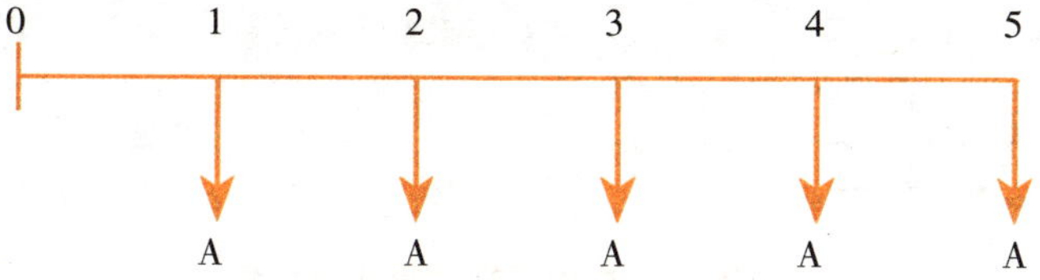

图2-4　普通年金的收付形式

一、普通年金终值的计算

普通年金终值是指普通年金最后一次收付时的本利和，它是每次收付款项的复利终值之和。

【做中学2-5】假设你每年年末存入银行1元，连续存3年，在银行存款利率为10%的情况下，则在第3年年末你将积累多少钱？

在第1期期末存入的1元，将取得两期的利息，其到期的本利和为1.21元（$1\times(1+10\%)^2$）。

同理，在第2期期末存入的1元，将取得一期的利息，其到期的本利和为1.10元（$1\times(1+10\%)^1$）。

第3期期末存入的1元，没有利息，其本利和为1元（$1\times(1+10\%)^0$）。

所以，3年后你将获得3.31元（1.21+1.10+1.00），如图2-5所示。

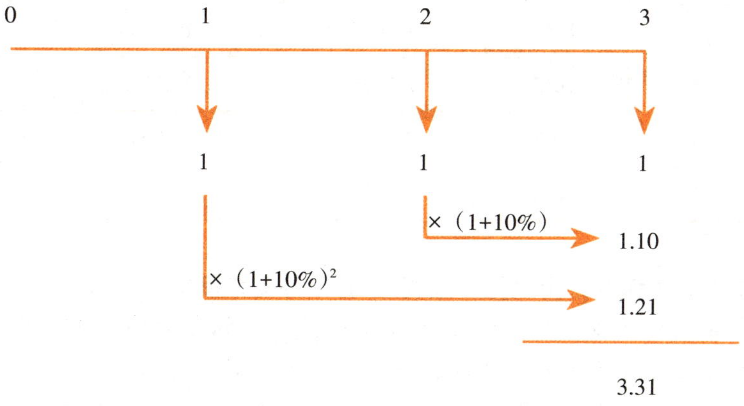

图2-5　分别对每笔现金流量进行复利终值计算，求年金终值

换而言之，年金的终值等于各期年金的复利终值之和。

【技能拓展】

用FV函数计算年金终值

微课

用FV函数计算年金终值

在Excel中，年金的终值也可以直接利用FV函数来求解，只要在单元格中录入“=FV（10%，3，1）”即可求出年利率为10%，期限为3，年金为1，现值为0，期末支付的普通年金终值。其语法结构为FV（利率，期限，年金，现值，type参数）。求年金终值时，函数中的pmt年金与type参数的值保持对应关系。其中type参数为0或为空时，计算结果为普通年金终值；type参数为1时，计算结果为预付年金终值。用FV函数计算年金终值如图2-6所示。

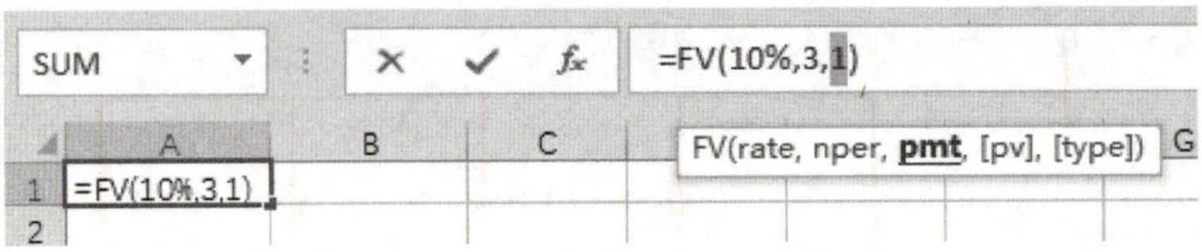

图2-6 用FV函数计算年金终值

【做中学2-6】假设每年年末存入银行1元，连续存10年，存款利率为10%，各期的复利终值与年金终值计算见表2-2。请你找出年金终值系数与复利终值系数之间的关系。

表2-2 年金终值系数与复利终值系数

存期	本金	利率	各期复利终值	各期复利终值之和	各期年金终值
1	1	10%	1.1000	1.1000	1.1000
2	1	10%	1.2100	2.3100	2.3100
3	1	10%	1.3310	3.6410	3.6410
4	1	10%	1.4641	5.1051	5.1051
5	1	10%	1.6105	6.7156	6.7156
6	1	10%	1.7716	8.4872	8.4872
7	1	10%	1.9487	10.4359	10.4359
8	1	10%	2.1436	12.5795	12.5795
9	1	10%	2.3579	14.9374	14.9374
10	1	10%	2.5937	17.5312*	17.5312

*尾差调整。

从表2-2中可以看出，年金终值系数等于各期复利终值系数之和。

如果年金的期数很多，用上述方法计算终值显然相当烦琐。由于每年支付额相等，折算终值的系数又是有规律的。所以，可找出简便的计算方法。

设每期的支付金额为A，利率为i，期数为n，则按复利计算的普通年金终值F为：

$$F = A + A(1+i) + A(1+i)^2 + A(1+i)^3 + \cdots + A(1+i)^{n-1} \quad (1)$$

等式两边同乘（1+i）：

$$(1+i)F = A(1+i) + A(1+i)^2 + A(1+i)^3 + \cdots + A(1+i)^{n-1} + A(1+i)^n \quad (2)$$

上述两式相减（2）－（1）：

$$(1+i)F - F = A(1+i)^n - A$$

整理后，得到：

$$F = A \times \frac{(1+i)^n - 1}{i} \qquad (3)$$

式中：$\frac{(1+i)^n - 1}{i}$是普通年金为1元、利率为i、经过n期的年金终值，称之为年金终值系数，记作（F/A，i，n）。可以通过查阅“年金终值系数表”取得相关系数。

二、普通年金现值的计算

普通年金现值，是指将在一定时期内按相同时间间隔在每期期末收付的相等金额折算到第一期期初的现值之和。

【做中学2-7】假设你需要在以后的3年中，每年年末取出100元，在银行存款利率为10%的情况下，你现在要向银行存入多少钱？

由于资金具有时间价值。因此，你不必足额存入300元。根据图2-7，我们可知，当期初存90.91元时，一年后本息和为100元；若当期存入82.64元，二年后本息和为100元；若当期存入75.13元，则三年后本息和为100元。所以，现在只需存入248.68元即可满足要求。即：

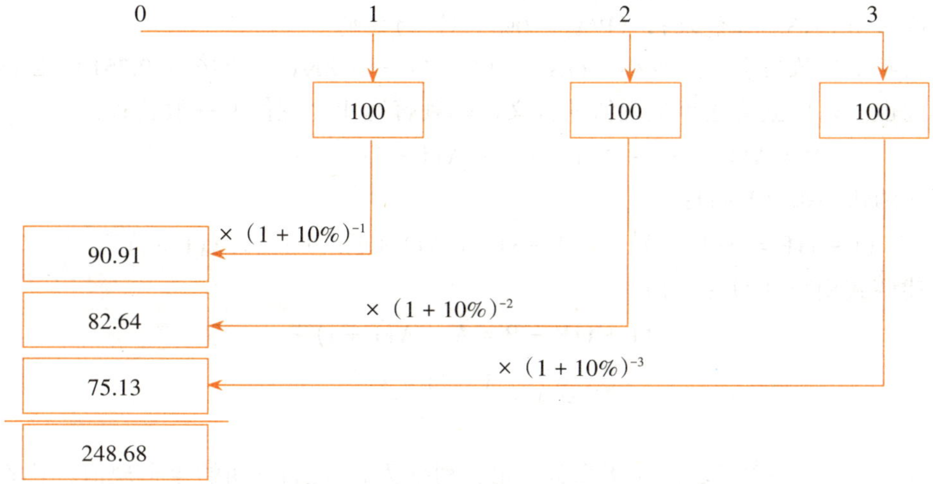

图2-7　分别对每笔现金流量进行复利现值计算，求年金现值

$P = 100 \times (1+10\%)^{-1} + 100 \times (1+10\%)^{-2} + 100 \times (1+10\%)^{-3} = 248.68$（元）

从表2-3中可以看出，年金的现值等于一系列年金的复利现值之和，n期的年金现值系数等于n期的复利现值系数之和。

表2-3　年金现值等于复利现值之和　金额单位：元

期限	本金	利率	各期复利现值	各期复利现值之和	各期年金现值
1	100	10%	90.9091	90.9091	90.9091
2	100	10%	82.6446	173.5537	173.5537
3	100	10%	75.1315	248.6852	248.6852

【技能拓展】

用PV函数计算年金现值

微课

用PV函数计算年金现值

在Excel中，年金的现值也可以直接利用PV函数来求解，只要在单元格中录入“=PV（10%，3，100，，）”即可求出年利率为10%，期限为3，年金为100，终值为0，期末支付的普通年金现值。其语法结构为PV（利率，期限，年金，终值，type参数）。求年金现值时，函数中的pmt年金与type参数的值保持对应关系。其中type参数为0或为空时，计算结果为普通年金现值；type参数为1时，计算结果为预付年金现值。用PV函数计算年金现值如图2-8所示。

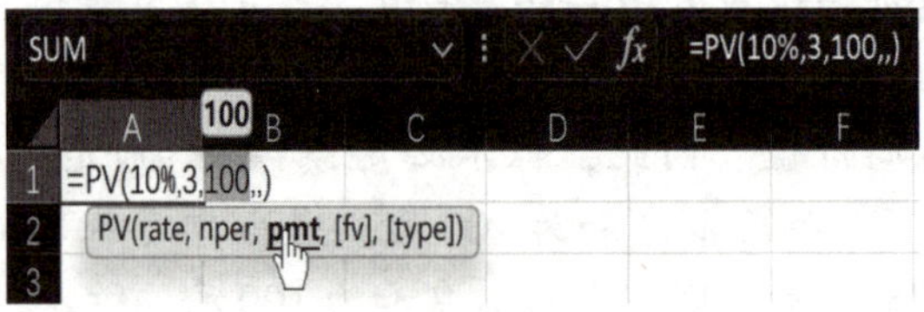

图2-8 用PV函数计算年金现值

【做中学2-8】已知（P/F，10%，1）=0.9091；（P/F，10%，2）=0.8264；（P/F，10%，3）=0.7513。你能求出（P/A，10%，3）的值吗？

根据年金现值的含义，可知（P/A，10%，3）=0.9091+0.8264+0.7513=2.4868。

我们也可以根据普通年金现值的含义，得到普通年金现值的一般公式：

$$P = A(1+i)^{-1} + A(1+i)^{-2} + A(1+i)^{-3} + \cdots + A(1+i)^{-n} \qquad (1)$$

等式两边同乘（1+i）：

$$(1+i)P = A(1+i)^{0} + A(1+i)^{-1} + A(1+i)^{-2} + \cdots + A(1+i)^{-(n-1)} \qquad (2)$$

上述两式相减（2）-（1）：

$$(1+i)P - P = A - A(1+i)^{-n}$$

$$P = A \times \frac{1-(1+i)^{-n}}{i}$$

式中：$\frac{1-(1+i)^{-n}}{i}$是普通年金为1元、利率为i、经过n期的年金现值，称作年金现值系数，记作（P/A，i，n）。可以通过查阅“年金现值系数表”取得相关系数。

技能点2-4 年金的计算

一、偿债基金的计算

偿债基金是指为了在约定的未来一定时点清偿某笔债务或积聚一定数额的资金而必须分次等额存入的准备金，也就是为使年金终值达到既定金额的年金数额。偿债基金的计算是根据年金的终值计算年金，即已知终值求年金。

根据普通年金终值计算公式：

$$F = A \times \frac{(1+i)^n - 1}{i} = A \times (F/A,\ i,\ n)$$

可知：

$$A = F \times \frac{i}{(1+i)^n - 1} = \frac{F}{(F/A,\ i,\ n)}$$

式中：普通年金终值系数的倒数，称为偿债基金系数，记作（A/F，i，n）。从式中可知，求偿债基金和普通年金终值互为逆运算，偿债基金系数和普通年金终值系数互为倒数。

【做中学2-9】假设北海公司拟在5年后清偿100万元的债务，计划从现在起每年年末等额存入银行一笔款项。假设银行存款利率为10%，每年需要存入多少元？

由于存在货币时间价值，不必每年存入20万元，只要存入较少的金额，5年后本利和即可达到100万元用以清偿债务。

$$A = \frac{F}{(F/A,\ i,\ n)} = \frac{100}{(F/A,\ 10\%,\ 5)} = 16.38(\text{万元})$$

因此，在银行利率为10%时，每年年末存入16.38万元，5年后可得100万元，用来还清债务。

【技能拓展】

用PMT函数计算偿债基金

在Excel中，可以用PMT函数根据终值求年金。只要在单元格中录入“=PMT（10%，5，，−100，）”即可求出年利率为10%，期限为5，现值为0，终值为100的普通年金金额。其语法结构为PMT（利率，期限，现值，终值，type），用PMT函数根据终值求年金如图2-9所示。

微课

用PMT函数计算年金

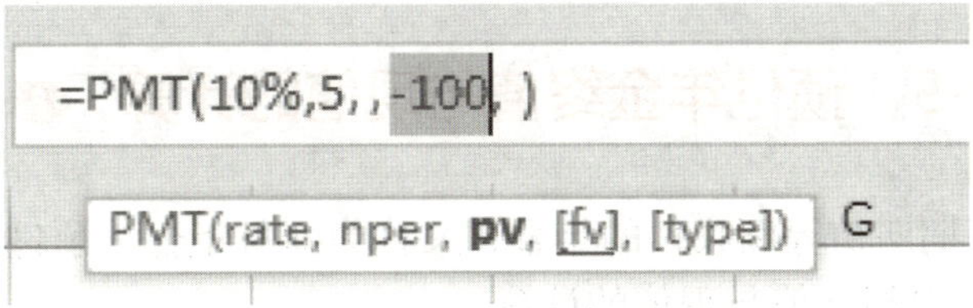

图2-9　用PMT函数根据终值求年金

二、年资本回收额的计算

年资本回收额，是指在约定年限内等额收回初始投入资本或清偿所欠的债务，即根据年金现值计算的年金，属于已知现值求年金。

根据普通年金现值计算公式：

$$P = A \times \frac{1-(1+i)^{-n}}{i} = A \times (P/A,\ i,\ n)$$

可知：

$$A = P \times \frac{i}{1-(1+i)^{-n}} = \frac{P}{(P/A,\ i,\ n)}$$

式中：普通年金现值系数的倒数，称为资本回收系数，记作（A/P，i，n）。从式中可知求年资本回收额与普通年金现值互为逆运算，资本回收系数与年金现值系数互为倒数。

【做中学2-10】假设北海公司现在拟出资100万元投资某项目，项目投资回报率预计为10%，公司拟在5年内收回投资，请问每年至少要收回多少元？

该项目实际上是已知现值求年金，因此有：

$$A = \frac{P}{(P/A,\ i,\ n)} = \frac{100}{(P/A,\ 10\%,\ 5)} = 26.38(\text{万元})$$

即投资回报率为10%时，每年至少要收回26.38万元，才能确保5年后收回初始投资额100万元。

【技能拓展】

用PMT函数计算年资本回收额

在Excel中，也可以用PMT函数根据现值求年金。只要在单元格中录入“=PMT(10%，5，-100,,)”即可求出年利率为10%，期限为5，现值为100，终值为0的普通年金金额。与前例不同，本例的PV参数为-100，不为空。用PMT函数根据现值求年金如图2-10所示。

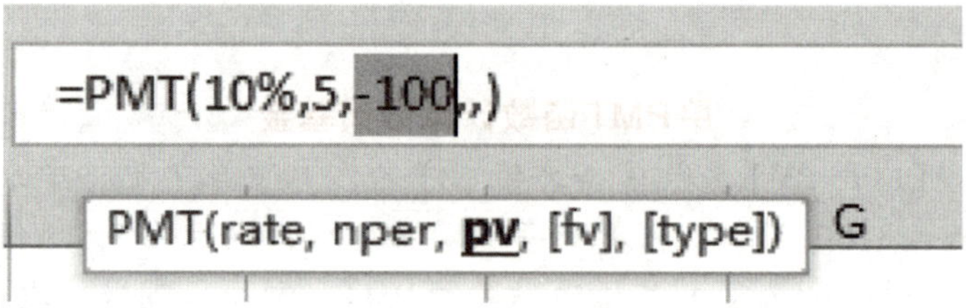

图2-10 用PMT函数根据现值求年金

技能点2-5 预付年金终值与现值的计算

预付年金是指每期期初等额收付的年金，又称为即付年金。预付年金的收付形式如图2-11所示，它主要包括终值与现值的计算。

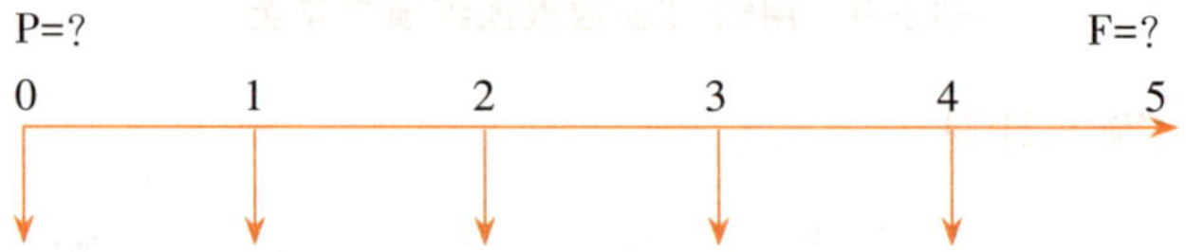

图2-11 预付年金的收付形式

一、预付年金终值的计算

预付年金的终值，是指一定时期内每期期初收付款项的复利终值之和。

在实务中，我们可以在理解普通年金终值计算的基础上掌握预付年金终值的计算。具体有两种方法：

（一）利用同期普通年金的终值公式再乘以（1+i）计算

我们可以在预付年金的首期前增加一期，如图2-12中的虚线部分，由于期初没有资金收付，因此，它不会对预付年金的终值产生影响。这样，在不考虑最后一期的情况下，将预付年金演变成同期数的普通年金，从而能求出第n－1期期末的终值，即A（F/A，i，n）。

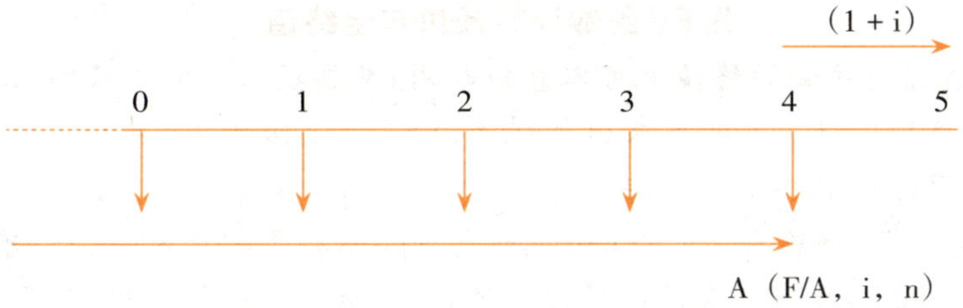

图2-12　利用同期普通年金的终值公式再乘以（1+i）计算

然后，再将第n-1期的年金终值再乘以（1+i）折算到第n期的终值，即可得出预付年金的终值。即：

$$F = A(F/A,\ i,\ n)(1+i)$$

（二）利用期数加1，系数减1的方法计算（如图2-13所示）

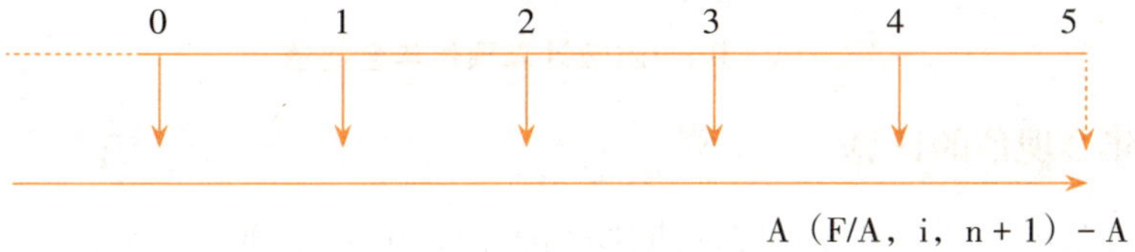

图2-13　利用期数加1，系数减1的方法计算

首先，将预付年金转换成普通年金。转换的方法是：在最后一期期末增加一笔等额款项的收付。同时，在首期前增加一期。这样，就将预付年金转换为n+1期的普通年金，转换后形成的普通年金期数比预付年金增加了1期，故其年金终值为A（F/A，i，n+1）。根据A（F/A，i，n+1）得出的年金终值中，也包括了我们在最后一期期末虚增的年金A，这部分应予以减除。因此，预付年金的终值计算公式应为：

$$F = A(F/A,\ i,\ n+1) - A = A\left[(F/A,\ i,\ n+1) - 1\right]$$

也就是说，预付年金的终值系数和普通年金相比，期数加1，而系数减1。

【做中学2-11】假如北海公司有一基建项目分3次投资，每年年初投资500万元，预计第3年年末建成。该公司的投资款均为向银行借款取得，利率为8%。请问：该项目建成后投资总额将达到多少？

分析提示：(1) 按方法一计算，可得：

F＝A（F/A，i，n）（1+i）

＝500×（F/A，8%，3）×（1+8%）

＝500×3.2464×（1+8%）

＝1 753.06（元）

(2) 按方法二计算，可得：

F＝A（F/A，i，n+1）－A＝A［（F/A，i，n+1）－1］

＝500×［（F/A，8%，4）－1］

＝500×（4.5061－1）

＝1 753.05（元）

【技能拓展】

用FV函数计算预付年金终值

在Excel中，预付年金的终值也可以直接利用FV函数来求解，只要在单元格中录入“=FV（8%，3，500，，1）”即可求出年利率为8%，期限为3，年金为500，现值为0，type参数为1的预付年金终值。需要注意的是，将type参数设置为1，代表年金是期初收付。以后需要牢记，FV函数中的pmt参数与type参数需要遥相呼应，有pmt参数值，就需要正确设置type参数值，包后续学习到的PV函数也是一样。用FV函数计算预付年金终值如图2-14所示。

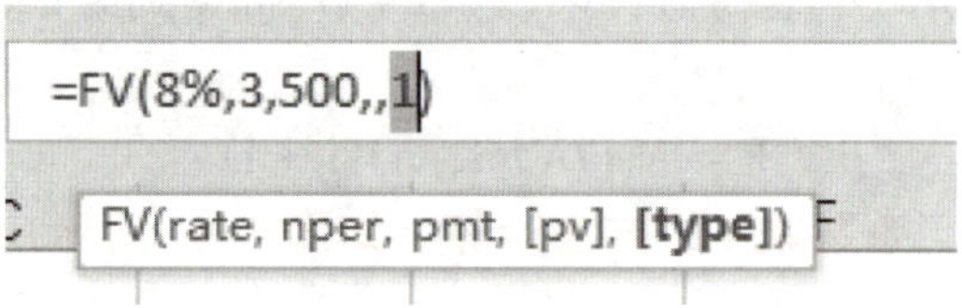

图2-14　用FV函数计算预付年金终值

二、预付年金现值的计算

预付年金现值，是指一定时期内每期期初收付款项的复利现值之和。

在实务中，我们也可以在理解普通年金现值计算的基础上掌握预付年金现值的计算。具体有两种方法：

（一）利用同期普通年金的现值公式再乘以（1+i）计算

我们可以在预付年金的首期前增加一期，即图2-15中的虚线部分，将之转换成同期普通年金的形式。此时，若按普通年金求现值，将得到虚线起点时的现值，即A（P/A，i，n）。因此，还需将第一步计算出来的现值乘以（1+i）向后调整一期，最终得出预付年金的现值。其公式如下：

$$P = A(P/A,\ i,\ n)(1 + i)$$

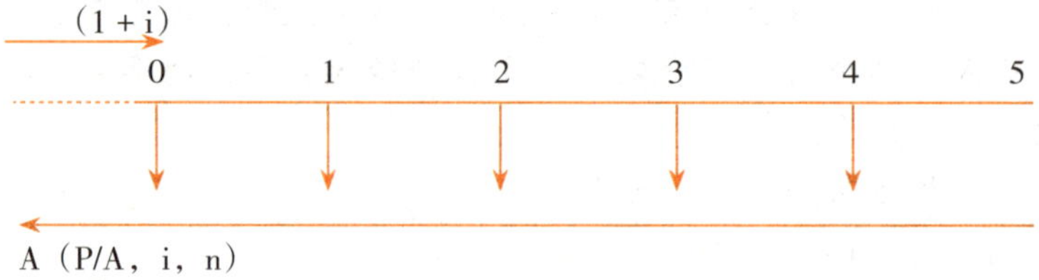

图2-15　利用同期普通年金的现值公式再乘以（1+i）计算

（二）利用期数减1，系数加1的方法计算

首先假设第1期期初没有等额的收付，这样就转换为普通年金了，可以按照普通年金现值公式计算现值。由于最后一期没有等额的年金收付，所以，期数为n−1期。根据普通年金现值公式，可得现值为A（P/A，i，n−1）。然后再将原来未计入的第1期期初的A加上。最终得到预付年金的现值公式：

$$P = A(P/A,\ i,\ n - 1) + A = A\left[(P/A,\ i,\ n - 1) + 1\right]$$

也就是说，预付年金现值系数与普通年金现值系数相比，期数减1，系数加1。

【做中学2-12】北海公司拟购买新设备，供应商有两套付款方案。方案一是采用分期付款方式，每年年初付款2万元，分10年付清。方案二是一次性付款15万元。假设公司的资金回报率为10%，且有充裕的资金。请问：你将选择何种付款方式？

实际上，将方案一求出的现值与方案二的15万元进行比较即可得出结果。也就是求预付年金的现值，因此有：

预付年金的现值＝20 000×（P/A，10%，10）×（1＋10%）

＝20 000×6.1446×（1＋10%）

＝135 181.20（元）

或　＝20 000×［（P/A，10%，10－1）＋1］

＝20 000×（5.7590＋1）

＝135 180（元）

由于分期付款金额的现值小于一次性付款金额，所以，应选择分期付款。

【技能拓展】

用PV函数计算预付年金现值

在Excel中，预付年金的现值也可以直接利用PV函数来求解，只要在单元格中录入“=PV（10%，10，20 000，，1）”即可求出年利率为10%，期限为10，年金为20 000，终值为0，type参数为1的预付年金现值，其中，type参数为1代表年金是期初收付。用PV函数计算预付年金现值如图2-16所示。

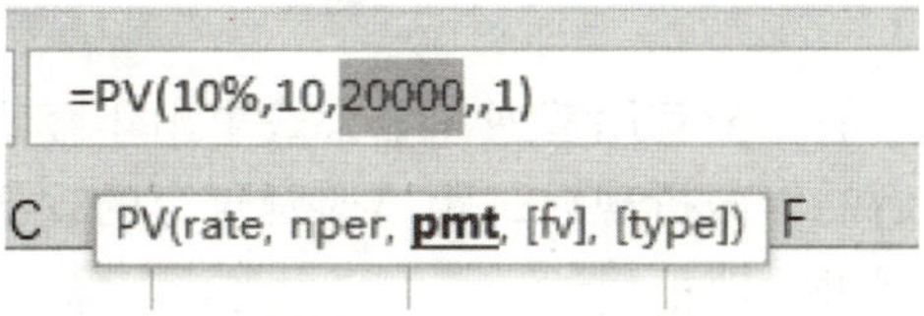

图2-16　用PV函数计算预付年金现值

技能点2-6　递延年金终值与现值的计算

递延年金是指第一次年金收付形式发生在第二期或第二期以后的年金。

递延年金的支付形式如图2-17所示。从图中可以看出，前m期没有发生年金收付。我们一般用m表示递延期数，用n表示递延年金发生的期数，则总期数为m＋n。

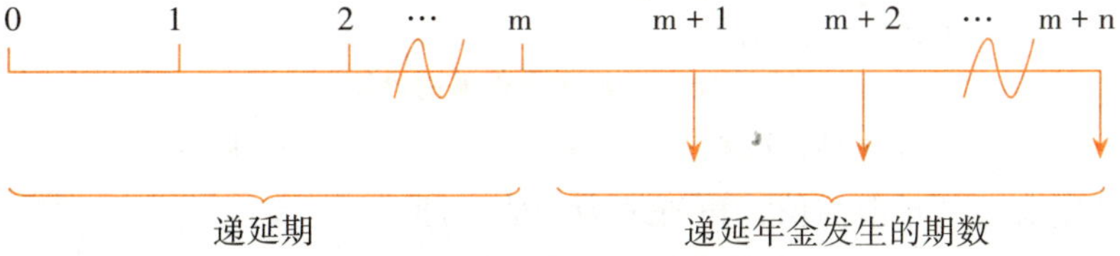

图2-17　递延年金的支付形式

一、递延年金终值的计算

递延年金终值的计算和普通年金终值的计算基本类似。但是，由于递延期m与终值无关，所以，在计算时只需考虑递延年金发生的期数n即可。计算公式如下：

$$F = A(F/A,\ i,\ n)$$

【做中学2-13】假设北海公司拟一次性投资开发某农庄，预计该农庄能存续15年，但是前5年不会产生净收益（净收益通常指项目运营期间每年产生的现金净流入，不包含初始投资），从第6年开始，每年的年末产生净收益5万元。请问：在考虑资金时间价值的情况下，若农庄的投资报酬率为10%、初始投资额为10万元，该农庄给企业带来的累计净收益为多少？

在考虑资金时间价值的情况下，农庄每年净收益5万元，能继续投入再生产，产生10%的回报。同时，还要减去初始投资额10万元，且含机会成本。所以，根据计算公式F = A(F/A，i，n)，有：

累计净收益＝50 000×（F/A，10%，10）－100 000×（F/P，10%，15）
＝50 000×15.937－100 000×4.1772
＝379 130（元）

也就是说，若该农庄每年带来的收益继续投入再生产，在企业的投资报酬率为10%的情况下，15年的累计净收益将达到379 130元。

二、递延年金现值的计算

递延年金的现值与递延期数相关，递延的期数越长，其现值越小。递延年金现值的计算有三种方法：

方法一：对递延期以后的年金套用普通年金公式求出年金收付期间的现值，然后再向前折现。由于递延期以后的年金折现后，距离递延年金的现值点还有m期，再向前按照复利现值公式折现m期即可。即：

$$P = A(P/A,\ i,\ n)(P/F,\ i,\ m)$$

方法二：将递延期每期期末都当作有等额的年金收付A，将递延期和以后各期看成是一个普通年金，计算出这个普通年金的现值，再把递延期虚增的年金现值减掉即可，如图2-18所示。即：

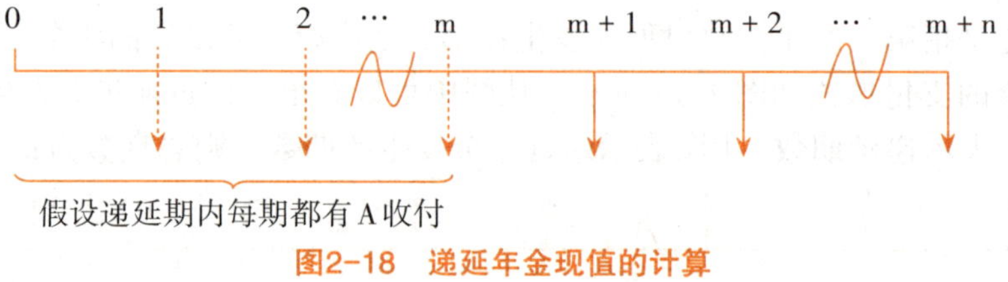

图2-18 递延年金现值的计算

$$P = A\left[(P/A,\ i,\ m+n) - (P/A,\ i,\ m)\right]$$

方法三：先求递延年金终值，再折现为现值，即：

$$P = A(F/A,\ i,\ n)(P/F,\ i,\ m+n)$$

【做中学2-14】沿用【做中学2-13】的资料。假设北海公司决定投资开发该农庄，根据其收益情况，该农庄的累计投资限额为多少？

只有未来的收益大于当前的投资额，该项目才具有投资价值。因此，需要将未来的收益与当前的投资额进行对比。

因为递延期m为5年，递延年金收付期数n为10年。所以：

微课

递延年金现值的计算

按第一种方法计算：

P=50 000×（P/A，10%，10）×（P/F，10%，5）

=50 000×6.1446×0.6209

=190 759.11（元）

按第二种方法计算：

P=50 000×（P/A，10%，15）−50 000×（P/A，10%，5）

=50 000×7.6061−50 000×3.7908

=190 765（元）

按第三种方法计算：

P=50 000×（F/A，10%，10）×（P/F，10%，15）

=50 000×15.937×0.2394

=190 765.89（元）

计算结果表明，该农庄的累计投资额不应超过190 759.11元，否则，其投资收益率将低于10%。采用上述三种方法计算得出的结果存在微小的差异，这主要是尾数差异造成的。

技能点2-7 永续年金现值的计算

永续年金是指无限期等额收付的年金。很显然，永续年金因为没有终止期，所以只有现值没有终值。

永续年金的现值，可以通过普通年金的计算公式导出。在普通年金的现值公式中，令n趋于无穷大，即可得出永续年金现值的计算公式：

$$P=\frac{A}{i}$$

永续年金的形式如图2-19所示。

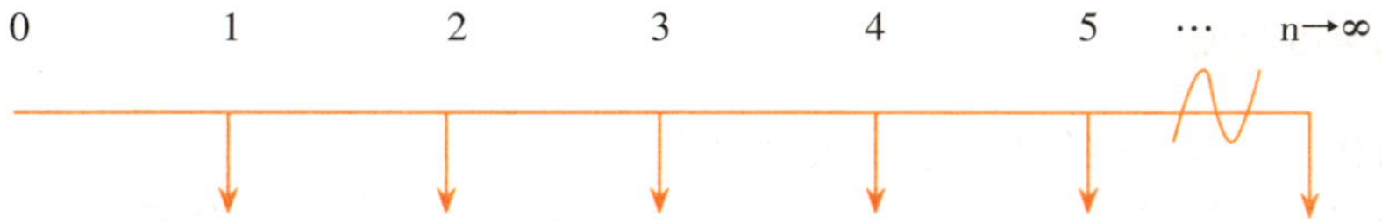

图2-19 永续年金的形式

【做中学2-15】北海公司想给学校创立一个永久性的爱心基金，希望每年能从该基金中拿出10万元用于经济困难学生的生活补助。考虑到基金资金的安全性，基金管理人计划用基金购买近乎无风险的国债，将其产生的利息收入用于学生的补助。假设一年期的国债的平均利率为3%。请问：该企业要向学校捐赠多少款项才能让该爱心基金持续下去呢？

这是一个永续年金求现值的例子，该企业应向学校捐赠的款项为：

P＝10÷3%＝333.33（万元）

也就是说，该企业向学校捐赠333.33万元，在年投资回报率不低于3%的情况下，每年能支付10万元用于经济困难学生的生活补助，该基金能持续下去。

【做中学2-16】鲁泰A（000726）2020—2024年，每10股平均分红现金1.00元（见表2-4），如果该公司继续保持该分红能力，假设你的期望报酬率为5%。请问：你愿意在多少价位以下购入并长期持有该股票？

表2-4　鲁泰A（000726）2020—2024年的分红表　单位：元

报告期	实施方案分红说明	股权登记日	分红（每10股）
2024年三季报	10派0.5元（含税）	2024-12-18	0.5
2024年半年报	10派1元（含税）	2024-11-07	1
2023年报	10派1.3元（含税）	2024-06-18	1.3
2022年报	10派1元（含税）	2023-06-15	1
2021年报	10派0.7元（含税）	2022-06-22	0.7
2020年报	10派0.5元（含税）	2021-06-17	0.5
平均分红			1

P＝0.10÷5%＝2（元）

若该股票的市场价格低于2元/股，则将吸引投资者进行投资。

技能点2-8　利率和期限的计算

在实务中，我们在已知P、F、i、n、A中的4个要素的情况下，能求出第5个要素的值。

在前面的讲述中，我们介绍了已知现值求终值，或是已知终值求现值。但是，在实务中，我们还需要求期限、求利率等相关参数的值。

一、利率的计算

在已知P，F，n，A的情况下，求i的值。

一般情况下，计算利率时，首先要计算出有关的资金时间价值系数，然后查相应的系数表（如复利终值系数表、复利现值系数表、年金终值系数表、年金现值系数表）。如果表中有这个系数，则对应的利率即为要求的利率。如果没有，则查出最接近该系数值的一大一小两个系数，采用内插法求值。

【做中学2-17】北海公司为了推销一种新产品，采用“买一送一”策略，向顾客承诺5年后按“一比一”返还销售额。促销活动结束后，销售额共计200万元，若要让这笔款项到期后升值到400万元，该款项的投资报酬率应达到多少才能实现目标？

根据题意，是已知终值、现值、期限求利率的问题。所以，依照复利终值公式有：

200×（F/P，i，5）=400

（F/P，i，5）=2

查表并用内插法求解。查表找出期数为5，复利终值系数最接近2的一大一小两个系数。

（F/P，15%，5）=2.0114

（F/P，14%，5）=1.9254

它们对应的利率分别为15%、14%，也就意味着报酬率居于这两者之间（如图2-20所示）。

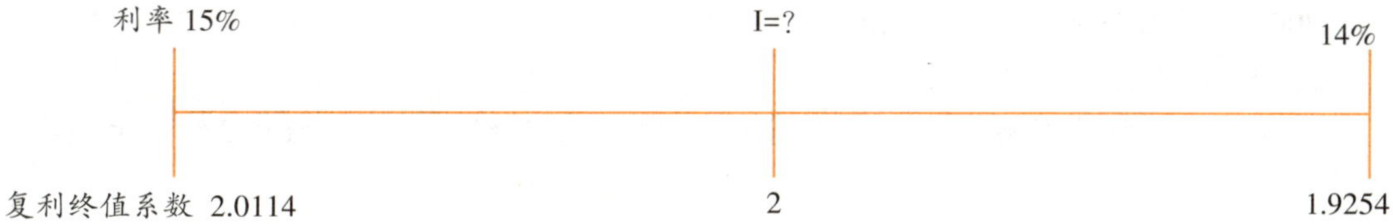

图2-20　内插法计算原理

根据等比关系，则：

（15%−i）÷（15%−14%）=（2.0114−2）÷（2.0114−1.9254）

i=14.87%

也就是说，投资报酬率达到14.87%时才能让这笔销售款在5年后增长一倍。

【技能拓展】

用RATE函数计算利率

在Excel中，利率也可以直接利用RATE函数来求解，其语法结构为RATE（期限，年金，现值，终值，type，guess），只要在单元格中录入“=RATE（5,，200，-400）”即可求出期限为5，年金为0，现值为200，终值为-400（负号代表资金流出）的利率。用RATE函数计算利率如图2-21所示。

微课

用RATE函数计算利率

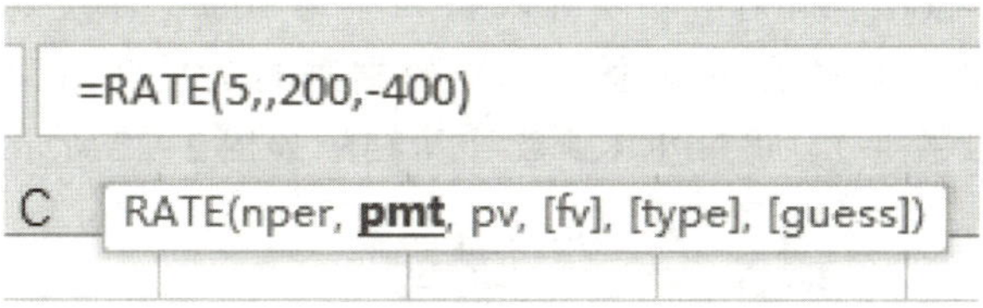

图2-21　用RATE函数计算利率

对于永续年金来说，则可以直接根据永续年金现值的计算公式来求目标利率。

【做中学2-18】北海公司捐赠333.33万元创立爱心基金，计划每年拿出10万元用于资助经济困难的学生。请问：投资回报率不低于多少时才可以将之设定成永久性奖励基金？

由于每年都要拿出10万元进行捐赠，为永续年金形式，因此：

i=10÷333.33×100%=3%

也就是说，若为该款项找到一个不低于3%的投资机会，就能保证该基金成为永久性奖励基金。

二、期限的计算

在已知P、F、i、A等要素的情况下，能求出n的值。基本方法同上，也是采用内插法求解。

【做中学2-19】假设北海公司当前的资产报酬率为10%，当前借款200万元，到期偿还400万元，你认为需多长时间才能偿还该笔款项？

根据题意，是根据已知终值、现值、利率求期限的问题，所以，依照复利终值公式有：

200×（F/P，10%，n）=400

（F/P，10%，n）=2

查表并用内插法求解。查表找出利率为10%，复利终值系数最接近2的一大一小两个系数。

（F/P，10%，7）=1.9487

（F/P，10%，8）=2.1436

它们对应的期数分别为7、8，也就是意味着实际期限大于7年，小于8年。因此有：

（7−n）÷（7−8）=（1.9487−2）÷（1.9487−2.1436）

n=7.26

也就是说，到7.26年时才能让资金增长一倍。所以，建议经过7.26年才偿还该笔款项。

【技能拓展】

用NPER函数计算期限

微课

用NPER函数计算期限

在Excel中，期限也可以直接利用NPER函数来求解，其语法结构为NPER（利率，年金，现值，终值，type），只要在单元格中录入“=NPER（10%,，200，-400）”即可求出利率为10%，年金为0，现值为200，终值为-400（负号代表资金流出）的期限为7.27年（注：Excel与手工计算存在尾数差异）。用NPER函数计算期限如图2-22所示。

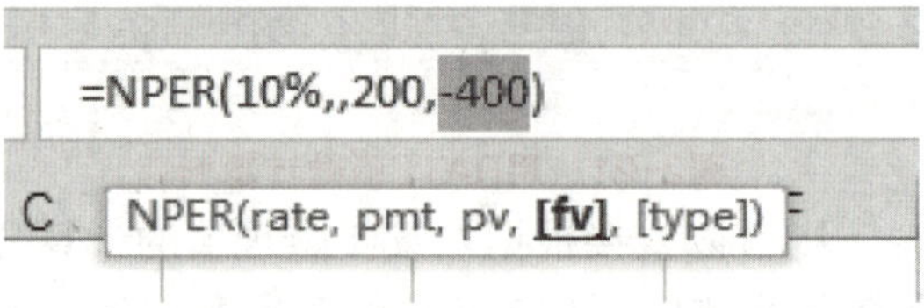

图2-22 用NPER函数计算期限

三、名义利率和实际利率的计算

通常情况下，我们假定利率均为年利率，以“年”作为基本计息期，每年计算一次复利。但实际上复利的计息期不一定是1年，有可能是按季度、按月甚至按日计算。例如有的企业债券每半年计息1次；有的抵押贷款每季度计息1次。当每年复利次数超过一次时，给出的年利率为名义利率。而按照短于1年的计息期计算复利，并将全年利息额除以年初的本金，此时得到的利率为实际利率。

当一年计息一次时，实际利率等于名义利率；在一年内多次计息的情况下，其实际利率大于名义利率。

我们设名义利率为r，实际利率为i，一年中复利次数为m，全年利息额为I，本金为P。则实际利率的计算公式推导如下：

因为

$$i = \frac{I}{P}$$

所以

$$i = \frac{P\left(1 + \frac{r}{m}\right)^{m} - P}{P} = \left(1 + \frac{r}{m}\right)^{m} - 1$$

【做中学2-20】北海公司因项目投资需要向银行借款，其中A银行贷款利率为12%，但是要按季付息；B银行贷款利率为12.40%，可以按年付息。请问：你将向哪家银行申请贷款？

根据题意，本题实质上是比较名义利率与实际利率的大小，向A银行借款的实际利率为：

$$i = \left(1 + \frac{r}{m}\right)^{m} - 1 = \left(1 + \frac{12\%}{4}\right)^{4} - 1 = 12.55\%$$

所以，在相同条件下，应选择向B银行借款。显然，在一年内多次付息的情况下，其实际利率大于名义利率。

【技能拓展】

用EFFECT函数计算实际利率

在Excel中，实际利率可以直接利用EFFECT函数来求解，其语法结构为EFFECT（名义利率，复利次数），只要在单元格中录入“=EFFECT(12%，4)”即可求出名义利率为12%、一年复利4次的实际利率为12.55%。用EFFECT函数计算实际利率如图2-23所示。

微课

用EFFECT函数计算实际利率

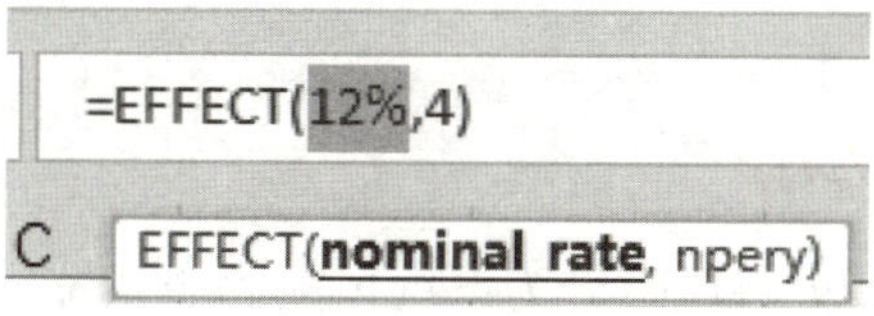

图2-23　用EFFECT函数计算实际利率

【做中学2-21】（单选题）北海公司拟用闲置资金购买债券，在名义利率相同的情况下，下列付息方式中，最不利于投资方的是（　　）。

A.按月　　B.按季　　C.按半年　　D.按年

参考答案：D。

任务二　风险价值衡量

知识点2-2　风险类别

风险是指对预期结果的不确定性。风险不仅包括负面效应的不确定性，还包括正面效应的不确定性。因此，风险意味着危险与机会并存。任何决策都有风险，这使得风险观念在理财中具有普遍意义。因此，有人说“时间价值是理财的第一原则，风险价值是理财的第二原则”。

对于风险，可以从不同的角度进行识别。

一、经营风险与财务风险

从企业自身角度，可将企业风险分为经营风险和财务风险。

经营风险是指因生产经营方面的原因给公司盈利带来的不确定性。公司的生产经营的许多方面都会受到来自公司外部和内部的诸多因素的影响，其经营结果具有很大的不确定性。例如，根据“息税前利润＝（单位产品售价－单位产品变动成本）×销售量－固定成本”公式，产品售价、产品成本、产品的市场前景、企业自身的投资决策等，都会引起企业生产经营方面的不确定性，导致企业收益的不确定性，从而给公司带来风险。

财务风险是指由于举债而给企业财务成果带来的不确定性。它主要体现在两个方面：一是对企业盈利能力的影响。当企业资产报酬率大于借入资本成本率时，企业的举债经营能给企业带来正的效益。反之，则会给企业带来负的效益。二是对企业偿债能力即还本付息能力的影响。由于借入资金需要还本付息，企业一旦无力偿付到期债务，企业便陷入财务困境甚至破产。

二、系统风险与非系统风险

从风险影响范围角度，可将风险分为系统风险和非系统风险。

系统风险是指那些影响所有企业的因素引起的风险。例如，战争、经济衰退、通货膨胀、高利率等非预期的变动。它对所有的企业都会产生影响，因此，也称为“市场风险”“不可分散风险”。

非系统风险是指发生于个别行业或企业的特有事件造成的风险。例如，一家公司的工人罢工、新产品开发失败、失去重要的销售合同、诉讼失败，或者宣告发现新矿藏、取得一个重要合同等。这类事件是非预期的、随机发生的，它只影响一个或少数公司，不会对整个市场产生太大影响。这种风险可以通过多样化投资来分散，即发生于一家公司的不利事件可以被其他公司的有利事件所抵消。由于非系统风险可以通过投资多样化分散掉，因此也称为“可分散风险”。

【做中学2-22】（单选题）下列各项中，属于非系统风险的是（　　）。

A.经济周期性波动风险　　B.利率风险

C.购买力风险　　D.企业的违约风险

参考答案：D。

【做中学2-23】（多选题）自2025年2月4日起，美国对中国商品加征10%的关税，且取消了此前800美元以下小额货物的关税豁免政策。2月7日，美国国际贸易委员会发布修订版关税表，明确对原产于中国内地和中国香港的特定商品加征10%的额外关税。对中国出口企业而言，下列关于风险类型的描述中，正确的有（　　）。

A.对中国出口企业而言，美国对中国商品加征关税主要体现了非系统风险

B.对中国出口企业而言，美国对中国商品加征关税加剧了经营风险

C.中国出口企业因关税政策变化导致订单减少，主要体现了财务风险

D.对中国出口企业而言，美国对中国商品加征关税主要体现了系统风险

参考答案：BD。

知识点2-3　风险应对

企业应当根据风险分析的结果，结合企业风险的可承受程度，权衡风险与收益，确定风险应对策略，并且应当充分掌握董事、经理及其他高级管理人员、关键岗位员工的风险偏好，采取适当的控制措施，避免因个人风险偏好给企业经营带来重大损失。

企业可以综合运用风险规避、风险降低、风险分担和风险承受等风险应对策略，实现对风险的有效控制。

一、风险规避

风险规避是企业对超出风险承受能力的风险，通过放弃或者停止与该风险相关的业务活动以避免和减轻损失的策略。避免风险的例子包括：拒绝与不守信用的厂商进行业务往来；放弃明显导致亏损的投资项目；中止多年持续经营亏损的对外投资。

二、风险降低

风险降低是企业在权衡成本效益之后，准备采取适当的控制措施降低风险或者减轻损失，将风险控制在风险承受度之内的策略。减少风险的常用方法有：进行准确的预测，如汇率预测、利率预测、债务人信用评估等；及时与政府部门沟通获取政策信息；提前对核心技术进行研发准备；在发展新产品前，进行充分的市场调研。

三、风险分担

风险分担是企业准备借助他人的力量，采取业务分包、购买保险等方式和适当的控制措施，将风险控制在风险承受度之内的策略。如向专业性保险公司投保；采取合营、

联营、增发新股、发行债券、联合开发等措施实现风险共担；通过技术转让、特许经营、战略联盟、租赁经营和业务外包等实现风险转移。

四、风险承受

风险承受是企业对风险承受度之内的风险，直接采取风险自担和风险自保两种方式予以应对。风险自担是指风险损失发生时，直接将损失摊入成本或费用，冲减利润；风险自保是指企业预留一笔风险金或随着生产经营的进行，有计划地计提资产减值准备等。

企业应当结合不同发展阶段和业务拓展情况，持续收集与风险变化相关的信息，进行风险识别和风险分析，及时调整风险应对策略。

技能点2-9 风险衡量

风险衡量是财务管理中的一项重要工作，我们需要使用概率和统计方法来衡量风险的大小。

一、概率

在经济活动中，某一事件在相同的条件下可能发生也可能不发生，这类事件称为随机事件。概率就是用来表示随机事件发生可能性大小的数值。通常，把必然发生的事件的概率定为1，把不可能发生的事件的概率定为0，而一般随机事件的概率是介于0与1之间的一个数。概率越大就表示该事件发生的可能性越大，所有概率之和等于1。

东海公司有两个投资机会，A项目是高科技项目，如果能取得成功，预期收益会很高。否则，会带来亏损。B项目是生产日常必需品的生产项目，收益较低，但稳定。假设未来的经济情况只有3种：繁荣、正常、衰退，有关的概率分布和预期报酬率见表2-5。

表2-5 东海公司未来经济情况预计表

经济情况	A项目发生概率	A项目预期报酬率	B项目发生概率	B项目预期报酬率
繁荣	0.2	40%	0.3	20%
正常	0.6	15%	0.4	15%
衰退	0.2	-10%	0.3	10%
合计	1		1	

在这里，概率表示每一种经济情况出现的可能性，同时也是各种不同预期报酬率出现的可能性。

二、期望值

期望值是指一个概率分布中的所有可能结果，以相应的概率为权数的加权平均数，是加权平均的中心值，它反映随机变量取值的平均化。

$$期望值(\overline{E}) = \sum_{i=1}^{n} X_i P_i$$

式中：P_i——第 i 种结果出现的概率；X_i——第 i 种结果出现后的预期报酬率；n——所有可能结果的数目。

【做中学 2-24】东海公司投资期望报酬率：

$$期望值(\overline{E}_A) = \sum_{i=1}^{n} X_i P_i = 0.2 \times 40\% + 0.6 \times 15\% + 0.2 \times (-10\%) = 15\%$$

$$期望值(\overline{E}_B) = \sum_{i=1}^{n} X_i P_i = 0.3 \times 20\% + 0.4 \times 15\% + 0.3 \times 10\% = 15\%$$

两者的预期报酬率相同，但其概率分布不同。A 项目的报酬率的分散程度大，变动范围在-10%～40%；B 项目的报酬率的分散程度小，变动范围在 10%～20%。这说明两个项目的报酬率相同，但风险程度不同。为了定量地衡量风险大小，还要使用统计学中衡量概率分布离散程度的指标。

【技能拓展】

用 SUMPRODUCT 函数计算数组对应元素的乘积之和

在 Excel 中，SUMPRODUCT 函数是一个非常强大的工具，可以用来计算两个或多个数组中对应元素的乘积之和。其基本语法是：SUMPRODUCT（array1，[array2]，[array3]，...）。在本例中，期望报酬率也可以直接利用 SUMPRODUCT 函数来求解，只要在单元格中录入“=SUMPRODUCT（A 项目概率单元格区域*A 项目预期报酬率单元格区域）”即可求出 A 项目的期望收益率，用 SUMPRODUCT 函数快速求解如图 2-24 所示。

微课

风险大小的衡量

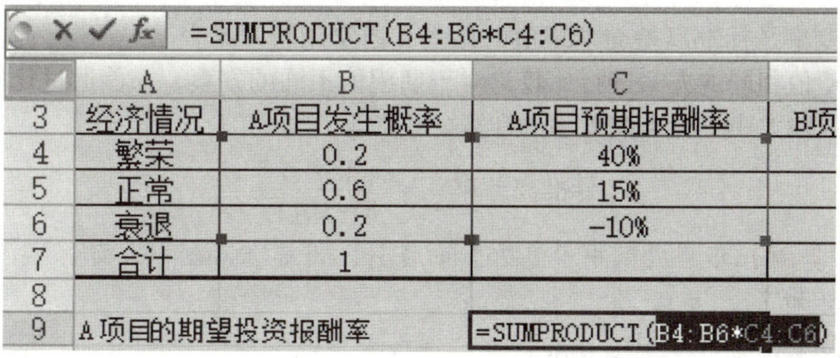
=SUMPRODUCT(B4:B6*C4:C6)

	A	B	C	
3	经济情况	A项目发生概率	A项目预期报酬率	B项
4	繁荣	0.2	40%	
5	正常	0.6	15%	
6	衰退	0.2	-10%	
7	合计	1		
8				
9	A 项目的期望投资报酬率		=SUMPRODUCT(B4:B6*C4:C6)	

图2-24 用SUMPRODUCT函数快速求解

三、离散程度

离散程度是用以衡量风险大小的统计指标，最常用的是方差和标准离差。

方差是用来表示随机变量与期望值之间离散程度的一个数值。其计算公式为：

$$方差(\delta^2) = \sum_{i=1}^{n} (X_i - \overline{E})^2 P_i$$

标准离差也叫均方差，是方差的平方根。其计算公式为：

$$标准离差(\delta)=\sqrt{\sum_{i=1}^{n}(X_i-\overline{E})^2P_i}$$

在期望值相同的情况下，标准离差越大，代表离散程度越高，意味着偏离期望值的概率越高，风险越大；反之，则风险越小。

【做中学2-25】为了衡量东海公司A、B两个投资项目的风险大小，需要进一步计算标准离差来比较项目的风险大小。

由于两方案的期望值相同，我们还需要用标准离差来衡量它们的风险大小，计算过程如下：

A投资项目的标准离差：

$$\delta_A=\sqrt{(40\%-15\%)^2\times0.2+(15\%-15\%)^2\times0.6+(-10\%-15\%)^2\times0.2}=0.1581$$

B投资项目的标准离差：

$$\delta_B=\sqrt{(20\%-15\%)^2\times0.3+(15\%-15\%)^2\times0.4+(10\%-15\%)^2\times0.3}=0.0387$$

A项目的标准离差是0.1581，B项目的标准离差是0.0387，由于它们的预期报酬率相同，因此可以认为A项目的风险比B项目大。

【技能拓展】

用SQRT函数计算平方根

在Excel中，用SQRT函数计算一个数的平方根。其基本语法是：SQRT（number）。其中，number为需要计算平方根的数，它必须是非负数。例如，要计算25的平方根，可以在单元格中输入："=SQRT（25）"，返回的结果是5。

四、标准离差率

标准离差率是标准离差与期望值的比率，通常用符号V表示。标准离差是绝对数，只适用于期望值相同的方案进行比较，对于期望值不同的方案，只能通过比较标准离差率确定方案风险大小。标准离差率的计算公式如下：

$$标准离差率V=\frac{标准离差\delta}{期望值\overline{E}}$$

【做中学2-26】沿用【做中学2-25】的资料。用标准离差率来衡量A、B项目的风险大小，计算如下：

$$标准离差率V_A=\frac{0.1581}{15\%}=1.054$$

$$标准离差率V_B=\frac{0.0387}{15\%}=0.258$$

A项目的风险要大于B项目，由于它们的期望值相同，B项目要优于A项目。

当项目期望值不一致时，应以标准离差率为决策标准。

【做中学2-27】若东海公司A项目的预期报酬率为10%，标准离差是0.12；B项目的预期报酬率为18%，标准离差是0.20。请问，如何判断各项目的风险大小呢？

直接从标准差看，B项目的离散程度较大，能否说B项目的风险比A项目大呢？不能轻易下这个结论，因为它们的预期报酬率不同。因此，需要计算标准离差率。

标准离差率A＝0.12÷10%＝1.20

标准离差率B＝0.20÷18%＝1.11

如果以各自的预期报酬率为基础观察，A项目的标准离差是其期望值的1.20倍，而B项目的标准离差只是其期望值的1.11倍。从衡量风险大小的角度来看，B项目的相对风险较小。

知识点2-4　风险与报酬的关系

当你面对着一个预期收益不确定的高风险投资项目时，你希望得到的投资回报一般都要高于低风险项目，否则，你将会放弃该项目。在这里，我们将主要讨论风险和报酬的关系，目的是解决决策时如何确定折现率的问题。

风险越大，要求的必要报酬率就越高，这就是风险与报酬的基本关系。在自由的竞争市场上，不存在风险最低而报酬最高的投资机会，竞争的结果是高报酬必然要承担高风险，承担低风险获取的报酬也相应较低。

每一项投资都有一定的风险。因此，投资所要求的最低投资报酬率应该包括无风险报酬率与风险报酬率两部分。因此，对于每项投资来说，所要求的必要报酬率可以用以下公式来衡量：

$$必要报酬率R＝无风险报酬率R_f＋风险报酬率R_r$$

式中：无风险报酬率是纯粹利率与通货膨胀附加率之和。通常可以用短期国库券的利率来表示。而风险报酬率表示因承担该项投资的风险而要求的额外补偿，其大小则视所承担风险的大小及投资者对风险的偏好程度而定。我们可以采用以下方法来确定风险报酬率：

一、根据标准离差率确定风险报酬率

由于标准离差率代表着项目风险的大小，我们可以通过风险报酬系数将标准离差率转变为相应的风险报酬率。

$$R_r = b \times V$$

式中：V为标准离差率，它反映了项目风险的相对大小；b表示风险报酬系数，它用以衡量风险与报酬的基本关系，该数值的大小取决于经营者对风险的偏好，经营者对风险的态度越是回避，其要求的补偿也就越高，因而风险报酬系数的值也就越大；反之，则越小。

【做中学2-28】假设近期短期国债利率为6%，天山公司A项目的标准离差率为1.0541，B项目为0.2582。该公司的经营者富有进取精神，敢于冒险，确定的风险报酬系数为0.30，则对于天山公司的管理层而言A、B项目的必要报酬率分别为多少？

根据计算公式，有：

A项目风险报酬率＝0.30×1.0541×100%＝31.62%

B项目风险报酬率＝0.30×0.2582×100%＝7.75%

所以，对天山公司而言，A项目必要报酬率＝6%＋31.62%＝37.62%；B项目必要报酬率＝6%＋7.75%＝13.75%。只有项目的预期报酬率大于必要报酬率时，公司才会对相应项目进行投资。

二、根据资本资产定价模型确定风险报酬率

由于风险报酬系数受管理层风险偏好的影响，而风险偏好又受风险种类、风险大小及心理因素的影响。因此对于风险报酬系数的准确估计就变得相当困难和不够可靠。在实务中，更多地使用一个简单易用的表达形式，即资本资产定价模型：

$$R = R_f + \beta(R_m - R_f)$$

式中：R_f——无风险报酬率；β——该资产的系统风险系数；R_m——社会平均报酬率；$(R_m - R_f)$——市场风险溢价。

从式中可以看出，某项资产的风险报酬率是该资产的系统风险系数与市场风险溢价的乘积，即：

$$R_r = \beta(R_m - R_f)$$

【做中学2-29】天山公司B项目的风险略高于社会平均投资风险。该公司的经营者富有进取精神，敢于冒险，将β确定为1.30，则对于天山公司的管理层而言B项目的必要报酬率为多少？设短期国债利率为6%，社会平均报酬率为12%。

投资B项目应得到的风险报酬率＝1.30×（12%－6%）＝7.80%

投资B项目的必要报酬率＝6%＋7.80%＝13.80%

也就是说，如果B项目的预期报酬率高于13.80%，天山公司的管理层就有投资的意愿。

任务三　杠杆系数计算与控制

知识点2-5　成本习性

在企业的生产经营决策中，往往会涉及变动成本、固定成本等不同的成本概念。

一、成本性态

成本习性，也称作成本性态，它是指成本总额与业务量之间的依存关系。由于这种关系是客观存在的，具有固定的性质，所以称之为习性。通过成本习性来认识和分析成本，有助于进一步加强成本管理，挖掘企业内部潜力，争取实现最大的经济效益。

按照成本习性，可以将企业的全部成本划分为固定成本、变动成本两大类。在现实经济生活中，大多数的成本与业务量之间的关系处于变动成本与固定成本之间，即

混合成本。它“混合”了固定成本和变动成本两种不同性质的成本。一方面，它们要随着业务量的变化而变化；另一方面，它们的变化又不能与业务量的变化保持着纯粹的正比例关系。在管理上，我们需要按照一定的方法将之进一步划分为变动成本、固定成本。

（一）变动成本

变动成本是指其发生总额随着业务量的增减变化而呈正比例增减变化的成本。但是，在一定范围内，其单位业务量的成本则保持不变。在产品制造成本中，直接人工、直接材料都是典型的变动成本。

我们可以画出变动成本总额与单位变动成本的习性模型，如图2-25所示。

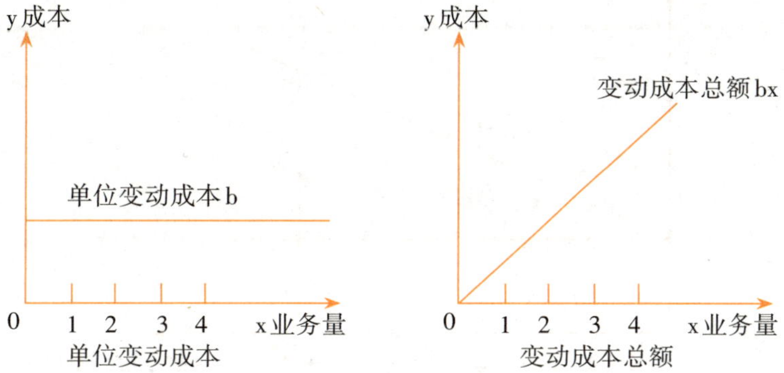

图2-25　变动成本习性分析

（二）固定成本

固定成本，是指成本总额在一定时期和一定业务量范围内，不受业务量增减变动影响而保持不变的成本。但是，单位业务量所承担的固定成本与业务量的增减呈反方向变动。因为在成本总额固定的情况下，业务量小，单位产品所负担的固定成本就高；业务量大，单位产品所负担的固定成本就低。

我们可以画出在一定业务量范围内固定成本总额与单位固定成本的习性模型，如图2-26所示。

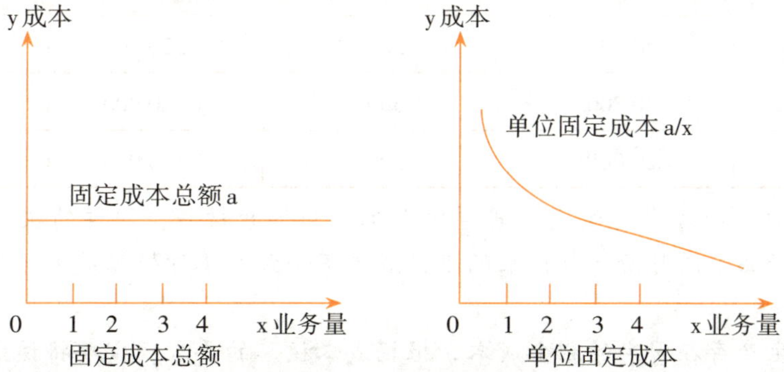

图2-26　固定成本习性分析

二、总成本公式及其习性模型

根据成本习性将企业的全部成本分为变动成本和固定成本两大类，那么企业的总成本公式必然是：

总成本＝固定成本总额＋变动成本总额

＝固定成本总额＋单位变动成本×业务量

我们用y代表总成本，a代表固定成本总额，b代表单位变动成本，x代表业务量，则上述总成本公式可以写为：

$$y=a+bx$$

这个方程式很重要，在今后的混合成本分解、预测分析、决策分析和编制弹性预算时，都要应用它来进行定量分析。其成本习性模型如图2-27所示。

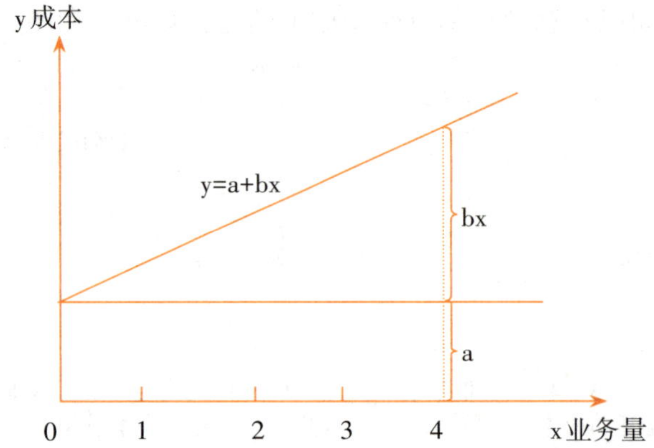

图2-27 总成本习性模型

【做中学2-30】南海制造厂8月、9月、10月三个月的微波炉产量分别为1 000台、2 000台、3 000台。为了简化分析，假设只考虑厂房的每月固定租金成本20 000元以及直接材料、直接人工变动成本500元/台，单位产品的变动成本及固定成本总额均在相关范围内（即在产能范围之内，单位直接材料成本、单位直接人工成本及固定成本总额不变）。则各月产品总成本及单位成本计算见表2-6。

表2-6 各月产品总成本及单位成本计算表 金额单位：元

月份	业务量x	租金总成本a	单位变动成本b	总成本y＝a＋bx	单位成本y/x
8	1 000	20 000	500	520 000	520
9	2 000	20 000	500	1 020 000	510↓
10	3 000	20 000	500	1 520 000	507↓

该制造厂的总经理很是纳闷，同样的人工，同样的材料，同样的机器，同样的环境，为何同样产品不同月份计算出来的单位成本不一致？请你根据成本习性原理为总经理解答。

由于该项生产存在固定的租金成本，根据成本核算的要求，需要将该成本分摊到产品的成本中去，而单位产品所承担的固定租金成本会随着产量的上升而下降。因此，即使产品的单位变动成本没有发生改变，但由于固定成本的存在，从而使得不同产量下的单位生产成本发生了变化。

知识点2-6 经营杠杆

“杠杆”一词来源于物理学中的力学概念。它表示通过杠杆与支点的配合，在一定的作用力下产生力矩，使之能抬高数倍于作用力的重物。财务管理中也存在类似的杠杆效应，表现为固定成本（包括生产经营方面的固定费用和财务方面的固定费用）的运用，当某一变量以微小幅度变动时，会使另一相关变量以较大幅度变动。财务管理中，有经营杠杆、财务杠杆和综合杠杆三种杠杆现象。

杠杆效应犹如一把“双刃剑”，对公司的盈亏同样都有放大作用，既可能产生有利的作用，也可能产生不利的作用。

经营风险通常是指公司营业利润的不确定性。造成公司营业利润波动的因素有很多，如经济环境的因素、竞争对手的因素、公司所属行业的特点及自身运作的因素等。直接导致经营风险的因素主要包括销售量、价格、成本的不确定性以及成本结构的变化等。需要指出的是，财务管理中涉及的营业利润是指息税前利润。息税前利润（Earnings Before Interest and Tax，EBIT）是指在支付利息和缴纳所得税之前的利润。其公式为：

$$EBIT=(P-b)Q-FC=Tcm-FC$$

式中：p——单位售价；Q——产销量；b——单位变动成本；FC——固定成本总额；Tcm——贡献毛益总额。

在一般情况下，公司产品的单位售价、单位变动成本、固定成本总额在一定产销量范围内是不变的。因此，根据息税前利润计算公式，可以看出：在存在固定经营成本的情况下，产销量的变动会引起息税前利润的更大变化，这种现象称之为经营杠杆现象，如图2-28所示。

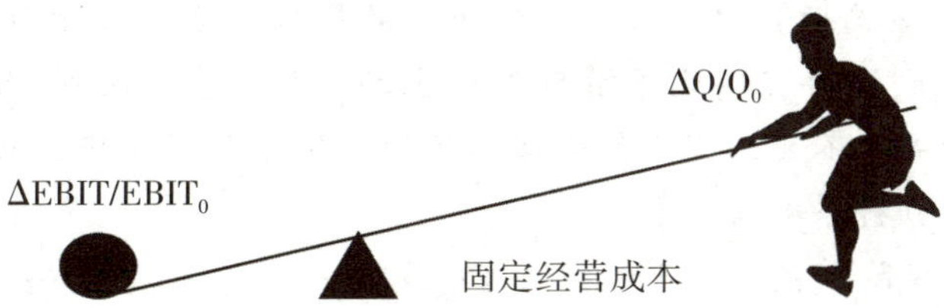

图2-28 经营杠杆作用原理

技能点2-10 经营杠杆系数的计算与分析

一、经营杠杆系数

为了衡量经营风险的大小，需要对经营杠杆进行量化，我们将息税前利润变动率相当于产销量（或销售收入）变动率的倍数称之为“经营杠杆系数”，并用下列公式表示：

微课

经营杠杆分析原理与应用

$$\text{经营杠杆系数(DOL)} = \frac{\text{息税前利润变化率}}{\text{销售额(量)变动率}} = \frac{\dfrac{\Delta EBIT}{EBIT_0}}{\dfrac{\Delta Q}{Q_0}}$$

式中：DOL——经营杠杆系数；ΔEBIT——息税前利润变动额；$EBIT_0$——变动前的息税前利润；ΔQ——销售变动量；Q_0——变动前的销售量。

经营杠杆系数也可以用一种简便算法，只需用基期数据就可求出，这种方法在进行预测时尤其有用。公式推导如下，下标为“0”表示基期数据，下标为“1”表示预测期数据。

$$DOL = \frac{\dfrac{\Delta EBIT}{EBIT_0}}{\dfrac{\Delta Q}{Q_0}} = \frac{EBIT_1 - EBIT_0}{EBIT_0} \times \frac{Q_0}{Q_1 - Q_0}$$

$$= \frac{(P - VC) \times (Q_1 - Q_0)}{EBIT_0} \times \frac{Q_0}{Q_1 - Q_0} = \frac{Tcm_0}{EBIT_0}$$

即　　经营杠杆系数＝基期边际贡献÷基期息税前利润

如果假设S表示基期销售额，VC表示基期变动成本总额，FC表示基期的固定成本总额，则上述公式表示为：

$$DOL = \frac{S - VC}{S - VC - FC}$$

由上述公式可以看出，在公司销售额一定的条件下，成本的构成情况决定了经营杠杆系数的大小，固定经营成本越高，经营杠杆系数越大。也就是说，在P、VC、FC固定不变的情况下，经营杠杆系数说明了销售额增长（减少）所引起息税前利润增长（减少）的幅度。

【做中学2-31】（多选题）鲁泰A受海外市场的影响，公司预测2026年营业收入将下降30%以上，营业利润存在同比下滑50%以上的风险。假设公司2026年的产品结构不变，产品单位变动成本不变，固定经营成本不变，则下列说法中，正确的有（　　）。

A.该公司的经营杠杆系数大于1

B.该公司的经营风险较高

C.该公司面对复杂的经济环境，未能采用有效的措施减缓或是扭转息税前利润下降的趋势

D.该公司的经营风险较低

参考答案：ABC。

【做中学2-32】（多选题）海星电器去年实现营业收入1 482.9亿元，同比增长36.92%；实现净利润224亿元，同比增长44.87%，基本每股收益3.72元。假设公司预算年度的产品结构不变，产品单位变动成本不变，固定经营成本不变，则下列说法中，正确的有（　　）。

A.由于存在固定的经营成本，所以销售收入的变动会引起息税前利润更大的变动

B. 由于存在固定的经营成本，所以销售收入的变动会引起息税前利润较小的变动
C. 该公司的经营杠杆系数大于1
D. 该公司的经营风险较低
参考答案：AC。

二、经营杠杆系数的用途

（一）能反映企业经营风险的大小

一般情况下，公司的固定经营成本是大于零的，因此经营杠杆系数一般会大于1。这表明，公司的息税前利润变动幅度会超过销售变动的幅度。所以，产销量的变动会引起息税前利润更大的变化。另外，由于“息税前利润变动率＝销售变动率×经营杠杆系数”意味着经营杠杆系数越大，销售的变动引发的利润的变动越剧烈，企业的经营风险也就越高。因此，经营杠杆系数的高低，能反映企业经营风险的大小。

（二）能帮助企业进行科学的预测

当我们确定经营杠杆系数以后，即可结合计划期的销售变动率来预测计划期的利润，或者可以预测保证目标利润实现所需要达到的销售变动率。

【做中学2-33】南海公司第一季度、第二季度培训项目产品销售和成本的对比资料见表2-7。公司总经理阅读该报表时，找来财务总监，询问是什么原因导致销售量增加100%，息税前利润增加350%？

表2-7　销售利润变动表

摘要	第一季度	第二季度	变动额	变动率
单位售价（人均培训费）	1 200	1 200	0	不变
业务量（预计参训人数）	20	40	20	100%
销售收入总额（元）	24 000	48 000	24 000	100% ↑
单位变动成本（预计人均食宿费、讲义费等）	500	500	0	不变
变动成本总额（元）	10 000	20 000	10 000	100%
贡献毛益（元）	14 000	28 000	14 000	100%
固定成本（场地租金、讲课费等）（元）	10 000	10 000	0	不变
其中：单位产品固定成本（元）	500	250	–250	–50%
息税前利润（元）	4 000	18 000	14 000	350% ↑

其原因就是企业在生产经营过程中存在着固定的生产经营成本。根据EBIT＝（P－VC）Q－FC＝Tcm－FC。在P、VC、FC固定不变的情况下，影响息税前利润变动的因素就是产销量的变动。依据成本习性原理，当产销量Q增加时，单位产品所承担的固定成本FC/Q将会下降，从而促使息税前利润以更快的速度增加。

【做中学2-34】根据表2-7，分别计算公司第一季度、第二季度经营杠杆系数。

DOL（第一季度）=14 000÷4 000=3.50或者DOL（第一季度）=350%÷100%=3.50

DOL（第二季度）=28 000÷18 000=1.56

计算结果表明，若以第一季度业务量为基准，在单位售价、单位变动成本、固定成本不变的情况下，销售额每增长1倍会引起息税前利润3.50倍的增长；若以第二季度为基准，销售额每增长1倍会引起息税前利润1.56倍的增长。反之，则引起相同比率的下降。与第一季度相比，第二季度的经营风险下降许多。这些数据可以用来预测下一期的息税前利润。

【做中学2-35】假设南海公司认为在售价不变等情况下，在第二季度上述产品的参训学员可能从基期的20人增加到40人。请你预测第二季度的息税前利润。

因为，预计销售增长率=（40—20）÷20=100%，设息税前利润变动率为X，则有：

$$经营杠杆系数(DOL)=\frac{息税前利润变动率}{销售额(量)变动率}=\frac{\frac{\Delta EBIT}{EBIT_0}}{\frac{\Delta Q}{Q_0}}=\frac{X}{100\%}=3.5$$

第二季度的预计息税前利润变动率=100%×3.50=350%

第二季度的预计息税前利润=4 000×（1+350%）=18 000（元）

当然，你还可以根据第二季度的经营杠杆系数来预测第三季度的息税前利润。

知识点2-7 财务杠杆

我们假设，企业每年的债务利息和优先股股利是固定不变的。在这种情况下，当每年的息税前利润增大时，每1元息税前利润所负担的固定筹资费用就会相对减少，就会给普通股股东带来更多的收益，增加了每股收益。反之，会使每股收益产生较大幅度的下降。这就是企业利用负债筹资方式带来的财务杠杆作用。

这种由于存在固定的筹资费用，而使息税前利润较小的变动引起每股收益较大变化的现象称之为财务杠杆，如图2-29所示。由于财务杠杆的作用，当息税前利润下降时，税后利润下降得更快，从而给公司带来财务风险。

图2-29 财务杠杆作用原理

技能点2-11 财务杠杆系数的计算与分析

一、财务杠杆系数

为了对财务风险进行衡量，需要对财务杠杆进行量化，我们将普通股每股收益变动率相当于息税前利润变动率的倍数称之为财务杠杆系数，并用下列公式加以表示：

微课

财务杠杆系数的计算与分析

$$财务杠杆系数(DFL)=\frac{普通股每股收益变动率}{息税前利润变动率}=\frac{\frac{\Delta EPS}{EPS_0}}{\frac{\Delta EBIT}{EBIT_0}}$$

式中：DFL——财务杠杆系数；ΔEPS——普通股每股收益变动额；EPS_0——变动前的普通股每股收益；ΔEBIT——息税前利润变动额；$EBIT_0$——变动前的息税前利润。

上述公式还可以推导为：

$$DFL=\frac{EBIT_0}{EBIT_0-I-\frac{D}{1-T}}$$

式中：I——债务利息；D——优先股股利；T——所得税税率。

由于该公式只需基期数据就可计算出财务杠杆系数。因此，在实务中更多地运用该公式进行财务杠杆系数的计算与分析。

在筹资费用固定不变的情况下，财务杠杆系数说明了息税前利润增长（减少）所引起每股收益增长（减少）的幅度。

二、财务杠杆系数的用途

（一）能反映企业财务风险的大小

在资本总额、息税前利润相同的情况下，财务杠杆系数越高，表明负债比率越高，财务风险越大。公司利用财务杠杆增加的负债可能产生较大的利润，也可能使利润大幅度下降甚至亏损。

（二）能帮助企业进行科学的预测

财务杠杆系数表明息税前利润变动引起的每股收益的变化幅度，因此可以根据财务杠杆系数来预测每股收益的变化，或是根据预计实现的每股收益来预测息税前利润的变化。

【做中学2-36】天山集团下属两家子公司北海公司与南海公司的资金总额均为600万元，它们经营的产品及其所处的内外环境都一样，唯一不同的就是资本结构。其中北海公司的资金全部为自有资金，南海公司的负债为100万元。2024年两公司的息税前利润均为50万元，预计2025年息税前利润比上年增长20%，见表2-8。

表2-8 北海公司与南海公司每股收益差异分析

项目	北海公司		南海公司	
股本（1元/股）	600		500	
其中：发行在外的普通股股数	600		500	
长期债务（万元）	0		100	
资金总额（万元）	600		600	
息税前利润增长率	20%		20%	
有关数据	2024年	2025年	2024年	2025年
息税前利润（万元）	50	60	50	60
利息率			10%	10%
利息额（万元）			10	10
税前利润（万元）	50	60	40	50
净利润（所得税税率25%）	37.50	45	30	37.50
每股收益（元）	0.0625	0.0750	0.0600	0.0750
每股收益增加额（元）		0.0125		0.0150
每股收益增长率		20%		25%

你作为集团的财务顾问，请分析为什么2025年南海公司的每股收益增长率会高于息税前利润增长率，而北海公司却是一致的？

在息税前利润相同且盈利的情况下，南海公司每年只需要固定承担10万元的利息费用，这部分利息不会随着息税前利润的增加而增加，从而使得2025年每股收益增长率高于息税前利润增长率。而北海公司由于没有固定的筹资费用，所以不存在财务杠杆的放大作用，因而其每股收益增长率与息税前利润的增长率是一样的。

根据表2-8的资料，计算天山集团所属两家子公司2024年、2025年的财务杠杆系数。

北海公司的财务杠杆系数：

DFL（2024）＝50÷（50－0）＝1或者DFL（2024）＝20%÷20%＝1

DFL（2025）＝60÷（60－0）＝1

南海公司的财务杠杆系数：

DFL（2024）＝50÷（50－10）＝1.25或者DFL（2024）＝25%÷20%＝1.25

DFL（2025）＝60÷（60－10）＝1.20

计算结果表明，北海公司由于不存在固定的筹资费用，其息税前利润增长1倍时，预期的每股收益也将增长1倍；而南海公司若以2024年为基础，息税前利润每增长1倍，则每股收益增长1.25倍。若以2025年为基础，息税前利润每增长1倍，则每股收益增长1.20倍。反之，则引起相同比率的下降。

如果预计2025年度的息税前利润将增长20%，则南海公司2025年的每股收益为多少？

根据财务杠杆公式：南海公司每股收益增长率＝20%×1.25＝25%

预计2025年南海公司每股收益＝0.0600×（1＋25%）＝0.075（元）

知识点2-8　复合杠杆

产销量通过经营杠杆影响息税前利润，而息税前利润通过财务杠杆影响每股收益。如果两种杠杆共同起作用，那么销售量稍有变动就会使每股收益产生更大的变动。我们把这两种杠杆的共同作用称为复合杠杆作用。

复合杠杆（Degree of Combined Leverage，DCL）是指由于存在固定的生产经营成本和固定筹资费用，在经营杠杆和财务杠杆的共同作用下，产销量稍有变动就会使每股收益产生更大的变动的现象。它揭示了产销量与每股收益两者之间的关系，直观地提供销售与利润关系的信息，是一个非常重要的指标。复合杠杆示意图如图2-30所示。

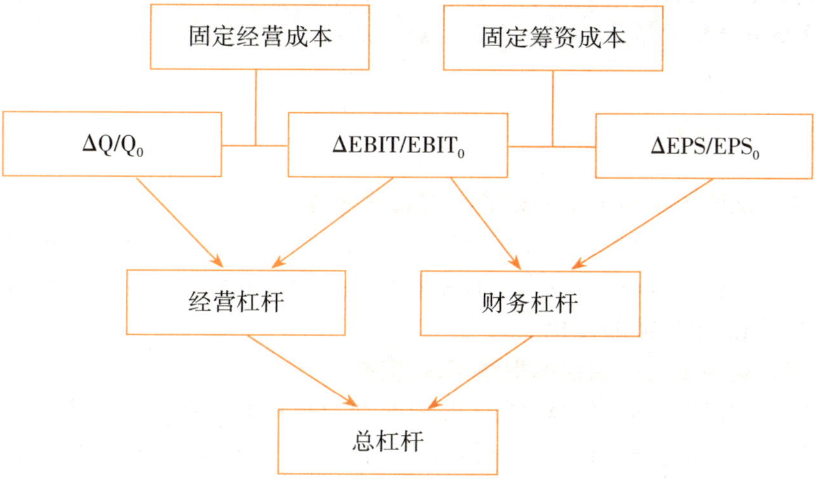

图2-30　复合杠杆示意图

技能点2-12　复合杠杆系数的计算与分析

一、复合杠杆系数

复合杠杆作用的程度，可用复合杠杆系数表示，它是每股收益变动率与销售收入（销售量）变动率之比，是经营杠杆系数和财务杠杆系数的乘积。其计算公式为：

$$DCL = DOL \times DFL$$

或根据基期数据推算得出：

微课

复合杠杆系数分析原理与应用

$$DCL=\frac{\frac{\Delta EPS}{EPS_0}}{\frac{\Delta Q}{Q_0}}=\frac{\frac{\Delta EBIT}{EBIT_0}}{\frac{\Delta Q}{Q_0}}\times\frac{\frac{\Delta EPS}{EPS_0}}{\frac{\Delta EBIT}{EBIT_0}}=\frac{Tcm_0}{EBIT_0}\times\frac{EBIT_0}{EBIT_0-I-\frac{D}{1-T}}$$

$$=\frac{Tcm_0}{EBIT_0-I-\frac{D}{1-T}}$$

若公司无优先股，则上述复合杠杆系数的计算公式可简化为：

$$DCL=\frac{Tcm_0}{EBIT_0-I}=\frac{\text{基期边际贡献}}{\text{基期税前利润}}$$

【做中学2-37】（多选题）假设北海公司的财务杠杆系数为1.5，总杠杆系数为3，在产品售价、单位变动成本不变的情况下，下列说法中，不正确的有（　　）。

A.若该公司产销量增长率为10%，则息税前利润预计增长20%

B.若该公司息税前利润增长10%，则产销量增长应不低于5%

C.若该公司每股收益增长5%，则息税前利润增长7.5%

D.若该公司产销量增长10%，则普通股每股收益增长15%

参考答案：CD。

二、复合杠杆系数的用途

（一）能够预测既定情况下的销售额或每股收益

复合杠杆系数表明业务量变动引起的每股收益的变化幅度，而且，可以根据基期数据计算得出。因此，可以根据复合杠杆系数来预测每股收益的变化，或是根据预计实现的每股收益来预测销售额的变化。

（二）能为实现预定控制目标提供解决思路

复合杠杆使我们看到了经营杠杆与财务杠杆之间的相互关系，即为了达到某一总杠杆系数，经营杠杆和财务杠杆可以有很多不同的组合。比如，经营杠杆系数较高的公司可以在较低的程度上使用财务杠杆；经营杠杆系数较低的公司可以在较高的程度上使用财务杠杆。

【做中学2-38】东海公司2024年有关资料见表2-9，请计算2024年的经营杠杆系数、财务杠杆系数、复合杠杆系数。

表2-9　根据销售量的变动预测每股收益

项目	2024年（基期）
销售量（万件）	8
单位产品售价（元）	100
销售收入（万元）	800
单位变动成本（元）	60
变动成本（万元）	480

续表

项目	2024年（基期）
贡献毛益总额（万元）	320
固定成本（万元）	60
息税前利润（万元）	260
负债（万元）	1 000
利率	10%
利息（万元）	100
税前利润（万元）	160
净利润（所得税税率25%）（万元）	120
发行在外普通股（万股）	100
每股收益（元）	1.20

2024年的经营杠杆系数、财务杠杆系数可以直接根据基期相关数据计算得出：

2024年的经营杠杆系数＝320÷260＝1.2308

2024年的财务杠杆系数＝260÷（260－100）＝1.6250

2024年的复合杠杆系数＝1.2308×1.6250＝320÷（260－100）＝2

计算结果表明，东海公司在经营杠杆与财务杠杆的共同作用下，若以2024年为基础，销售量每增加1倍，则每股收益增长2倍。

【做中学2-39】沿用【做中学2-38】的资料。销售部门预计2025年的销售量比2024年增长25%。并假设其他条件不变的情况下，请你预测2025年的息税前利润、每股收益将达到多少？

在销售额增加25%的情况下，根据经营杠杆系数可知：

2025年的息税前利润增长率＝1.2308×25%＝30.77%

2025年的息税前利润＝260×（1＋30.77%）＝340（万元）

根据复合杠杆系数可知：

2025年的每股收益增长率＝2×25%＝50%

2025年的每股收益＝1.20×（1＋50%）＝1.80（元）

【做中学2-40】沿用【做中学2-38】的资料。若东海公司计划2025年每股收益达到2元，则在环境基本不变的情况下，以2024年为基础，销售额需要增长多少才能实现目标？

根据复合杠杆系数计算公式，计算过程如下：

2025年每股收益增长率＝（2－1.20）÷1.20×100%＝66.67%

2025年销售额增长率＝66.67%÷2＝33.34%

也就是说，销售额要增长33.34%才有可能实现每股收益为2元的目标。

【做中学2-41】（多选题）粤宏远A发布的业绩报告显示，公司去年实现营业收入5.29亿元，同比增长6.54%；实现净利润3 979.58万元，同比增长102.15%。下列说法中，具有合理性的有（　　）。

A.该公司存在较高的固定成本

B.该公司复合杠杆系数大于1

C.若在其他情况不变的情况下，下一年公司收入下滑，则净利润下滑更大

D.净利润比收入更大的幅度变化是经营杠杆与财务杠杆共同作用下产生的

参考答案：ABCD。

拓展阅读

假设你是企业的高级管理人员，请阅读以下材料，谈谈原理、方法与解决问题之间的关系。

不断强化问题意识　积极面对和化解前进中遇到的矛盾

学习掌握事物矛盾运动的基本原理，不断强化问题意识，积极面对和化解前进中遇到的矛盾。中国人早就知道矛盾的概念，所谓“一阴一阳之谓道”。矛盾是普遍存在的，矛盾是事物联系的实质内容和事物发展的根本动力，人的认识活动和实践活动，从根本上说就是不断认识矛盾、不断解决矛盾的过程。

问题是事物矛盾的表现形式，我们强调增强问题意识、坚持问题导向，就是承认矛盾的普遍性、客观性，就是要善于把认识和化解矛盾作为打开工作局面的突破口。当前，我国已经进入发展关键期、改革攻坚期、矛盾凸显期，我们面临的矛盾更加复杂，既有过去长期积累而成的矛盾，也有在解决旧矛盾过程中新产生的矛盾，大量的还是随着形势环境变化新出现的矛盾。这些矛盾中许多是这个发展阶段必然出现的，是躲不开也绕不过去的。

我们党领导人民干革命、搞建设、抓改革，从来都是为了解决中国的现实问题。如果对矛盾熟视无睹，甚至回避、掩饰矛盾，在矛盾面前畏缩不前，坐看矛盾恶性转化，那就会积重难返，最后势必造成无法弥补的损失。“千丈之堤，以蝼蚁之穴溃；百尺之室，以突隙之烟焚。”矛盾积累到一定程度就会发生质的突变。对待矛盾的正确态度，应该是直面矛盾，并运用矛盾相辅相成的特性，在解决矛盾的过程中推动事物发展。

党的十八大之后，我们强调不能简单以国内生产总值增长率论英雄，提出加快转变经济发展方式、调整经济结构，提出化解产能过剩，提出全面深化改革、全面依法治国，提出加强生态文明建设等，都是针对一些牵动面广、耦合性强的深层次矛盾去的。如果我们不迎难而上、因势利导，逢山开路、遇水架桥，这些矛盾不断积累，就有可能进一步向不利方面转化，最后成为干扰因素甚至破坏性力量。

积极面对矛盾、解决矛盾，还要注意把握好主要矛盾和次要矛盾、矛盾的主要方面和次要方面的关系。“秉纲而目自张，执本而末自从。”面对复杂形势和繁重任务，

首先要有全局观，对各种矛盾做到心中有数，同时又要优先解决主要矛盾和矛盾的主要方面，以此带动其他矛盾的解决。党的十八大以来，我们提出要协调推进全面建成小康社会、全面深化改革、全面依法治国、全面从严治党。在推进这“四个全面”过程中，我们既要注重总体谋划，又要注重牵住“牛鼻子”。比如，我们既对全面建成小康社会作出全面部署，又强调“小康不小康，关键看老乡”；既对全面深化改革作出顶层设计，又强调突出抓好重要领域和关键环节的改革；既对全面推进依法治国作出系统部署，又强调以中国特色社会主义法治体系为总目标和总抓手；既对全面从严治党提出系列要求，又把党风廉政建设作为突破口，着力解决人民群众反映强烈的“四风”问题，着力解决不敢腐、不能腐、不想腐的问题。在任何工作中，我们既要讲两点论，又要讲重点论。没有主次，不加区别，眉毛胡子一把抓，是做不好工作的。

资料来源：佚名. 不断强化问题意识 积极面对和化解前进中遇到的矛盾［EB/OL］.［2019-06-06］. http：//www.wenming.cn/zgwmw_ysp/ysp_dt/diantai_tongxuenizao/201906/t20190606_5141553.shtml.

职业能力测试

一、判断题

（　　）1.必要收益率与投资者认识到的风险有关。如果某项资产的风险较低，那么投资者对该项资产要求的必要收益率就较高。

（　　）2.在终值和计息期一定的情况下，折现率越低，则复利现值越高。

（　　）3.当经营杠杆系数为1时，意味着该公司在产品售价、产品销售结构、单位变动成本、固定成本不变的情况下，业务量增加1倍，则每股收益增加1倍。

（　　）4.某公司向银行借款，若年利率为4%，按季度付息，期限为1年，则该借款的实际年利率大于4%。

（　　）5.市场利率上升会导致当前债券资产的价格下降。

二、单项选择题

1.已知（F/P，10%，1）＝1.10；（F/P，10%，2）＝1.21，则（F/A，10%，3）等于（　　）。

A.2.31　　B.3.31　　C.1.331　　D.0.11

2.A方案的标准离差是1.50，B方案的标准离差是1.10，如果A、B方案的期望收益率分别为15%、16%，则A方案的风险（　　）B方案的风险。

A.大于　　B.小于　　C.等于　　D.无法确定

3.A方案的标准离差是1.50，B方案的标准离差是1.10，如果A、B方案的期望收益率分别为15%、16%，则A方案的预期收益（　　）B方案的预期收益。

A.大于　　B.小于　　C.等于　　D.无法确定

4.经营杠杆给企业带来的风险是指（　　）。

A.业务量变动导致每股收益更大变动的风险

B. 利润下降的风险

C. 业务量变动导致息税前利润更大变动的风险

D. 息税前利润变动导致每股收益更大变动的风险

5. 某公司向银行借入12 000元，借款期限为3年，每年年末还本付息额为4 600元，为了计算其实际利率IRR，下列计算公式中，正确的是（　　）。

A.12 000=4 600×（P/A，IRR，3）　　B.4 600=12 000×（P/A，IRR，3）

C.12 000=4 600×（F/A，IRR，3）　　D.4 600=12 000×（F/A，IRR，3）

三、多项选择题

1. 某公司向银行借入一笔款项，年利率为10%，分6次还清，从第5年至第10年每年年末偿还本息5 000元。下列关于该笔借款现值的计算公式中，正确的有（　　）。

A.5 000×（P/A，10%，6）×（P/F，10%，3）

B.5 000×（P/A，10%，6）×（P/F，10%，4）

C.5 000×［（P/A，10%，9）－（P/A，10%，3）］

D.5 000×［（P/A，10%，10）－（P/A，10%，4）］

2. 若无风险收益率为4%，市场组合的收益率为10%，该公司的β系数为1.25，下列说法中，正确的有（　　）。

A. 该公司要求的必要收益率为4%+10%

B. 该公司要求的必要收益率为4%+1.25×（10%－4%）

C. 该公司期望的风险报酬率为1.25×（10%－4%）

D. 社会平均风险收益率为10%－4%

3. 2025年2月20日20时04分，宁夏银川市金凤区发生4.2级地震，震源深度15千米。此次地震发生后，中国地震局迅速启动了三级应急服务响应，宁夏地震局也第一时间启动了全区“三网一员”地震灾情速报网络，迅速收集灾情并派出现场工作队赶赴震中核查灾情。对在该区域经营的企业而言，下列说法中正确的有（　　）。

A. 该风险为非系统性风险　　B. 该风险为系统性风险

C. 该风险为可分散风险　　D. 该风险为不可分散风险

4. 企业降低经营风险的途径一般有（　　）。

A. 增加销售量　　B. 降低固定成本

C. 降低变动成本　　D. 减少负债，降低固定利息支出

5. 按照资本资产定价模型，影响特定项目必要收益率的因素有（　　）。

A. 无风险收益率　　B. 平均风险的必要收益率

C. 特定项目的β系数　　D. 投资者期望报酬率

四、简答题

1. 请你写出利率和必要报酬率的基本公式，谈谈利率与必要报酬率的联系，并根据必要报酬率的基本公式谈谈你对风险与报酬的关系的认识。

2. 固定的利息、优先股股利不变，同时，在其他条件不变的情况下，息税前利润的微小变化引起较大的每股收益变化。这种现象称为什么杠杆？它与财务风险有何关系？固定的生产经营费用不变，同时，在其他条件不变的情况下，产销业务量的微小

变化引起较大的息税前利润变化。这种现象称为什么杠杆？它与经营风险有何关系？

3. 分析师称，央行将继续执行从紧的货币政策，加息的可能性较大。因此，国债价格上升趋势可能不会持久。交易员表示，央票发行利率的上升对二级市场的现券价格有一定负面影响。为什么说利率上涨，会对二级市场的债券价格有一定的负面影响？请从资金时间价值原理角度进行分析。

五、案例题

1. 北极集团向顾客承诺现在一次性支付100万元购买房子，5年后，该公司将返还客户100万元，房子仍归顾客所有。在不考虑房子升值的情况下，相当于公司现在向客户借款100万元，5年后向客户还本付息200万元。

思考：

（1）该集团该业务的借款利率为多少？

（2）在Excel中用RATE函数计算该集团该业务的借款利率为多少？

2. 假设北海公司拟投资3年期W公司债券，每年能获取固定利息收益10万元。已知（P/A，8%，3）＝2.5771，（P/A，10%，3）＝2.4869。

思考：

（1）请你计算在当前市场平均利率为8%的情况下，3年期W公司债券的价值为多少？

（2）请你计算在当前市场平均利率为10%的情况下，3年期W公司债券的价值为多少？

（3）请对比8%、10%市场平均利率环境下3年期W公司债券的价值，分析利率变化对证券价值的影响。

3. 已知北海公司只生产经营某一产品，2024年该产品的销售情况见表2-10，公司预计2025年产品的销售价格、单位变动成本、固定成本不变。

表2-10 2024年该产品的销售情况

摘要	2024年（基期）	变动率	变动额	2025年（计划期）
单位售价（元）	80	不变		
销售量（件）	6 000			
销售收入总额（元）	480 000			
单位变动成本（元）	50	不变		
变动成本总额（元）	300 000			
贡献毛益总额（元）	180 000			
固定成本（元）	60 000	不变		
其中：单位产品固定成本（元）	10			
息税前利润（元）	120 000	15%		

思考：

（1）请根据北海公司2024年的基期数据计算经营杠杆系数。简述经营杠杆系数反映什么指标之间的关系，并据此评价该公司的经营风险。

（2）假设北海公司计划下一年（2025年）的息税前利润提高15%，假设产品单位售价、产品单位变动成本、固定成本不变的情况下，销售部门应将该产品的销售量提高到多少才能实现这一目标，并将表中2025年（计划期）空白部分填列完整。

项目三

筹资管理

【知识点】

1. 企业筹资的分类
2. 筹资管理的基本要求
3. 资金需要量的预测方法
4. 权益资金的特点
5. 权益资金的筹资方式
6. 债务资金的特点
7. 债务资金的筹资方式
8. 债券筹资
9. 融资租赁
10. 商业信用
11. 短期借款
12. 资本成本的含义
13. 资本成本的种类
14. 资本成本的作用
15. 影响资本成本的主要因素
16. 资本成本计算的基本模式
17. 资本结构的影响

【技能点】

1. 因素分析法
2. 销售百分比法（微课）
3. 回归分析法（微课）
4. 高低点法
5. 确定债券发行价格（微课）
6. 融资租赁租金的计算（微课）
7. 个别资本成本的计算（微课）
8. 加权平均资本成本的计算
9. 资本结构的优化（微课）

任务一 企业筹资认知

筹资是企业资金运动的起点，为企业经营活动、投资活动和资本结构调整提供资金支持。本节将介绍筹资的分类及基本要求，助力企业合理组织筹资活动，优化资金配置。

知识点3-1 企业筹资的分类

企业筹资是指企业为了满足其经营活动、投资活动、资本结构调整等需要，运用一定的筹资方式，筹措和获取所需资金的一种财务行为。筹集资金是企业资金运动的起点，是决定资金运动规模和生产经营发展的重要环节。

在企业日常生产经营活动运行期间，需要持有一定数额的资金，以满足营业活动的正常资金需求，在经营规模扩张和对外投资的过程中，往往会产生巨额的资金需求。

企业采用不同的筹集资金方式，按照不同的分类标准，可分为不同的筹资类别。

一、股权筹资和债务筹资

按照资金的来源渠道不同，可将企业筹资划分为股权筹资和债务筹资两大类。

股权筹资，是指企业通过发行股票、吸收直接投资、内部积累等方式筹集资金的行为。企业采用吸收自有资金的方式筹集资金，一般不用归还，财务风险小，但投资人一般会期望获得高于社会平均报酬率的投资回报，因此企业承担的资金成本相对较高。

债务筹资，是指企业通过发行债券、向银行借款、融资租赁等方式筹集资金的行为。企业采用借入资金的方式筹集资金，到期要归还本金和支付利息，一般承担较高的财务风险，但相对而言，由于债务利息可以产生抵税作用，付出的资金成本相对较低。

二、短期筹资和长期筹资

按照所筹资金使用期限的长短，可将企业筹资划分为短期筹资和长期筹资两种类型。

短期资金，是指使用期限在一年以内或超过一年的一个营业周期以内的资金。短期筹资通常是指采用商业信用、短期借款、短期债券、应收账款转让等方式来筹集资金。

长期资金，是指使用期限在一年以上或超过一年的一个营业周期以上的资金。长期筹资通常是指采用吸收直接投资、发行股票、发行债券、长期借款、融资租赁和利用留存收益等方式来筹集资金。

三、直接筹资与间接筹资

按其是否以金融机构为媒介，企业筹资分为直接筹资和间接筹资两种类型。

直接筹资，是企业直接与资金供应者协商融通资金的一种筹资活动。直接筹资方式主要有吸收直接投资、发行股票、发行债券等。通过直接筹资既可以筹集股权资金，也可以筹集债务资金。按法律的规定，公司股票、公司债券等有价证券的发行需要通过证券公司等中介机构进行，但证券公司所起到的只是承销的作用，资金供给者依然是购买证券的一方，因此发行股票、债券仍属于直接向社会筹资。直接筹资有利于提高企业的知名度和资信度。

间接筹资，是企业借助银行等金融机构融通资金的一种筹资活动。在间接筹资方式下，银行等金融机构发挥了中介的作用，预先集聚资金，资金拥有者首先向银行等金融机构让渡资金的使用权，然后由银行等金融机构将资金提供给企业。间接筹资的基本方式是向银行借款，此外还有融资租赁等筹资方式，间接筹资形成的主要是债务资金，主要用于满足企业资金周转的需要。

四、内部筹资与外部筹资

按资金的来源范围不同，企业筹资分为内部筹资和外部筹资两种类型。

内部筹资是指企业通过利润留存而形成的筹资。内部筹资数额的大小主要取决于企业可分配利润的多少和利润分配政策，一般无须花费筹资费用。

外部筹资是指企业向外部筹措资金而形成的筹资。处于初创期的企业，内部筹资的数量是有限的；处于成长期的企业，内部筹资往往难以满足需要。这就需要企业广泛地开展外部筹资，如发行股票、债券、取得商业信用、向银行借款等。企业向外部筹资大多需要花费一定的筹资费用，增加了筹资成本。

一般而言，企业筹资时首先应利用内部筹资，然后再考虑外部筹资。

【做中学 3-1】（思考题）请根据企业资产负债表右边的报表项目和筹资的分类标准，识别出资产负债表项目对应的不同筹资类别。

知识点 3-2　筹资管理的基本要求

企业筹资管理的基本要求，是要在严格遵守国家法律法规的基础上，分析影响筹资的各种因素，权衡资金的性质、数量、成本和风险，合理选择筹资方式，提高筹资效果。

一、筹措合法

不论是直接筹资还是间接筹资，企业最终都通过筹资行为向社会获取资金。企业的筹资活动不仅为自身的生产经营提供资金来源，也会影响投资者的经济利益，继而影响到社会经济秩序。因此，企业的筹资活动必须遵循国家相关法律法规的规定，依法履行法律法规和筹资合同约定的责任，维护各方的合法权益。

二、规模适当

企业筹集资金，首先要合理预测资金的需要量。筹资规模与资金需要量应当匹配一致，既避免因筹资不足，影响生产经营的正常进行，又要防止筹资过多，造成资金闲置。

三、适时筹资

企业筹集资金，还需要合理预测资金需要的时间。要根据资金需求的具体情况，合理安排资金的筹集时间，适时获取所需资金。使筹资与用资在时间上相衔接，既避免过早筹集资金形成的资金投放前闲置，又防止取得资金的时间滞后，错过资金投放的最佳时间。

四、来源经济

企业所筹集的资金都要付出资本成本的代价，不同的筹资渠道和筹资方式所取得的资金，其资本成本各有差异。企业应当在考虑筹资难易程度的基础上，对不同来源资金的成本进行分析，尽可能选择经济、可行的筹资渠道与方式，力求降低筹资成本。

五、结构合理

企业筹资要综合考虑股权资金与债务资金的关系、长期资金与短期资金的关系、内部筹资与外部筹资的关系，合理安排资本结构，保持适当偿债能力，防范企业财务危机，提高筹资效益。

任务二 资金需要量的预测

知识点3-3 资金需要量的预测方法

企业筹集资金首先要对资金需要量进行预测。企业对固定资产资金需要量的预测一般是通过投资决策、编制资本预算完成的。在企业正常经营的情况下，资金的预测主要是对流动资金需要量进行测算。筹资数量预测的基本目的，是保证筹集的资金既能满足生产经营的需要，又不会产生资金闲置。

企业资金需要量的预测方法主要有定性预测法和定量预测法两种。

一、定性预测法

定性预测法是根据调查研究所掌握的情况和数据资料，凭借预测人员的知识与经验，对资金需要量所做的判断。定性预测主要是根据经济理论和实际情况进行理性的、逻辑的分析和论证，以定量方法作为辅助，一般在缺乏完整、准确的历史资料时采用。

二、定量预测法

定量预测法是指以资金需要量与有关因素的关系为依据，在掌握大量历史资料的基础上选用一定的数学方法加以计算，并将计算结果作为预测的一种方法。

定量预测的基本原理是按照资金与产销量变动之间的依存关系，采取因素分析法、销售百分比法、高低点法和回归分析法等具体方法对资金需求量进行预测。

我们可以将资金按其习性，即按照资金与产销量变动之间的依存关系，将其划分为固定资金、变动资金和半变动资金。

固定资金是指在一定的产销量范围内，不受产销量变动的影响而保持固定不变的那部分资金。它一般包括厂房、机器设备等固定资产占用的资金和原材料、产成品最低储存量占用的资金等。

变动资金是指随产销量的变动而成同比例变动的那部分资金。它一般包括直接构成产品实体的原材料、外购半成品等占用的资金。另外，在最低必要储备以外的现金、存货、应收账款等也具有变动资金的性质。

半变动资金是指虽然受产销量变化的影响，但不成同比例变动的资金，如一些辅助材料占用的资金。半变动资金可采用一定的方法划分为固定资金和变动资金两部分。

技能点3-1　因素分析法

因素分析法又称分析调整法，是以有关项目基期年度的平均资金需要量为基础，根据预测年度的生产经营任务和资金周转加速的要求，进行分析调整，来预测未来资金需要量的一种方法。这种方法计算简便，容易掌握，但预测结果不太精确。它通常用于品种繁多、规格复杂、资金用量小的项目。因素分析法的计算公式如下：

$$资金需要量=\left(\frac{基期资金}{平均占用额}-\frac{不合理资金}{占用额}\right)\times\left(1\pm\frac{预测期销售}{增减率}\right)\times\left(1\pm\frac{预测期资金周转}{速度变动率}\right)$$

【做中学3-2】西南公司上年度资金平均占用额为3 200万元，经分析，其中不合理部分200万元，预计本年度销售增长4%，由于信用期延长，资金周转将放缓0.5%。请估算本年度资金需要量。

根据因素分析法计算公式，销售增长将会引起资金需求的增加，而资金周转放缓又会增加一部分资金需求，因此有：

预测年度资金需要量＝（3 200−200）×（1＋4%）×（1＋0.5%）＝3 135.60（万元）

【做中学3-3】沿用【做中学3-2】的资料。如果下一年度加强应收账款管理，资金周转将提速0.5%。其资金需要量又为多少呢?

预测年度资金需要量＝（3 200−200）×（1＋4%）×（1−0.5%）＝3 104.40（万元）

技能点3-2 销售百分比法

微课

销售百分比法预测资金需求

销售百分比法是首先假设某些资产、负债与销售额存在稳定的百分比关系，以此预测未来资金需要量的方法。

企业的销售规模扩大时，要相应增加流动资产；如果销售规模超过现有的产能，还必须增加长期资产。为取得扩大销售所需增加的资产，企业需要筹措资金。这些资金，一部分来自留存收益，另一部分通过外部筹资取得。通常，销售增长率较高时，仅靠留存收益不能满足资金需要，即使盈利良好的企业也需外部筹资。因此，企业需要预先知道自己的筹资需求，提前安排筹资计划，否则就可能发生资金短缺问题。

采用销售百分比法预测资金需要量的步骤如下：

（1）根据历史数据，预计销售收入增长率。

（2）计算资产负债表中敏感项目占销售收入的百分比。首先根据资产负债表中的项目与销售额之间是否存在同步变动的关系，将报表项目分为敏感项目和非敏感项目。敏感项目是指随着销售额的变动同步变动的项目，其与销售额之间存在着一个相对稳定的比率关系，如库存现金、应收账款、存货、应付账款等；非敏感项目是指与销售额之间不存在一个相对稳定的比率关系的项目，如对外投资、长期负债和实收资本等。其计算公式为：

$$\text{敏感项目占销售额的百分比}=\text{基期敏感项目数额}\div\text{基期销售额}\times 100\%$$

（3）计算需要增加的资金，其计算公式为：

$$\text{需要增加的资金}=\text{增加的资产}-\text{增加的负债}$$

（4）计算内部资金增加额，其计算公式为：

$$\text{留存收益增加额}=\text{预计销售额}\times\text{计划销售净利率}\times(1-\text{股利支付率})$$

（5）计算外部融资需求，其计算公式为：

$$\text{外部融资需要量}=(\text{资产销售百分比}-\text{负债销售百分比})\times\text{新增销售额}-\text{留存收益增加额}$$

【做中学3-4】西北公司2024年销售收入为1 000万元，当年营业净利率为15%，股利支付率为80%。预计2025年销售收入将增长15%，未超过现有生产能力，无须新增固定资产投资。2024年12月31日资产负债表见表3-1。

表3-1 西北公司资产负债表

2024年12月31日　　　　金额单位：万元

资产	金额	敏感性判断	与销售额的关系（%）	负债和所有者权益	金额	敏感性判断	与销售额的关系（%）
货币资金	70		7	短期借款	30	N	
应收账款	300		30	应付账款	110		11
存货	80		8	长期借款	60	N	
固定资产	10	N		实收资本	200	N	
无形资产	0	N		留存收益	60	N	
资产总计	460		45	负债和所有者权益总计	460		11

要求：预计2025年资金需要量，以及需要外部融资的资金需求。

分析提示：可以采用销售百分比法进行资金预测，其步骤如下：

（1）计算敏感项目占销售收入百分比。经分析，确定敏感项目并计算销售收入百分比见表3-1。

（2）计算确定需要增加的总资金需求。从表3-1中可以看出，公司每增加100元的销售收入，需要增加45元的资金需求，同时，增加11元的商业信用（属自发性流动负债筹资）。所以，每增加100元的销售收入，最终使公司需要净增加资金34元（45－11）。由于下一年度收入增长15%，因销售增长需要新增资金可计算如下：

2025年新增资金需求＝1 000×15%×（45%－11%）＝51（万元）

（3）计算内部留存收益数额，确定内部筹资金额。

2025年新增留存收益＝1 000×（1＋15%）×15%×（1－80%）＝34.50（万元）

（4）计算外部融资需求。

2025年外部融资需要量＝2025年新增资金需求－2025年新增留存收益

＝51－34.50＝16.50（万元）

以上计算分析步骤，也可直接代入公式求得：

2025年外部融资需要量＝1 000×15%×（45%－11%）－1 000×（1＋15%）×15%×（1－80%）

＝16.50（万元）

也就是说，依据基期报表项目与销售额的比例关系和项目投资计划，下一年度新增资金需求51万元，其中内部留存收益可提供资金34.50万元，需向外部筹资16.50万元。

销售百分比法是一种基于历史销售数据和财务比率进行预测的财务管理方法。其优点是简单易懂、快速预测、灵活性高，并能适应外部筹资需求。其缺点是忽略了其他影响因素、不适用于长期规划。它一般适用于业务稳定、市场竞争稳定的行业，如零售、批发、制造和服务业，尤其适合短期财务规划。在使用时，企业需结合其他分析方法和市场情况，以弥补其局限性，从而更好地支持决策和规划。

技能点3-3 回归分析法

微课

回归分析法的基本应用

回归分析法是假定资金量与业务量之间存在线性关系并建立数学模型来预测资金需要量的一种方法。根据一组历史的业务量与资金占用数据，依据 $y=a+bx$ 的线性关系，可得方程式：

$$b=\frac{n\sum xy-\sum x\sum y}{n\sum x^2-\left(\sum x\right)^2}$$

$$a=\frac{\sum y-b\sum x}{n}$$

式中：y——资金需要量；x——业务量；a——固定资金；b——单位业务量所需变动资金。

【做中学3-5】中南公司历年的业务量与资金占用关系见表3-2。要求：用回归分析法预测中南公司2025年的资金需要量，假设2025年预计业务量为700万元。

由于回归分析根据各年的历史数据进行预测，可靠性较高，但是，它也仅适用于存在线性关系情况下的资金预测。根据回归分析法计算有关数据见表3-2。

表3-2 中南公司回归分析计算表

年度	业务量X（万元）	资金占用Y（万元）	X·Y	X·X
2020	600	100	60 000	360 000
2021	620	110	68 200	384 400
2022	580	120	69 600	336 400
2023	640	125	80 000	409 600
2024	790	130	102 700	624 100
合计	$\sum X=3\,230$	$\sum Y=585$	$\sum X\cdot Y=380\,500$	$\sum X\cdot X=2\,114\,500$

根据计算公式可得：

$$b=\frac{n\sum xy-\sum x\sum y}{n\sum x^2-\left(\sum x\right)^2}=0.0928\text{（万元）}$$

$$a=\frac{\sum y-b\sum x}{n}=57.07\text{（万元）}$$

所以，资金预算公式为：

$y=57.07+0.0928x$

2025年的资金需要量$=57.07+0.0928\times700=122.03$（万元）

回归分析法是一种通过建立数学模型来描述因变量与自变量之间关系的统计分析方法，广泛应用于预测和因果关系研究。它依赖于正确的模型假设，不能提供绝对准确的结论；对变量间关系的假设较为严格，如线性关系、方差齐性等，若不满足这些假设，结果可能不准确。应用回归分析法时应注意以下几个问题：

（1）资金需要量与业务量之间线性关系的假定应符合实际情况；

（2）确定a、b数值时，应利用连续若干年的历史资料，一般要有3期以上的资料；

（3）应考虑价格等因素的变动情况。

在实务中，也可以先运用高低点法或回归分析法，分别计算出货币资金、应收账款、存货等不同资金项目的单位变动资金需求b和固定资金需求a，得出每个资金项目的资金预算公式$y=a+bx$。然后将各具体项目的b和a进行汇总，建立总资金预测方程式$y=\sum a+\left(\sum b\right)\cdot x$，据以计算预测资金需要量。很显然，采用这种方法比按一个资金项目总和进行预测更为准确，只是计算的工作量增大了。

技能点3-4　高低点法

高低点法是利用代数式y=a+bx，选用一定历史资料中的最高业务量与最低业务量所对应的资金需求之差，与两者业务量之差进行对比，求出单位业务量的变动资金需求，然后将其代入高点或低点的混合成本公式，求出固定资金需求的方法。

我们用y代表资金需求总额，x代表业务量，a代表固定资金需求，b代表单位业务量的变动资金需求。即：

$$b = \frac{y_h - y_l}{x_h - x_l}$$

$$a = y_h - bx_h$$

或

$$a = y_l - bx_l$$

然后再利用y = a + bx预测资金需要量。

【做中学3-6】假设天山公司2020—2024年的资金占用与销售收入之间的关系见表3-3。假设2025年的预计销售收入为700万元。要求：采用高低点法预测2025年该公司的资金需要量。

表3-3　天山公司资金占用与销售收入表

年度	业务量X（万元）	资金占用Y（万元）	备注
2020	600	100	
2021	620	110	
2022	580	120	低点
2023	640	125	
2024	790	130	高点

首先依据业务量确定最高业务量和最低业务量的资金占用水平，再依据公式进行计算，但是这种方法只适用于业务量在580万元～790万元的资金预测。单位业务量变动资金需求b的计算过程如下：

$$b = \frac{y_h - y_l}{x_h - x_l} = \frac{130 - 120}{790 - 580} = 0.0476$$

将b值代入高点混合成本公式，并移项：

$$a = y_h - bx_h = 130 - 0.0476 \times 790 = 92.3810\text{（万元）}$$

或

$$a = y_l - bx_l = 120 - 0.0476 \times 580 = 92.3810\text{（万元）}$$

通过以上计算，得出资金预算公式：

y=92.3810+0.0476x

下一年的资金需要量＝92.3810＋0.0476×700＝125.7010（万元）

高低点法是一种基于历史数据预测资金需要量的方法，通过分析业务量最高点和最低点的资金占用情况，利用线性方程 $y=a+bx$ 来估算资金需求。其优点是计算简单、易于理解和操作，只要选取两个不同时期的业务量和成本数据即可求解。然而，这种方法仅依赖高点和低点数据，忽略了中间数据的变化，代表性较差，可能导致预测结果不够精确。

高低点法适用于业务量与资金占用关系较为稳定的企业，尤其是成本变动趋势平稳的场景。在选择高低点时，需以业务量而非成本高低为标准。

任务三　权益资金的筹集

知识点3-4　权益资金的特点

企业所能采用的筹资方式，一方面受法律环境和融资市场的制约，另一方面也受企业性质的制约。中小企业和非公司制企业的筹资方式比较有限，而股份有限公司和有限责任公司的筹资方式相对多样。

权益资金是企业依法筹集并长期拥有、自主支配的资本，包括实收资本、资本公积、盈余公积和未分配利润等。企业可以通过吸收直接投资、发行股票和利用留存收益三种主要形式来进行权益资金的筹集。

权益资金具有以下特点：

（1）权益资金的所有权归属于所有者，所有者有权参与企业经营管理决策、取得收益，并对企业的经营承担有限责任。

（2）权益资金属于企业长期占用的“永久性资本”。在企业经营期内，投资者除依法转让外，不得以任何方式抽回资本，以保证公司对资本的最低需要。

（3）权益资金没有还本付息的压力，它的筹资风险低，但是相对于债务资金而言，其资本成本较高。

【做中学3-7】（单选题）采用吸收权益资金方式筹措资金的优点是（　　）。

A.有利于降低资金成本　　B.有利于强化企业控制权

C.有利于降低财务风险　　D.有利于发挥财务杠杆作用

参考答案：C。

知识点3-5　权益资金的筹资方式

权益资金筹资方式主要有吸收直接投资、发行普通股、发行优先股和利用留存收益。

一、吸收直接投资

吸收直接投资，是指企业按照“共同投资、共同经营、共担风险、共享收益”的原则，直接吸收国家、法人、个人和外商投入资金的一种筹资方式。吸收直接投资是非股份制企业筹集权益资本的基本方式，采用吸收直接投资的企业，资本不分为等额股份、无须公开发行股票。吸收直接投资的实际出资额中，注册资本部分，形成实收资本；超过注册资本的部分属于资本溢价，形成资本公积。

投资者可以以货币资产、实物资产、土地使用权、工业产权等方式出资。吸收直接投资具有以下优缺点：

（一）主要优点

（1）能够尽快形成生产能力。吸收直接投资不仅可以取得一部分货币资金，而且能够直接获得所需的先进设备和技术，尽快形成生产经营能力。如果投资者投入企业的是优质资产，如先进适用的技术等，能够快速地形成企业的竞争优势。

（2）容易进行信息沟通。吸收直接投资的投资者比较单一，股权没有社会化、分散化，甚至有的投资者直接担任公司管理层职务，公司与投资者易于双向沟通。

（3）有利于降低财务风险。吸收直接投资可以根据企业的经营状况向投资者支付报酬，企业经营状况好，就向投资者多支付一些报酬，企业经营状况不好，就可以向投资者少支付一些报酬或不支付报酬，比较灵活，因此财务风险比较小。而且，吸收投资的手续相对比较简单，筹资费用较低。

（二）主要缺点

（1）资金成本相对较高。相对于股票筹资来说，吸收直接投资的资本成本较高。当企业经营较好，盈利较多时，投资者往往要求将大部分盈余作为红利分配，而且是税后支付的，企业负担的资金成本较高。

（2）不利于产权流动。吸收直接投资由于没有证券作为媒介，产权关系有时不清晰，也不便于进行产权交易。

（3）容易导致控制权分散。采用吸收直接投资方式筹集资金，投资者一般都要求获得与投资数量相适应的经营管理权，这是接受外来投资的代价之一。如果新增外部投资者的投资较多，则新增投资者将拥有部分的管理权，导致控制权分散，这是吸收直接投资的不利因素。

二、发行股票

股票是股份有限公司为筹措股权资本而发行的有价证券，是公司签发的证明股东持有公司股份的凭证。股票作为一种所有权凭证，代表着股东对公司净资产的所有权。股票只能由股份有限公司发行。按股东权利和义务的不同，股票分为普通股股票和优先股股票。

（一）发行普通股

普通股股票简称普通股，是公司发行的代表着股东享有平等的权利、义务，不加特别限制的、股利不固定的股票。普通股是最基本的股票，股份有限公司在通常情况下只发行普通股。

利用普通股融资，具有以下优缺点：

1. 主要优点

（1）普通股筹措的资本不需归还。利用普通股筹集的资金是永久性资金，除非公司清算才需偿还。它可以保证企业最低的资金需求。

（2）普通股筹资没有固定的股利负担，财务风险小。公司有盈余但资金短缺或存在有利的投资机会时，可少支付或不支付股利。

（3）能增强公司的社会声誉。普通股筹资使得股东大众化，由此给公司带来了广泛的社会影响。特别是上市公司，其股票的流通性强，又有利于市场确认公司的价值。

（4）普通股筹资限制较少。利用优先股或债券筹资，通常有较多的限制，这些限制往往会影响公司经营的灵活性，而利用普通股筹资则没有限制。

（5）促进股权流通和转让。普通股筹资以股票作为媒介便于股权的流通和转让，便于吸收新的投资者。

2. 主要缺点

（1）普通股的资本成本较高。一般说来，普通股筹资的成本要大于债务资金的成本，这主要是因为股利从税后利润中支付，不具有抵税作用。此外，普通股的发行费用也较高，手续复杂。

（2）不易及时形成生产能力。普通股筹资吸收的一般都是货币资金，还需要通过购置和建造才能形成生产经营能力。

（3）公司控制权分散，容易被他人控制。同时，流通性强的股票，也容易被恶意收购。

（二）发行优先股

1. 优先股的含义

优先股股票简称优先股，是公司发行的相对于普通股具有一定优先权的股票。

优先股的特点为：

（1）优先股息分配权。优先股股东在公司分配股息时，优先于普通股股东获得固定或浮动股息。股息通常以固定金额或固定比例计算，且在普通股股东获得股息之前支付。

（2）优先清偿权。在公司清算或破产时，优先股股东的本金偿还顺序优先于普通股股东，但通常在债权人之后。

（3）非表决权或有限表决权。优先股股东通常没有普通股股东的投票权，或者仅在特定情况下（如公司未能支付优先股股息或修改优先股权利）才拥有有限的表决权。

（4）可赎回性。公司通常有权在特定条件下赎回优先股，这为公司提供了灵活性，但也可能影响优先股股东的利益。

（5）可转换性。部分优先股可以转换为普通股，这为投资者提供了潜在的股权增值机会。

它是一种兼具股票和债券特点的有价证券。从法律上讲，优先股是公司自有资金的一部分，但优先股有固定的股利，与债券相似。因此，它是一种具有双重性质的有价证券。

2. 主要优点

（1）优先股筹资无到期日，且不需偿还本金。

（2）优先股每股股利既固定又具有弹性。优先股一般采用固定股利，但在公司财务不佳时，也可以暂时不支付优先股股利，具有较强的灵活性。

（3）优先股股东没有表决权，它的发行不会影响企业的控制权。

3. 主要缺点

（1）优先股筹资成本高。股利是在税后支付的，不能抵减所得税，而且是固定的股利。

（2）筹资限制多。优先股的发行往往附有一定的“优先”条款。

在中国证券市场上，优先股已有多个实例。自2013年国务院发布《关于开展优先股试点的指导意见》以来，优先股在中国资本市场逐步发展。例如，2014年11月28日，中国农业银行成功发行了首只优先股“农行优1”。此后，多家银行也通过发行优先股补充资本，满足监管要求。

在新三板市场，中视文化于2015年11月发布优先股发行预案，并于2016年8月8日成功发行，成为新三板首家成功发行优先股的公司。此外，小米集团在上市前也通过优先股融资，其优先股股东享有固定股息权、转换权和赎回权等权利。

三、利用留存收益

利用留存收益是指企业将生产经营所实现的净收益留在企业，优先满足企业生产经营发展的需要。相当于企业原股东对企业追加投资。留存收益主要来自企业提取的盈余公积和未分配利润。

1. 主要优点

（1）减少对外部资金的需求，增强内部资金自给能力。

（2）不发生筹资费用，资本成本显著低于外部权益融资。

（3）不发行新股，不引入新投资者，原有股东的控制权和股权结构保持不变。

2. 主要缺点

（1）积累周期长。必须通过连续的盈利和留存才能形成规模资金，难以满足短期大规模扩张需求。

（2）机会成本高。留存收益的机会成本即为股东将同等资金投资于其他项目可获得的预期回报，通常高于债务融资成本。

留存收益筹资无需履行审批、路演、尽调、承销等复杂程序，也无需支付手续费、中介费或利息，资金到账“零时差”。企业只要当期盈利即可直接留存，决策流程仅涉及董事会和股东大会的常规决议，操作简便、灵活高效，是内部融资中最便利、最快捷的方式之一。

任务四 债务资金的筹集

知识点3-6 债务资金的特点

债务资金是指通过负债筹集的资金。负债是企业一项重要的资金来源。按照所筹资金可使用时间的长短，负债筹资可分为长期债务筹资和短期债务筹资两类。向银行借款、发行债券、融资租赁和商业信用，是债务筹资的基本形式。

与权益资金相比，债务资金具有以下特点：

（1）债务资金的所有权归属于债权人，企业只获得资金的使用权。因此，债权人不能以此参与企业经营管理决策，债务筹资不会导致企业控制权的分散。

（2）债务资金财务风险高。由于债务资金需要到期偿还，而且不论企业经营好坏，都需承担固定支付债务利息的义务，从而增加了企业的财务风险。

（3）债务资金成本相对较低。与权益资金的资本成本相比，由于债务利息在税前列支，具有抵税作用。因此，其筹资成本一般比普通股等权益筹资的成本低。

知识点3-7 债务资金的筹资方式

一、长期借款

长期借款是指企业向银行或其他非银行金融机构借入的使用期超过1年的借款。主要满足于购建固定资产和长期资金占用的需要。

一般而言，长期借款的利息率通常要高于短期借款。除了借款利息之外，放款的金融机构还会向借款企业收取其他费用，如实行周转信贷协定所收取的承诺费、保持补偿性余额等所形成的间接费用，这些费用会增加借款的成本。

此外，借款偿还方式的不同也会影响到企业筹资的资金成本和风险。长期借款的偿还方式有分期付息、到期还本和在贷款期内定期等额偿还等多种方式。其中，分期付息、到期还本的偿还方式会加大企业借款到期时的还款压力，而定期等额偿还又会提高企业使用贷款的实际利率。

（一）长期借款的优缺点

1.长期借款的优点

（1）融资速度快。与发行债券、融资租赁等债务筹资方式相比，银行借款的程序相对简单，筹资时间较短，公司可以迅速获得所需资金。

（2）筹资成本低。利用银行借款筹资，比发行债券和融资租赁的利息负担要低。而且，无须支付证券发行费用、租赁手续费用等筹资费用，筹资成本低。

（3）筹资弹性大。在借款之前，公司可以根据当前的资本需求与银行等贷款机构直接商定贷款的时间、数量和条件。在借款期间，若公司的财务状况发生某些变化，也可与债权人再协商，变更借款数量、时间和条件，或提前偿还本息。因此，借款筹资对公司具有较大的灵活性，短期借款更是如此。

2. 长期借款的缺点

（1）限制条款多。与债券筹资相比较，银行借款合同对借款用途有明确规定，通过借款的保护性条款，对公司资本支出额度、再筹资、股利支付等行为有严格的约束。

（2）筹资数额有限。银行借款的数额往往受到贷款机构实力的制约，不可能像发行债券、股票那样一次筹集到大笔资金，无法满足公司大规模筹资的需要。限制性条款比较多，筹资数额有限，制约了企业的生产经营和借款使用。

（3）财务风险高。由于需要到期还本，且承担固定的利息费用，企业财务风险大。

（二）长期借款的保护性条款

由于长期借款金额高、期限长、风险大，因此，在借款合同的基本条款之外，债权人通常会在借款合同中附加各种保护性条款，以确保企业按约定使用借款和按时足额偿还借款。保护性条款一般有以下三类：

1. 例行性保护条款

这类条款作为例行常规，在大多数借款合同中都会出现。主要包括：

（1）要求定期向提供贷款的金融机构提交财务报表，以便债权人随时掌握公司的财务状况和经营成果。

（2）不准在正常情况下出售较多的非产成品存货，以保持企业正常生产经营能力。

（3）如期缴纳税金和清偿其他到期债务，以防被罚款而造成不必要的现金流失。

（4）不准以资产作其他承诺的担保或抵押。

（5）不准贴现应收票据或出售应收账款，以避免产生或有负债等。

2. 一般性保护条款

一般性保护条款是对企业资产的流动性及偿债能力等方面的要求条款，这类条款应用于大多数借款合同，主要包括：

（1）保持企业资产的流动性。要求企业需持有一定额度的货币资金及其他流动资产，以保持企业资产的流动性和偿债能力，一般规定了企业必须保持的最低营运资金数额和最低流动比率数值。

（2）限制企业的非经营性支出。如限制支付现金股利、购入股票和职工加薪的数额规模，以防止企业资金的过度外流。

（3）限制企业资本支出的规模。控制企业资产结构中长期性资产的比例，控制企业的固定经营成本。

（4）限制企业的再举债规模。防止其他债权人取得对企业资产的优先索偿权。

（5）限制企业的长期投资。如规定企业不准投资于短期内不能收回资金的项目，不能未经银行等债权人同意而与其他企业合并等。

3.特殊性保护条款

这类条款是针对某些特殊情况而出现在部分借款合同中的条款，只有在特殊情况下才能生效。主要包括：要求企业的主要领导人购买人身保险；违约惩罚条款等。

【做中学3-8】（多选题）下列各项中，属于长期借款一般性保护条款的有（　　）。

A.贷款的专款专用　　B.红利与股票回购的现金限制

C.资本支出限制　　D.流动资本要求

参考答案：BCD。

知识点3-8　债券筹资

债券是企业为筹集资金而发行的用以记载和反映债权债务关系的有价证券。其发行目的通常是为建设项目筹集长期资金。

一、公开发行债券的条件

根据《证券法》的规定，企业公开发行公司债券，应当符合下列条件：

（1）股份有限公司的净资产不低于人民币3 000万元，有限责任公司的净资产不低于人民币6 000万元；

（2）累计债券余额不超过公司净资产的40%；

（3）最近3年平均可分配利润足以支付公司债券1年的利息；

（4）筹集的资金投向符合国家产业政策；

（5）债券的利率不超过国务院限定的利率水平；

（6）国务院规定的其他条件。

公开发行公司债券筹集的资金，必须用于核准的用途，不得用于弥补亏损和非生产性支出。

二、债券的种类

债券从不同角度可以进行不同的分类。

（一）记名债券与无记名债券

按是否记名，分为记名债券和无记名债券。记名债券，应当在公司债券存根簿上载明债券持有人的姓名及住所、债券持有人取得债券的日期及债券的编号等债券持有人信息。转让后由公司将受让人的姓名或者名称及住所记载于公司债券存根簿。无记名债券，应当在公司债券存根簿上载明债券总额、利率、偿还期限和方式、发行日期及债券的编号等。无记名债券的转让，由债券持有人将该债券交付给受让人后即发生转让的效力。

两者在发行、转让和安全性等方面存在显著差异。企业在选择发行债券的类型时，需根据自身需求和投资者的特点进行权衡。记名债券安全性高但转让不便，无记名债券转让便捷但风险较高。

记名债券，适用于对安全性要求较高的债券的发行，如公司债券、金融债券等，尤其是面向特定投资者发行的债券。无记名债券，由于其转让便捷、流动性强，通常用于面向公众发行的债券，如国债等。

（二）可转换债券与不可转换债券

按是否能够转换成公司股权，分为可转换债券与不可转换债券。可转换债券，债券持有者可以在规定的时间内按规定的价格将其转换为发债公司的股票。它兼具债券和股票的特性，具有债权和股权双重属性。这种债券票面利率通常低于普通债券，因为投资者享有将债券转换为股票的权利。可转换债券的发行主体是股份有限公司中的上市公司。不可转换债券，是指不能将其转换为发债公司股票的债券，大多数公司债券属于这种类型。

一般而言，可转换债券适合有股权增值潜力的公司和希望参与公司成长的投资者，而不可转换债券则更适合追求固定成本和收益的公司和投资者。

（三）担保债券和信用债券

按有无特定财产担保，分为担保债券和信用债券。担保债券是指以抵押等方式担保发行人按期还本付息的债券，主要是指抵押债券。抵押债券按其抵押品的不同，又分为不动产抵押债券、动产抵押债券和证券信托抵押债券。担保债券由于通过抵押物、质押物或第三方担保等方式提供额外保障，降低违约风险，发行方通常能以较低的利率融资；投资者对担保债券的信任度更高，债券发行成功率较高。

信用债券是无担保债券，是仅凭公司自身的信用发行的、没有抵押品作抵押等担保的债券。信用评级较低的企业可能需支付较高的利率，但是，若成功发行信用债券，可增强市场对企业的信心。在公司清算时，信用债券的持有人因无特定的资产作担保品，只能作为一般债权人参与剩余财产的分配。

一般而言，担保债券适合对安全性要求较高的企业投资，而信用债券则更适合信用良好的企业融资。

三、债券筹资的优缺点

（一）债券筹资的优点

1.一次筹资数额大，便于调整资本结构

债券市场容量大，发行公司债券筹资，能够筹集大额的资金，满足公司大规模筹资的需要。这是企业选择发行公司债券筹资的主要原因。其次，通过发行可转换债券或提前赎回债券，企业可灵活调整资本结构。

2.扩大了公司的社会影响

公司债券的发行主体，有严格的资格限制。成功发行债券可提升企业的市场形象和信誉。通过发行公司债券，一方面筹集了大量资金，另一方面也扩大了公司的社会影响。

3.筹集资金的使用限制条件少

与银行借款相比，债券筹资筹集资金的使用具有相对的灵活性和自主性。特别是发行债券所筹集的大额资金，主要用于流动性较差的公司长期资产。从资金使用来看，银

行借款一般期限短、额度小，主要用途为适量增加存货、增加小型设备等；反之，期限较长、额度较大，用于公司扩展、增加大型固定资产和基本建设投资的需求多采用发行债券的方式。

4. 能够锁定资本成本的负担

尽管公司债券的利息比银行借款高，但公司债券的期限长、利率相对固定。在预计市场利率持续上升的金融市场环境下，发行公司债券筹资，能够锁定资本成本，以发挥财务杠杆效应，债券投资者通常只收取固定利息，企业盈利增长时，股东可获得更高的回报。其次，债券利息可以在税前支付，企业可享受税收抵扣优惠，实际负担的融资成本通常低于股权融资。

（二）债券筹资的缺点

1. 发行资格要求高，手续复杂

发行公司债券，实际上是公司面向社会负债，债权人是社会公众。因此，国家为了保护投资者利益，维护社会经济秩序，对发债公司的资格有严格的限制。从申报、审批、承销到取得资金，需要经过众多环节和较长时间的审核审批。

2. 财务风险较高

债券有固定的到期日，需定期还本付息，企业经营不善时可能面临偿债压力，甚至破产风险。相对于银行借款筹资，发行债券的利息负担和筹资费用都比较高。而且债券不能像银行借款一样进行债务展期，加上大额的本金和较高的利息，在固定的到期日，会对公司现金流量产生巨大的财务压力。

3. 筹资规模受限

我国《证券法》规定，公司债券累计总额不得超过净资产的40%，限制了债券筹资的规模。

技能点3-5 确定债券发行价格

微课

债券发行价格的确定

债券发行价格通常有三种形式：平价发行、溢价发行和折价发行。平价发行是指以债券的票面金额为发行价格；溢价发行是指以高出债券票面金额的价格为发行价格；折价发行是指以低于债券票面金额的价格为发行价格。债券发行价格的形成受到诸多因素的影响，其中最主要的是票面利率与市场利率的一致程度。当票面利率高于市场利率时，以溢价发行债券；当票面利率低于市场利率时，以折价发行债券；当票面利率与市场利率一致时，则以平价发行债券。债券发行价格的计算公式为：

$$\text{债券发行价格} = \frac{\text{票面金额}}{(1+i)^n} + \sum_{t=1}^{n} \frac{\text{票面金额} \times \text{票面利率}}{(1+i)^t}$$

式中：n——债券期限；t——付息期数；i——债券发行时的市场利率。

或　　债券发行价格＝票面金额×（P/F，i，n）＋利息×（P/A，i，n）

【做中学3-9】刚泰控股发布公告，拟发行公司债券，期限5年，面值100元，计划发行量为15亿元，采用单利计息，按年付息，债券票面利率水平及利率确定方式要提请股东大会授权董事会或董事会授权人士在发行前和主承销商根据相关规定及市场情况确定。假设票面利率为7%。

要求：计算市场利率分别为6%、7%、8%时的发行价格。若市场利率为7%，则该债券的发行价应为多少元？

分析提示：

(1) 当市场利率为6%时，因为票面利率高于市场利率所以溢价发行。

发行价＝100×（P/F，6%，5）＋100×7%×（P/A，6%，5）

＝100×0.7473＋100×7%×4.2124

＝104.22（元）

(2) 当市场利率为7%时，因为票面利率等于市场利率所以平价发行。

发行价＝100×（P/F，7%，5）＋100×7%×（P/A，7%，5）

＝100×0.7130＋100×7%×4.1002

＝100（元）

(3) 当市场利率为8%时，因为票面利率低于市场利率所以折价发行。

发行价＝100×（P/F，8%，5）＋100×7%×（P/A，8%，5）

＝100×0.6806＋100×7%×3.9927

＝96.01（元）

若市场利率为7%，则该债券的发行价应为100元。

通过上述例子，可以看出债券发行价与市场利率之间存在密切关系，主要表现为市场利率上升时，债券发行价下降；市场利率下降时，债券发行价上升；票面利率与市场利率相等时，债券平价发行。

此外，债券的期限、信用评级、市场流动性等因素也会对发行价产生影响。例如，长期债券对利率变化更为敏感，其价格波动幅度更大；而信用评级较低的债券需要提供更高的收益率来补偿风险，从而影响发行价。

知识点3-9 融资租赁

租赁，是指通过签订资产出让合同的方式，使用资产的一方（承租方）通过支付租金，向出让资产的一方（出租方）取得资产使用权的一种交易行为。在这项交易中，承租方通过得到所需资产的使用权，完成了筹集资金的行为。租赁分为融资租赁和经营租赁两种形式。

一、经营租赁

经营租赁是指出租人将租赁物提供给承租人使用、收益，承租人支付租金，租赁期满后租赁物仍归出租人所有的一种租赁形式。经营租赁通常被视为一种短期租赁，主要满足承租人临时或短期的设备使用需求。经营租赁的特点主要是：

（1）出租的设备一般由租赁公司根据市场需要选定，然后再寻找承租企业。

（2）租赁期较短，短于资产的有效使用期，通常为1~3年，不超过5年。在合理的限制条件内承租企业可以中途解约。

（3）租赁设备的维修、保养由租赁公司负责。

（4）租赁期满或合同终止以后，出租资产由租赁公司收回。经营租赁比较适用于租用技术过时较快的生产设备。

经营租赁是一种灵活的租赁方式，特别适合短期或临时性需求的场景，比如企业因临时项目或季节性业务而产生的设备需求。对于技术更新快速的设备，如电脑和办公设备，经营租赁能让承租人避免设备过时的风险，随时更换最新设备。此外，经营租赁对中小企业尤为友好，因为它们资金有限，通过这种方式可以快速获取所需设备，无须一次性投入大额资金，从而降低初始投资成本，优化资金使用效率。这种租赁方式不仅满足了企业的即时需求，还为它们提供了更大的财务灵活性。

二、融资租赁

融资租赁是一种实质上转移了租赁物所有权上几乎全部风险和报酬的租赁形式。融资租赁通常被视为一种融资手段，承租人通过租赁获取设备的长期使用权，并通常在租赁期满后获得租赁物的所有权。它是以融通资金为主要目的的租赁。融资租赁的特点主要是：

（1）出租的设备由承租企业提出要求购买，或者由承租企业直接从制造商或销售商那里选定。

（2）租赁期较长，接近于资产的有效使用期，一般为3~10年，在租赁期间双方无权取消合同。

（3）由承租企业负责设备的维修、保养。

（4）租赁期满，按事先约定的方法处理设备，包括退还租赁公司，或继续租赁，或企业留购。通常采用企业留购的办法，即以很少的“名义价格”（相当于设备残值）买下设备。

融资租赁是一种适合长期设备需求的融资方式，尤其适用于大型生产设备、交通工具等需要长期使用的设备。对于资金有限的企业来说，融资租赁能够有效缓解资金压力，避免一次性支付大额资金购买设备。同时，融资租赁还能帮助企业实现资产更新，提升生产效率。通过这种方式，设备更新的风险被转移给出租人，承租人只需按照合同支付租金，即可获得设备的长期使用权，最终还可能以较低成本获得设备的所有权。

三、融资租赁的优缺点

1. 融资租赁的优点

（1）在资金缺乏的情况下，能迅速获得所需资产。融资租赁集“融资”与“融物”于一身，融资租赁使企业在资金短缺的情况下引进设备成为可能。特别是针对中小企业、新创企业而言，融资租赁是一条重要的融资途径。大型企业对于大型设备、工具等固定资产，也需要通过融资租赁解决巨额资金的需要，如商业航空公司的飞机，大多是通过融资租赁取得的。

（2）财务风险小，年均还款负担轻。融资租赁与购买的一次性支出相比，能够避免一次性巨额支付的负担，而且租金支出是未来的、分期的，企业无须一次筹集大量资金偿还。还款时，租金可以通过项目本身产生的收益来支付。

（3）资金使用灵活。企业运用股票、债券、长期借款等筹资方式，都受到相当多的资格条件的限制，如足够的抵押品、银行贷款的信用标准、发行债券的政府管制等。相比之下，融资租赁筹资的限制条件很少，企业可根据自身需求灵活安排资金，尤其在售后回租交易中，资金使用更为自由。

（4）避免设备陈旧过时的风险。融资租赁允许企业在设备过时或市场变化时灵活调整租赁安排，降低了设备过时和技术更新带来的风险。

2. 融资租赁的缺点

（1）资本成本高。其租金通常比举借银行借款或发行债券所负担的利息高得多，租金总额通常要高于设备价值的30%。尽管与借款方式比，融资租赁能够避免到期一次性集中偿还的财务压力，但高额的固定租金也给各期的经营带来了负担。

（2）合同条款复杂。融资租赁合同通常包含较多条款和限制，如租金支付方式、租赁物处置等，可能对企业的经营灵活性产生一定限制。

（3）租赁物所有权受限。租赁期内，租赁物的所有权归出租人所有，承租人仅拥有使用权，这可能影响企业的长期资产规划。

（4）依赖出租人信用。融资租赁的成功实施依赖于出租人的信用和资金实力，如果出租人出现财务问题，可能影响租赁业务的稳定性。

技能点3-6 融资租赁租金的计算

一、租金的构成

融资租赁每期租金的多少，取决于以下几项因素：

微课

融资租赁租金的计算与分析

（1）设备原价及预计残值，包括设备买价、运输费、安装调试费、保险费等，以及该设备租赁期满后，出售可得的市价。

（2）利息，指租赁公司为承租企业购置设备垫付资金所应支付的利息。

（3）租赁手续费，指租赁公司承办租赁设备所发生的业务费用和必要的利润，包括必要的风险补偿。

二、租金的计算方式

租金的具体金额通常通过以下方式计算：

（1）等额本息法。租金在租赁期内分期支付，每期支付金额固定，包含本金和利息。

（2）等额本金法。租金的本金部分在租赁期内分期偿还，利息则根据剩余本金计算，每期支付的金额逐渐减少。

（3）后付租金法。租金在租赁期结束后支付，通常用于短期租赁。

（4）先付租金法。租金在租赁期开始时支付，承租人提前支付租金以获得租赁物的使用权。

三、租金的计算

我国融资租赁实务中，租金的计算大多采用等额本息法。等额本息法下，通常要根据利率和租赁手续费率确定一个租费率，作为折现率，即已知现值（租金总额）求年金（每期支付的租金）。

【做中学3-10】天山集团采用融资租赁方式于2025年1月1日从某租赁公司租入一台设备，设备租赁价款为100 000元，租期为8年，到期后设备归企业所有，为了保证租赁公司完全弥补融资成本、相关的手续费并有一定的盈利，双方商定采用20%的折现率。

要求：计算该企业每年年末应支付的等额租金。

根据普通年金现值计算公式P＝A×（P/A，i，n），可得：

每年年末支付的金额＝100 000÷（P/A，20%，8）

＝100 000÷3.8372≈26 060.67（元）

为了便于有计划地安排租金的支付，承租企业可编制租金摊销计划表。根据本例的有关资料编制租金摊销计划表见表3-4（部分数据有尾数差异）。

表3-4 租金摊销计划表 单位：元

年份	期初本金	支付租金	应计租费	本金偿还额	本金余额
	①	②	③＝①×20%	④＝②－③	⑤＝①－④
2025年	100 000	26 060.94	20 000	6 060.94	93 939.06
2026年	93 939.06	26 060.94	18 787.81	7 273.13	86 665.93
2027年	86 665.93	26 060.94	17 333.19	8 727.76	77 938.17
2028年	77 938.17	26 060.94	15 587.63	10 473.31	67 464.86
2029年	67 464.86	26 060.94	13 492.97	12 567.97	54 896.89
2030年	54 896.89	26 060.94	10 979.38	15 081.56	39 815.33
2031年	39 815.33	26 060.94	7 963.07	18 097.88	21 717.45
2032年	21 717.45	26 060.94	4 343.49	21 717.45	
合计		208 487.54	108 487.54	100 000	

注：表中每年支付租金金额为26 060.94元，是采用PMT函数计算的，与直接用年金现值系数求解有一定的尾数差异。用Excel计算租金、应计租费及本金偿还额的计算公式见表3-5。

表3-5　　用Excel计算租金、应计租费及本金偿还额的计算公式

年份	支付租金	应计租费	本金偿还额
	②	③=①×20%	④=②-③
2025年	=PMT（20%，8，-100 000）	=IPMT（20%，1，8，-100 000）	=PPMT（20%，1，8，-100 000）
2026年	=PMT（20%，8，-100 000）	=IPMT（20%，2，8，-100 000）	=PPMT（20%，2，8，-100 000）
2027年	=PMT（20%，8，-100 000）	=IPMT（20%，3，8，-100 000）	=PPMT（20%，3，8，-100 000）
2028年	=PMT（20%，8，-100 000）	=IPMT（20%，4，8，-100 000）	=PPMT（20%，4，8，-100 000）
2029年	=PMT（20%，8，-100 000）	=IPMT（20%，5，8，-100 000）	=PPMT（20%，5，8，-100 000）
2030年	=PMT（20%，8，-100 000）	=IPMT（20%，6，8，-100 000）	=PPMT（20%，6，8，-100 000）
2031年	=PMT（20%，8，-100 000）	=IPMT（20%，7，8，-100 000）	=PPMT（20%，7，8，-100 000）
2032年	=PMT（20%，8，-100 000）	=IPMT（20%，8，8，-100 000）	=PPMT（20%，8，8，-100 000）

【技能拓展】

用PMT、IPMT、PPMT函数计算等额租金及结构

在Excel中，我们可以用PMT函数计算每年等额支付的租金，其语法格式为PMT（rate，nper，pv，[fv]，[type]），式中的rate参数为利率，nper参数为总期数，pv参数为现值，fv参数为终值，type参数是指年金支付的时点在期初还是在期末，若为0，则代表PMT年金是在期末支付，若为1，则代表年金是在期初支付。按照其语法格式在单元格中录入“=PMT（20%，8，-100 000）”即可计算出每年年末支付的等额租金26 060.94元。

用IPMT函数可以计算每年支付的应计租费，其语法格式为IPMT（rate，per，nper，pv，[fv]，[type]），式中的per参数代表第几期，后面的nper参数代表总期数。在单元格中录入“=IPMT（20%，1，8，-100 000）”，即可计算出总期数为8年的第1年应计租费为20 000元；若是在单元格中录入“=IPMT（20%，3，8，-100 000）”，即可计算出总期数为8年的第3年应计租费为17 333.19元。

微课

PMT系列函数的应用

用PPMT函数可以计算出每年的本金偿还额，其语法格式为PPMT（rate，per，nper，pv，[fv]，[type]），在单元格录入“=PPMT（20%，1，8，-100 000）”，即可计算出总期数为8年的第1年本金偿还额为6 060.94元。

【做中学3-11】沿用【做中学3-10】的资料，若天山集团采用等额本金法计算该企业每年年末应支付的租金，其编制的租金摊销计划表见表3-6。

从表中可以看出，天山集团每年年末应支付的租金从第1年的32 500元逐年递减到第8年的15 000元。这种支付方式使得每年的租金总额逐渐减少，反映了等额本金法的特点。

表3-6 等额本金法租金摊销计划表 单位：元

年份	期初本金	支付租金	应计租费	本金偿还额	本金余额
	①	②	③=①×20%	④	⑤=①-④
2025年	100 000	32 500	20 000	12 500	87 500
2026年	87 500	30 000	17 500	12 500	75 000
2027年	75 000	27 500	15 000	12 500	62 500
2028年	62 500	25 000	12 500	12 500	50 000
2029年	50 000	22 500	10 000	12 500	37 500
2030年	37 500	20 000	7 500	12 500	25 000
2031年	25 000	17 500	5 000	12 500	12 500
2032年	12 500	15 000	2 500	12 500	0
合计		190 000	90 000	100 000	

知识点3-10 商业信用

商业信用是指企业在商品或劳务交易中，以延期付款或预收货款方式进行购销活动而形成的借贷关系，是企业之间的直接信用行为，也是企业短期资金的重要来源。商业信用产生于企业生产经营的商品、劳务交易之中，是一种“自动性筹资”。

一、商业信用的主要形式

商业信用的具体形式有应付账款、应付票据、预收账款等。

（一）应付账款

卖方利用应付账款方式促销，而买方延期付款则等于向卖方借用资金购进商品，可以满足短期的资金需要。应付账款的付款期限通常较短，一般为30天、60天或90天，具体取决于买卖双方的协商。此外，应付账款的使用是基于买卖双方的信任关系，通常不需要提供担保。

（二）应付票据

应付票据是企业进行延期付款商品交易时开具的反映债权债务关系的票据。支付期最长不超过6个月，应付票据可以带息，也可以不带息。应付票据的利率一般比银行的借款利率低，且不用保持相应的补偿余额和支付协议费，所以应付票据的筹资成本低于银行借款成本。

（三）预收账款

预收账款是卖方企业在交付货物之前向买方预先收取部分或全部货款的信用形式。

对于卖方来讲，预收账款相当于向买方借用资金后用货物抵偿。预收账款一般用于生产周期长、资金需要量大或是紧俏的货物销售。例如，房地产开发企业大量采用预收账款方式销售商品房。

此外，企业往往还存在一些在非商品交易中产生，但亦为自发性筹资的应付费用，如应付职工薪酬、应交税费、其他应付款等。应付费用使企业受益在前、费用支付在后，相当于享用了收款方的借款，一定程度上缓解了企业的资金需要。应付职工薪酬和应交税费虽然在一定程度上缓解了企业的资金压力，但它们属于企业的法定负债，必须按时足额支付，不能像应付账款或应付票据那样通过协商延长付款期限。而其他应付款的性质较为复杂，可能包括临时性借款、应付关联方款项等，其资金成本和风险需要根据具体情况分析。

二、现金折扣成本的计算

商业信用筹资一般不会发生成本。在有现金折扣的信用交易条件下，买方若在折扣期内付款，则可获得现金折扣；若放弃现金折扣，虽然可以在稍长的时间内占用卖方的资金，但会发生放弃现金折扣的机会成本，其计算公式为：

$$放弃现金折扣成本=\frac{折扣百分比}{1-折扣百分比}\times\frac{360}{信用期-折扣期}$$

【做中学3-12】天山集团按“1/10、N/40”的条件购入货物100万元。该公司因资金紧张，拟放弃现金折扣。请你为该公司计算放弃现金折扣的机会成本，分析该决策是否可行。

很显然，若该公司放弃现金折扣，其目的是取得在未来的30天（信用期-折扣期）内99万元（100×（1-1%））的资金使用权。所以，放弃现金折扣的成本为：

$$放弃现金折扣成本=\frac{1\%}{1-1\%}\times\frac{360}{40-10}=12.12\%$$

以上计算结果说明，如果卖方提供现金折扣，买方应尽量争取获得此项折扣，因为放弃现金折扣的机会成本高达12.12%。

放弃现金折扣成本计算原理如图3-1所示。

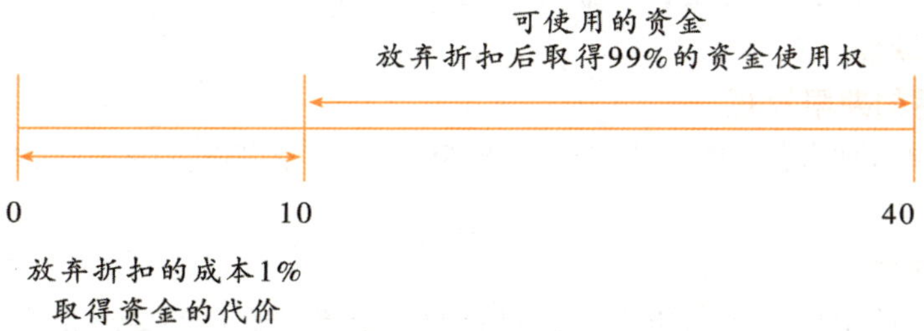

图3-1 放弃现金折扣成本计算原理

在实务中，企业是否应该取得或放弃现金折扣，需要综合考虑资金成本、投资收益、资金流动性以及供应商信用条件等多种因素。以下是具体的决策思路：

（1）比较借款利率与现金折扣成本。如果企业能够以低于放弃现金折扣成本的利率借入资金，则应在现金折扣期内用借入的资金支付货款，享受现金折扣。这样可以实现净收益，降低采购成本。

（2）权衡投资收益与现金折扣成本。如果企业在折扣期内将应付账款用于短期投资，且投资收益率高于放弃折扣的成本，则应放弃现金折扣，转而追求更高的投资收益。此时，放弃折扣的机会成本被投资收益所覆盖。

（3）考虑资金短缺情况下的成本与损失。如果企业因缺乏资金而希望延长付款期，则需要在放弃折扣的成本与展延付款带来的潜在损失之间进行权衡。例如，展延付款可能导致与供应商关系紧张、信用评级下降或未来采购条件恶化。企业应综合评估这些潜在损失与放弃折扣成本之间的关系。

（4）选择最优的供应商信用条件。当面对多家供应商提供不同信用条件时，企业首先应计算“放弃折扣”的信用成本。若企业资金充裕且决定享受现金折扣，则应优先选择折扣率最高或折扣期最宽松的供应商；若企业决定放弃折扣，则应将该信用成本与同期融资成本、短期投资收益及供应商关系等因素进行比较，综合选择整体利益最大的供应商。

三、商业信用筹资的优缺点

（一）主要优点

1. 筹资方便自然

商业信用的载体是商品购销行为，企业一般会有一批既有供需关系又有相互信用基础的客户。所以对大多数企业而言，应付账款和预收账款是自然的、持续的信贷形式。商业信用的提供方一般不会对企业的经营状况和风险作严格的考量，企业无须办理像银行借款那样复杂的手续便可取得商业信用，有利于应对企业生产经营之急需。

2. 筹资成本较低

如果没有现金折扣，或公司不放弃现金折扣，则利用商业信用筹资没有实际成本。甚至在期限内不能付款或交货时，一般还可以通过与客户的协商，请求延长时限。

3. 企业一般不用提供担保

通常，商业信用筹资不需要第三方担保，也不会要求筹资企业用资产进行担保。而且，在商业信用期内，一般没有资金使用限制条件。

（二）主要缺点

1. 商业信用的期限较短

如果企业取得现金折扣，则资金使用时间更短；如果放弃现金折扣，则将付出较高的机会成本。

2. 还款压力大

商业信用的期限短，还款压力大，对企业现金流量管理的要求很高。如果长期和经常性地拖欠账款，会造成企业的信誉恶化。

3. 受外部环境影响较大

商业信用筹资受外部环境影响较大，稳定性较差，即使不考虑机会成本，也是不能无限利用的。其容易受到经济环境波动、行业竞争变化、企业信用评级、法律法规限制的影响。

知识点3-11 短期借款

短期借款是指企业向银行和其他非银行金融机构借入的期限在1年以内的借款。短期借款通常规定以下内容：

一、短期借款的信用条件

按照国际通行做法，银行发放短期借款往往带有一些信用条件，主要有：

（一）信贷限额

信贷限额是银行对借款人规定的无担保贷款的最高额。信贷限额的有效期限通常为1年。一般来讲，企业在批准的信贷限额内，可随时使用银行借款。但是，银行并不承担必须提供全部信贷限额的义务。如果企业财务状况恶化，即使银行曾同意过按信贷限额提供贷款，企业也可能得不到借款。这时，银行不会承担法律责任。

（二）周转信贷协定

周转信贷协定是指银行具有法律义务地承诺提供不超过某一最高限额的贷款协定。在协定的有效期内，只要企业的借款总额未超过最高限额，银行必须满足企业提出的借款要求。企业享用周转信贷协定，通常要就贷款限额的未使用部分付给银行一笔承诺费。

【做中学3-13】北方公司与银行签订周转信贷协定，确定周转信贷额为500万元，承诺费率为0.50%，公司在年度内使用了350万元。请计算该公司应向银行支付的承诺费为多少？

向银行支付承诺费＝（500－350）×0.50%＝0.75（万元）

（三）补偿性余额

补偿性余额是指银行要求借款企业在银行账户中保持按贷款限额或实际借用额一定百分比（一般为10%～20%）的最低存款余额。从银行的角度讲，补偿性余额可降低贷款风险，减少遭受的贷款损失。对于借款企业来讲，补偿性余额则提高了借款的实际利率。

【做中学3-14】中原公司按年利率8%，向银行借款300万元，银行要求维持贷款限额10%的补偿性余额。该公司管理当局认为，这种方式会提高该项借款的实际利率。

要求：计算该项借款的实际利率。

实际利率＝300×8%÷（300－300×10%）＝8.89%

（四）贴现法计息

银行借款利息的支付方式一般为利随本清，即在借款到期时向银行支付利息。但有时银行要求采用贴现法，即银行向企业发放贷款时，先从本金中扣除利息，而到期时借款企业再偿还全部本金。采用这种方法，企业可利用的贷款额只有本金扣除利息后的差额部分，从而提高了贷款的实际利率。

【做中学3-15】中原公司从银行取得借款100万元，期限1年，年利率为8%，按照贴现法付息。

要求：计算该项贷款的实际利率。

企业实际可利用的贷款为92万元（100 - 8），则该项贷款的实际利率为：

贴现法下的实际利率＝100 × 8% ÷（100 - 100 × 8% × 1）= 8.70%

二、短期借款筹资的优缺点

（一）主要优点

1. 筹资速度快

与长期借款相比，企业获得短期借款所需的时间要短得多，因为银行发放长期贷款前，通常要对企业进行比较全面的调查分析，花费时间较长。

2. 筹资成本低

利用银行借款筹资，其利息可在税前列支，起到抵税作用；与债券相比，所支付的利息低；银行借款属于直接筹资，也无须大量的发行费用。

3. 筹资弹性大

短期借款数额及借款时间弹性较大，企业可在需要资金时借入，在资金充裕时还款，便于企业灵活安排。

（二）主要缺点

1. 与长期借款相比，财务风险高

短期资金的偿还期短，在筹资数额较大的情况下，如企业资金周转安排不妥，就有可能无力按期偿付本金和利息，甚至被迫破产。

2. 与其他短期筹资方式相比，资金成本较高

尤其是存在补偿性余额和附加利率的情况下，实际利率通常高于名义利率。

3. 筹资数额有限

短期借款一般用于弥补周转资金的不足，期限短。因此，采用短期借款筹资的数额有限，不能满足企业大量的资金需求。

任务五 资本成本认知

在市场经济条件下，企业无论从何种渠道何种方式筹集资本，都不能无偿地取得和使用资本，都需要付出一定的代价。资本成本是衡量资本结构优化程度的标准，也是对投资获得经济效益的最低要求。企业筹得的资本付诸使用以后，只有投资报酬率高于资本成本，才能表明所筹集的资本取得了较好的经济效益。

知识点3-12 资本成本的含义

站在筹资者的角度，资本成本是指企业为筹集和使用资本而付出的代价，包括筹资费用和用资费用。

一、筹资费用

筹资费用是指企业在筹措资金过程中为获取资金而付出的各项费用。如向银行支付的借款手续费，因发行股票、债券而支付的印刷费、手续费、律师费、资信评估费、公证费、担保费、广告费等。它通常是在筹措资金时一次支付的，在资金使用过程中不再发生。因此，它属于固定性费用，可视作筹资金额的一项扣除。

二、用资费用

用资费用，也称资金占用费，它是指企业在生产经营、投资过程中因使用资金而付出的费用。如向债权人交付的利息，向股东支付的股利等。长期资金的用资费用随使用资金的数额多少和时期长短而变动。因此，它属于变动性费用。

站在出资者的角度，投资者之所以愿意购买企业发行的股票或债券等，是希望企业未来能给其带来一定的回报。因而筹资方使用资金的代价可以被看作出资者要求的必要报酬率，而这一报酬率的高低是根据公司或投资项目的风险程度决定的，风险越大，出资者所要求的回报越高，企业的资本成本越高。因此，资本成本又可定义为投资者所要求的必要报酬率。也就是说，资本成本是投资者投资于某一项目或公司的机会成本，可以用投资者要求的必要报酬率来度量。

知识点3-13　资本成本的种类

资本成本按其用途可分为个别资本成本、综合资本成本和边际资本成本。

一、个别资本成本

个别资本成本，是企业以不同筹资方式所取得各项资金的成本。尽管企业资本来源多种多样，但在大体上可分为两大类：债务资本和股权资本。所以，个别资本成本主要有长期借款资本成本、长期债券资本成本；优先股资本成本、普通股资本成本和留存收益资本成本，如图3-2所示。

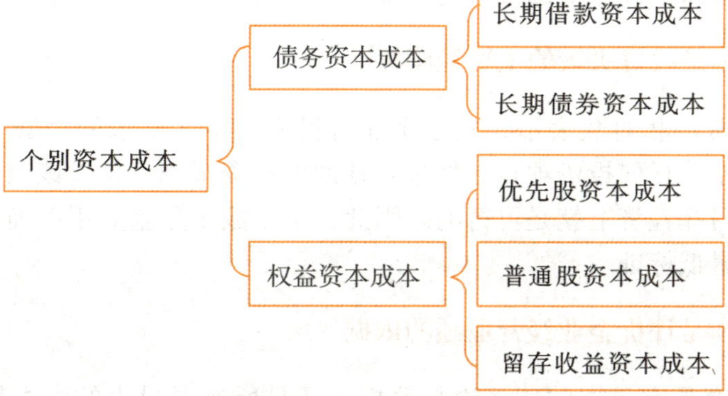

图3-2　个别资本成本

二、综合资本成本

综合资本成本，是以单项资本占总资本的比重为权数，计算的各项资本成本的加权平均数。由于受到各种因素的限制，企业不可能从某一特定来源筹集到其所需要的全部资金。因此，需要计算各项资本成本的加权平均数以衡量综合资本成本是否在企业可承受范围之内，判断企业资本结构是否合理。

三、边际资本成本

边际资本成本，是指每增加一个单位资本而增加的成本。企业不可能以某一特定的资本成本筹集到其所需要的全部资金，随着企业筹资规模的扩大和筹资条件的变化，新增资本的筹资成本也会发生变化。因此，企业在考虑未来追加筹资时，不仅要考虑目前所使用资金的资本成本，还要考虑新增资金的成本，即边际资本成本。

知识点3-14　资本成本的作用

资本成本在企业日常的理财过程中，对公司的筹资活动、投资活动、股利分配等方面都有极其重要的影响，是企业财务决策的重要组成部分。

一、资本成本是筹资决策的依据

（一）个别资本成本是比较各种筹资方式的重要标准

企业筹集长期资金有多种方式可供选择，它们的筹资费用和使用费用各不相同，通过资本成本的计算与比较，按成本高低进行排列，并从中选出成本较低的筹资方式。

（二）综合资本成本是企业进行资本结构决策的基本依据

企业长期资金通常是采用多种方式筹资组合构成的，这种筹资组合有多个方案可供选择，综合资本成本的高低是比较各项筹资组合方案、作出资本结构决策的依据。

（三）边际资本成本是企业追加筹资时的成本

通过边际资本成本的计算，能对追加筹集的资金就单一筹资或组合筹资方式下的资本成本进行比较，从而确定追加筹资的方案。

二、资本成本是投资决策的主要经济标准

资本成本通常用相对数表示，它是企业对投入资本所要求的报酬率（或收益率），即最低必要报酬率。任何投资项目，如果它预期的投资报酬率超过该项目使用资金的资本成本，则该项目在经济上就是可行的。因此，资本成本是企业用以确定项目要求达到的投资报酬率的最低标准。

三、资本成本是评价企业经营业绩的依据

企业的资产都是有成本的，无论是债权人还是所有者投入的资本都是有资本成本

的。只有当企业的资产报酬率大于资本成本时，企业的经营行为才能给公司带来剩余收益，为股东创造新价值。反之，说明企业的经营行为没能给公司创造新的价值，显示公司效益不佳。

【做中学3-16】中原公司的A投资中心2025年的平均资产占用额为94 500万元，公司预期的资产报酬率为10%，该投资中心2025年的息税前利润为10 400万元。

请问：该投资中心在扣除平均资产的资本成本后的剩余收益为多少？

剩余收益＝10 400－94 500×10%＝950（万元）

剩余收益是衡量投资中心绩效的一个重要指标，它考虑了资本成本，能够更准确地反映投资中心的盈利能力。

知识点3-15　影响资本成本的主要因素

在市场经济环境中，多方面因素的综合作用决定着企业资本成本的高低。Modigliani与Miller认为“资本成本是一项实物资产投资可以被接受时应具有的最低预期收益率”。因此，我们也可以根据“必要报酬率R＝无风险报酬率R_f＋风险报酬率R_r”来分析影响资本成本的主要因素。

一、总体的经济环境

一个国家或地区的总体经济环境状况，表现在国民经济发展水平、预期的通货膨胀等方面，这些都会对企业筹资的资本成本产生影响。如果国民经济保持健康、稳定、持续增长，整个社会经济的资金供给和需求相对均衡且通货膨胀水平低，资金所有者投资的风险小，预期报酬率低，企业筹资的资本成本率相应就比较低。相反，如果经济过热，通货膨胀持续居高不下，投资者投资的风险大，预期报酬率高，筹资的资本成本率就高。

二、资本市场条件

资本市场条件包括资本市场的效率和风险。如果资本市场缺乏效率，证券的市场流动性低，投资者投资风险大，要求的预期报酬率高，那么通过资本市场融通的资本其成本水平就比较高。

三、企业面临的风险

企业所面临的风险，主要指经营风险和财务风险。经营风险是企业投资决策的结果；财务风险是企业筹资决策的结果。两者共同构成企业总体风险，如果企业经营风险高，财务风险大，则企业总体风险水平高，投资者要求的预期报酬率高，企业筹资的资本成本相应就大。

四、企业对筹资规模和时限的需求

在一定时期内，国民经济体系中资金供给总量是一定的，资本是一种稀缺资源。因此企业一次性需要筹集的资金规模越大、占用资金时限越长，资本成本就越高。当然，融资规模、时限与资本成本的正向相关性并非线性关系，一般说来，融资规模在一定限度内，并不引起资本成本的明显变化，当融资规模突破一定限度时，才引起资本成本的明显变化。

综上所述，企业资本成本的高低不仅受宏观经济环境和资本市场条件的影响，还与企业自身风险水平以及筹资需求密切相关。企业在融资决策中需综合考虑这些因素，以优化资本结构并降低资本成本。

任务六　资本成本的计算

个别资本成本是指单一融资方式的资本成本，包括银行借款资本成本、公司债券资本成本、融资租赁资本成本、普通股资本成本和留存收益资本成本等，其中前三类是债务资本成本，后两类是权益资本成本。个别资本成本率可用于比较和评价各种筹资方式资本成本的高低。

知识点3-16　资本成本计算的基本模式

一、一般模式

为了便于分析比较，资本成本通常使用不考虑时间价值的一般通用模型计算，用相对数即资本成本率表达。计算时，将初期的筹资费用作为筹资额的一项费用扣除，扣除筹资费用后的筹资额称为筹资净额，通用的计算公式是：

$$\text{资本成本率}=\frac{\text{年资金占用费}}{\text{筹资总额}-\text{筹资费用}}=\frac{\text{年资金占用费}}{\text{筹资总额}\times(1-\text{筹资费用率})}$$

若资金来源为负债，利息等费用可以在所得税前扣除。因此，还存在税前资本成本和税后资本成本的区别。计算税后资本成本需要从年资金占用费中减去资金占用费税前扣除导致的所得税节约额。

二、折现模式

对于金额大、时间超过一年的长期资本，更准确一些的资本成本计算方式是采用折现模式，即将债务未来还本付息或股权未来股利分红的折现值与目前筹资净额相等时的折现率作为资本成本率，也就是净现值等于零时的贴现率：

$$NPV=\frac{CF_1}{(1+K)}+\frac{CF_2}{(1+K)^2}+\cdots+\frac{CF_n}{(1+K)^n}-P_0\times(1-f)=0$$

式中：NPV——净现值；P_0——在n=0时公司筹集的资本总额；f——筹资费用率（即筹资费用与筹资总额的比率）；CF_n——第n年资本清偿的现金流出；K——资本成

本率。

在未来现金流不相等的情况下，采用上述公式计算资本成本需要采用“逐次测试法”求解。需要估计不同的折现率代入上述等式中，测试出净现值等于零时的折现率即为该项资金的资本成本。若不能找出等于零时的折现率，则需要测试出最接近于零值的大于零和小于零时的折现率，再用内插法求出资本成本率。

这种模式下，它的计算结果比不考虑资金时间价值的资本成本更加准确。它被广泛地用于普通股、优先股、留存收益等资本成本的计算。

技能点3-7　个别资本成本的计算

个别资本成本是指企业使用各种资金的成本。企业的资金来源一般有银行借款、应付债券、优先股、普通股及留存收益等。与此相适应，个别资本成本也包括银行借款资本成本、债券资本成本、优先股资本成本、普通股资本成本和留存收益资本成本等。债务资本成本的估算相对比较简单，因为债务契约对未来的现金流量即每期的利息、本金均做了严格的界定，是已知而且确定的。而普通股资本成本的估算较为困难。这些资本成本的计算方法因资金来源的性质不同而有所差异。

一、银行借款资本成本

银行借款资本成本包括借款利息和筹资手续费两部分。借款利息一般是在缴纳企业所得税（以下简称所得税）之前支付的，在存在所得税的情况下，因借款利息而导致的真正现金流出为“利息×（1－所得税税率）”。因此，利息具有抵税效应，其资本成本计算公式为：

$$K_t = \frac{P \times i \times (1 - T)}{P \times (1 - f)} = \frac{i \times (1 - T)}{(1 - f)}$$

式中：K_t——银行借款税后资本成本率；P——银行借款筹资总额；i——银行借款利率；T——所得税税率；f——银行借款筹资费率。

如果借款有附加的补偿性余额，实际借款筹资额应扣除补偿性余额，从而其资本成本将会提高。在无筹资费的前提下，税后借款资本成本＝借款利率×（1－企业所得税税率）。

【做中学3-17】中原公司向银行借入1 000万元长期借款，年利率为10%，期限为4年，每年付息一次，到期一次还本。假定筹资费率为2%，企业所得税税率为25%。

要求：

（1）计算不考虑资金时间价值情况下的资本成本。

（2）计算考虑资金时间价值情况下的资本成本。

分析提示：不考虑资金时间价值情况下的资本成本为：

$$K_t = \frac{1\,000 \times 10\% \times (1 - 25\%)}{1\,000 \times (1 - 2\%)} = 7.65\%$$

在考虑资金时间价值时，需要计算该项借款各项的现金流量，该借款各期间的有关现金流见表3-7。

表3-7 长期借款各期现金流 单位：元

期限	0	1	2	3	4
筹资费用	20				
筹资净额	980				
借款利息		100	100	100	100
抵税后的利息支出		75	75	75	75
到期还本支出					1 000
借款资金流	980	−75	−75	−75	−1 075

根据现值的计算公式，可得：

980＝75 ×（P/A，K，4）＋1 000 ×（P/F，K，4）

进行移项，可得：

净现值（NPV）＝75 ×（P/A，K，4）＋1 000 ×（P/F，K，4）－980＝0

分别以7%、8%、9%作为估计值进行测试，得到的结果如下：

估计值为7%时：

NPV＝75 ×（P/A，7%，4）＋1 000×（P/F，7%，4）－980

＝75 × 3.3872＋1 000 × 0.7629 － 980＝36.94

估计值为8%时：

NPV＝75 ×（P/A，8%，4）＋1 000 ×（P/F，8%，4）－980

＝75 × 3.3121＋1 000 × 0.7350 － 980＝3.41

估计值为9%时：

NPV＝75 ×（P/A，9%，4）＋1 000 ×（P/F，9%，4）－980

＝75 × 3.2397＋1 000 × 0.7084 － 980＝－ 28.62

显然，该借款的资本成本率在8%与9%之间。因此，采用内插法进行求解，如图3-3所示。

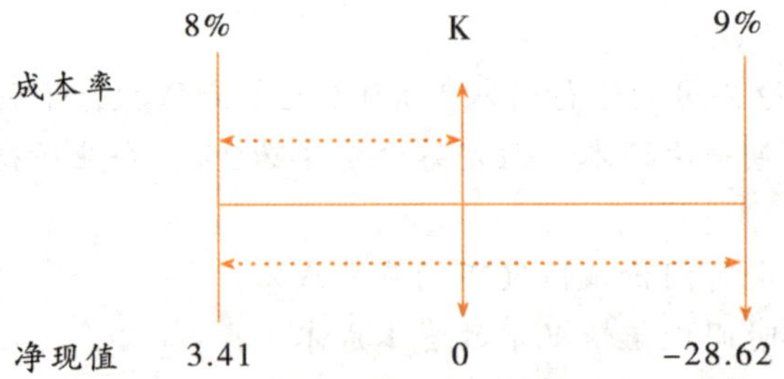

图3-3 用内插法根据等比关系求解资本成本

则（8% － K）÷（8% － 9%）＝（3.41 － 0）÷［3.41 －（－ 28.62）］

K＝8.11%

【技能拓展】

用IRR函数计算资本成本

因为考虑资金时间价值的资本成本的实质是计算该借款的内含报酬率。所以，在Excel中，我们可以用IRR函数计算考虑资金时间价值时的资本成本，其语法格式为IRR（values，［guess］），式中的values参数为现金流，现金流出为负数，现金流入为正数，一定要按现金流的次序填列，［guess］参数为估计的资本成本率，可以忽略。按照其语法格式在单元格中录入“=IRR（B10：F10）”即可计算出长期借款资本成本率为8.11%，式中的B10：F10为借款现金流所在的单元格区域，即表3-7最后一行的数据。内含报酬率的计算如图3-4所示。

微课

IRR函数计算资本成本率

B11 =IRR(B10:F10)

	A	B	C	D	E	F
1	内含报酬率的计算					
2						
3						
4	期限	0	1	2	3	4
5	筹资费用	20				
6	筹资净额	980				
7	借款利息		100	100	100	100
8	抵税后的利息支出		75	75	75	75
9	到期还本支出					1 000
10	借款资金流	980	-75	-75	-75	-1075
11	内含报酬率	8.11%				

图3-4 内含报酬率的计算

二、债券资本成本

发行债券的成本主要指债券的利息和筹资费用。债券的利息支出，一般也是在缴纳企业所得税前支付的，因此也有抵税作用。债券的筹资费用一般较高，包括申请发行债券的手续费、注册费、印刷费、上市费及推销费等。

由于债券的票面利率与市场利率存在着差异，债券可能以平价、溢价、折价三种价格发行，因而不能简单地认为债券的票面利率与债券的资本成本相等。债券的利息按面值和票面利率确定，但不同的发行价格使得债券实际筹集到的资金也不同。因此，债券筹资额应按发行价格确定。则债券成本的计算公式为：

$$K_b = \frac{M \times i \times (1 - T)}{B \times (1 - f)}$$

式中：K_b——债券税后资本成本率；B——债券筹资总额（发行价格与发行份额的乘积）；M——债券面值总额；i——债券利率；T——所得税税率；f——债券筹资费率。

一般来说，债券的利率高于长期借款，且发行费用较高。因此，其成本一般也高于长期借款成本。

【做中学3-18】南海公司发行公司债券，期限5年，面值100元，计划发行量为15亿元，票面利率7%，采用单利计息，按年付息，按面值发行。该公司预计本期债券的发行费用不超过募集资金的1.4%。假设公司平均所得税税率为25%。

要求：

（1）计算该债券的资本成本率。

（2）假设发行时以每份105元溢价发行，计算该债券的资本成本率。

分析提示：

（1）按面值发行时，根据债券资本成本计算公式，则有：

$$K_b = \frac{100 \times 7\% \times (1 - 25\%)}{100 \times (1 - 1.4\%)} 5.32\%$$

（2）按每份105元溢价发行时，其资本成本为：

$$K_b = \frac{100 \times 7\% \times (1 - 25\%)}{105 \times (1 - 1.4\%)} = 5.07\%$$

从理论上看债务成本的估算并不困难，但由于债务的形式具有多样性，例如浮动利率债务、利息和本金偿还时间不固定的债务、可转换债券和附带认股权的债务等，都会使债务成本的估计复杂化。

【技能拓展】

用RATE函数计算资本成本

微课

IRR与RATE函数应用——债券资本成本率的计算

在折现模式下计算资本成本，实际上是计算其实际利率、内含报酬率。因此，在Excel中，除了IRR函数外，我们还可以用RATE函数计算考虑时间价值时的资本成本，其语法格式为RATE（nper，pmt，pv，[fv]，[type]，[guess]），式中的pv为现值，fv为终值，pmt为每期等额收付的现金流，在所有参数中，现金流出为负数，现金流入为正数，[guess]参数为估计的资本成本率，可以忽略。按照其语法格式在单元格中录入“=RATE（5，5.25，−103.53，100，0）”即可计算出资本成本率为4.45%，式中的5为期数nper，5.25为每期的税后利息pmt，−103.53为现值pv，即筹资的金额，100为到期后偿还的本金，即终值fv，0是指利息为期末支付。债券筹资的各期现金流见表3-8。

表3-8　债券筹资的各期现金流　单位：元

期限	0	1	2	3	4	5
发行价格	105					
筹资费用	1.47					
筹资净额	103.53					
借款利息		7	7	7	7	7
抵税后的利息支出		5.25	5.25	5.25	5.25	5.25
到期还本支出						100
现金流量	103.53	−5.25	−5.25	−5.25	−5.25	−105.25

三、优先股资本成本

优先股是一种介于公司债与普通股之间的混合证券；从具体的优先股契约上看，优先股的性质还是更多地接近于债务。但优先股股息与负债利息不同，不能在所得税之前扣除，只能用税后利润支付。另外，发行优先股也要支付发行费用。因此，优先股成本的计算公式为：

$$K_p = \frac{D}{P_0 \times (1 - f)}$$

式中：K_p——优先股资金成本率；D——优先股每年的股利；P_0——优先股发行总额，按发行价格确定；f——优先股筹资费率。

【做中学3-19】南海公司按面值发行200万元的优先股，筹资费率为3%，每年支付10%的优先股股利。要求：请计算优先股的资本成本。

由于优先股股利是在税后支付，不具有抵税作用，因此有：

$$K_p = \frac{200 \times 10\%}{200 \times (1 - 3\%)} = 10.31\%$$

由于优先股属权益资本，当公司破产时，其优先股持有人的求偿权在债券和长期借款之后，故其风险也大于债券和长期借款。因此，优先股资本成本明显高于债务资本成本。

四、普通股资本成本

普通股是权益资本的主要部分。普通股资本成本包括股票发行费用和股利两部分。与优先股股利相同，普通股股利也是用税后利润支付的。但是，普通股股利具有不确定性，随公司的经营业绩等因素的变动而发生上下波动。因此，普通股资本成本的确定比较复杂，需要考虑公司各期的盈利、现金流量状况。

在实践中被广泛应用的普通股资本成本的确定方法有以下两种：

（一）股利折现模型法

股利折现模型法又称戈登模型，是以公司预期股利大小为基础进行普通股资本成本计算的一种方法。其基本思想是股票价格等于预期收益（未来支付的股利）的现值，其中折算现值所采用的折现率即为普通股的资本成本。股利折现模型的公式为：

$$P_0 \times (1 - f) = \frac{D_1}{(1 + K_S)} + \frac{D_2}{(1 + K_S)^2} + \cdots + \frac{D_t}{(1 + K_S)^t}$$

因此，只要能够准确预测未来的股息，即可以推算出普通股的资本成本。若公司支付的股利长期稳定不变，则可以将公司每年支付的股利视为永续年金，可以得出普通股资本成本计算公式：

因为　$$P_0 \times (1 - f) = \frac{D_t}{K_S}$$

所以　$$K_S = \frac{D_t}{P_0 \times (1 - f)}$$

式中：K_S——普通股资本成本率；D_t——固定股利；P_0——普通股市价；f——普通股筹资费用率。

若公司每年支付的股利保持稳定增长，则普通股资本成本计算公式可以简化为：

$$K_S = \frac{D_1}{P_0 \times (1 - f)} + g$$

式中：D_1——第1期期末股利（预期股利）；g——股利增长率。

【做中学3-20】南海公司普通股每股发行价为10元，筹资费用率为5%，当前每股股利为0.5元，以后每年的股利预计年增长率为2%。请计算该公司的普通股资本成本。

根据普通股资本成本计算公式，可得：

$$K_S = \frac{0.5 \times (1 + 2\%)}{10 \times (1 - 5\%)} + 2\% = 7.37\%$$

（二）资本资产定价模型法

资本资产定价模型法是以风险大小作为计算普通股资本成本依据的一种方法。在该模型下股权的资本成本是由公司的系统风险所决定的，投资者要求的报酬率包含无风险报酬率和风险报酬率两部分，所以在此方法下，普通股资本成本的计算公式为：

$$K_S = R_f + \beta(R_m - R_f)$$

式中：R_f——无风险报酬率；β——股票的贝塔系数；R_m——平均风险股票必要报酬率。

【做中学3-21】假设市场无风险报酬率为10%，平均风险股票必要报酬率为14%，南海公司普通股β值为1.2。计算该公司普通股的资本成本。

根据资本资产定价模型，可得：

K_S=10%+1.2×（14% − 10%）=14.80%

因此，普通股的资本成本率为14.80%。这意味着为了吸引投资者购买该公司的股票，公司需要提供至少14.80%的预期收益率。这个收益率是投资者为了补偿他们所承担的市场风险而要求的。

五、留存收益资本成本

留存收益，是由公司税后利润形成的，其所有权属于股东。从表面上看，公司使用留存收益似乎不花费什么成本。但实际上，留存收益相当于股东对公司的追加投入，理应以股东权益的形式分享股利。公司使用这部分资金必要考虑其存在着机会成本，以提高资金使用效益。留存收益资本成本的确定方法与普通股资本成本的确定基本相同，只是不考虑筹资费用。

技能点3-8 加权平均资本成本的计算

加权平均资本成本是指多元化融资方式下的综合资本成本，反映了企业资本成本整体水平的高低。在衡量和评价单一融资方案时，需要计算个别资本成本；在衡量和评价企业筹资总体的经济性时，需要计算企业的加权平均资本成本。加权平均资本成本用于衡量企业综合资本成本水平高低，以及资本结构的优化。

加权平均资本成本，是以各项个别资本在企业总资本中的比重为权数，对各项个别资本成本率进行加权平均而得到的总资本成本率。计算公式为：

$$K_w = \sum_{j=1}^{n} K_j W_j$$

式中：K_w——加权平均资本成本率；K_j——第j种个别资本成本率；W_j——第j种个别资本占全部资本的比重（权数）。

在计算加权平均资本成本时，权重W_j可有三种选择：

（1）按账面价值加以确定。以账面价值为基础计算权重的好处在于简便，数据可以直接从资产负债表上获得；但不利之处在于由于债券、股票等的市场价值往往已经脱离账面价值，存在着较大差异。因而采用该基础计算出的权重是否具有可靠性令人怀疑。

（2）按市场价值加以确定。以股票、债券的现行市场价格为基础确定权重，进而计算加权平均资本成本。采用这一基础的好处在于：能够有效反映出公司当前的实际资本成本的水平，有利于正确作出筹资决策；不利之处在于股票、债券的现行市场价格处于经常性的变动之中，难以选用。为弥补证券市场价格变动频繁的不便，也可选用一定时期的平均价格。

（3）按目标资本结构加以确定。按公司长期的目标资本结构作为计算加权平均资本成本的权重，这一方法适用于公司追加筹集资金时的筹资决策。

普遍认为，按市场价值为基础和按目标资本结构为基础确定权重优于按账面价值确定权重，但是实务中难以客观合理地进行确定。因此，不少公司仍然采用账面价值为基础确定权重。

【做中学3-22】南海公司账面反映的资本共500万元，其中长期借款100万元，长期债券50万元，普通股250万元，留存收益100万元；其个别资本成本分别为6%、8%、12%、11%。

请计算该公司的加权平均资本成本，衡量筹资成本的经济性，假设当前社会平均融资成本为18%。

加权平均资本成本是以各项个别资本在企业总资本中的比重为权数，对各项个别资本成本率进行加权平均而得到的总资本成本率。

$$K_w = \sum_{j=1}^{n} K_j W_j = 6\% \times \frac{100}{500} + 8\% \times \frac{50}{500} + 12\% \times \frac{250}{500} + 11\% \times \frac{100}{500} = 10.20\%$$

由于该公司的加权平均资本水平低于社会平均融资成本，因此，其资本结构较为合理。

任务七　资本结构的优化

知识点3-17　资本结构的影响

从筹资的角度看，资本结构是指公司债务性资本和权益性资本的比例关系。

在实务中，资本结构有广义和狭义之分。广义的资本结构是指公司全部资本的构成及其比例关系，它不仅包括长期资本，还包括短期资本。狭义的资本结构是指公司长期资本的构成及其比例关系，尤其是指长期负债与所有者权益的构成及其比例关系，在这种情况下，短期债务资本列入营运资本来管理。

资本结构不仅影响到公司的资本成本和价值，而且也影响公司的治理结构。因此，优化资本结构就成为公司理财决策中的核心问题。

【做中学3-23】大江集团下属的两家子公司天南公司与海北公司资本总额均为100万元，它们在不同的市场情况下的息税前利润相同，但两者的资本结构不同，有关资料见表3-9。请为该集团分析两家公司的每股收益为何不同。

表3-9 不同资本结构对每股收益影响分析

项目	天南公司		海北公司	
资本金（万元）	100		100	
负债（万元）	40	40	60	60
所有者权益（万元）	60	60	40	40
盈利状况	盈利	亏损	盈利	亏损
预计息税前利润（万元）	200	-200	200	-200
减：利息（万元）（利率10%）	4	4	6	6
税前利润（万元）	196	-204	194	-206
减：所得税（万元）（税率25%）	49	0	48.50	0
税后利润（万元）	147	-204	145.50	-206
普通股股数（万股）（每股1元）	60	60	40	40
每股收益（元）	2.45	-3.40	3.64	-5.15

表3-9显示，不同的资本结构，产生了不同的财务杠杆作用，将直接影响企业每股收益水平。

天南公司资本结构中债务资本的比例为40%，海北公司债务资本的比例为60%。由于债务资金成本一般均低于权益资金成本。因此，在债务资金成本比重较大时，加权平均资本成本也相对较低。由于债务利息在一定时期内是固定不变的，在企业的资本报酬率高于加权平均资本成本时，高负债率企业的收益较高；反之，在企业的资本报酬率低于加权平均资本成本时，高负债率企业的收益较低。

技能点3-9 资本结构的优化

在资本结构决策中，确定最优资本结构的方法主要有比较资本成本法、每股收益无差别点法等。

一、比较资本成本法

微课

资本结构优化的思路

比较资本成本法是指企业在筹资决策时，首先拟订多个备选方案，分别计算各个方案的加权平均资本成本，选择加权平均资本成本率最低的资本结构作为最佳资本结构的方法。其基本程序如下：

（1）拟订几个筹资方案；

（2）确定各方案的资本结构；

（3）计算各方案的加权平均资本成本；

（4）通过比较，选择加权平均资本成本最低的结构作为最优资本结构。

比较资本成本法将资本成本的高低作为选择最佳资本结构的唯一标准，简单实用，因而常常被采用。现举例说明如下：

【做中学3-24】南海公司拟筹资5 000万元成立一家子公司开展新业务，现有如下两个资本结构方案可供选择，见表3-10。请采用比较资本成本法确定最优的资本结构方案。

表3-10 南海公司筹资的资本结构方案 金额单位：万元

资金来源	A方案			B方案		
	资本成本	筹资额	比重	资本成本	筹资额	比重
长期借款	8%	1 000	20%	10%	2 500	50%
直接投资	14%	4 000	80%	14%	2 500	50%
合计		5 000	100%		5 000	100%
加权平均资本成本	12.80%			12%		

根据计算结果，B方案的加权平均资本成本12.00%小于A方案的12.80%，在其他条件相同的情况下，B方案为最佳筹资方案，其所形成的资本结构较优。

在个别资本成本率已确定的情况下，加权平均资本成本率的高低，主要取决于各种筹资方式的筹资额占拟定筹资总额比重的高低。

二、每股收益无差别点法

每股收益无差别点法是将息税前利润和每股收益联系起来，分析资本结构与每股收益之间的关系来确定最优资本结构的方法。这种方法确定的最优资本结构亦是每股收益最大的资本结构。

其基本做法是：计算出不同资本结构下每股收益相等时的息税前利润，即筹资无差别点的盈利水平，然后对照企业的盈利能力强弱来选择适宜的资本结构。一般而言，当企业盈利能力弱时，适宜采用权益性资本，可以降低财务风险；当企业盈利能力强时，适宜采用债务性资本，充分发挥财务杠杆作用，可以获取更多的收益。

筹资无差别点的每股收益（EPS）计算公式为：

$$\frac{(\text{EBIT}-I_1)(1-T)-D_1}{N_1}=\frac{(\text{EBIT}-I_2)(1-T)-D_2}{N_2}$$

式中：EBIT——息税前利润无差别点；T——所得税税率；I_1、I_2——两种筹资方式下的年利息；D_1、D_2——两种筹资方式下的优先股股利；N_1、N_2——两种筹资方式下流通在外的普通股股数。

【做中学3-25】江南公司目前的所得税税率为25%，资金总额为1 000万元，其结构为负债资金200万元，年利息率为10%，权益资金800万元，其中，普通股640万元，资本公积100万元，留存收益60万元，无优先股。现因生产发展准备再筹资400万元，公司预计该项目投产后公司的息税前利润将达到200万元。

现有两种备选筹资方案：

方案一：发行股票，发行价10元/股；

方案二：发行公司债券，利率不变，仍为10%。

请为该公司进行筹资方案的选择。

一个适宜的筹资方案，必定是能提高企业价值的方案。但是，出于风险控制的考虑，当企业盈利能力弱时，若用权益性资本，可以降低财务风险；当企业盈利能力强时，若用债务性资本，可以充分发挥财务杠杆作用，获取更多的收益。因此，我们需要首先计算出两种筹资方案每股收益无差别点的息税前利润，再结合企业盈利水平做决策。

表3-11列示了原资本结构和两种不同筹资方案实施后的资本结构的利息及普通股股数情况。

表3-11　江南公司资本结构变化情况表　金额单位：万元

筹资方式	原资本结构	增加筹资后资本结构	
		增发普通股（A）	增发公司债（B）
公司债（利率10%）	200	200	200+400=600
利息	200×10%=20	200×10%=20	600×10%=60
普通股（面值8元）	640	640+40×8=960	640
普通股股数（万股）	80	80+40=120	80
资本公积	100	100+40×2=180	100
留存收益	60	60	60
资金总额	1 000	1 000+400=1 400	1 000+400=1 400

注：发行新股时，每股发行价为10元，筹资400万元须发行40万股，普通股股本增加320万元，资本公积增加80万元。

根据表3-11，可以计算出江南公司增发普通股与增发公司债两种方案下的每股收益无差别点时的息税前利润。

$$\frac{(\text{EBIT}-20)(1-25\%)-0}{120}=\frac{(\text{EBIT}-60)(1-25\%)-0}{80}$$

所以，每股收益无差别点的息税前利润EBIT=140万元，意味着当企业的息税前利润为140万元时，两种筹资方案下的每股收益均为0.75元，无论采用哪种筹资方案对企业的每股收益都没有影响。

也就是说，当盈利能力EBIT>140万元时，利用负债筹资有利，当盈利能力EBIT<140万元时，不应再增加负债，以发行普通股为宜。当EBIT为140万元时，采用两种方式无差别，如图3-5所示。

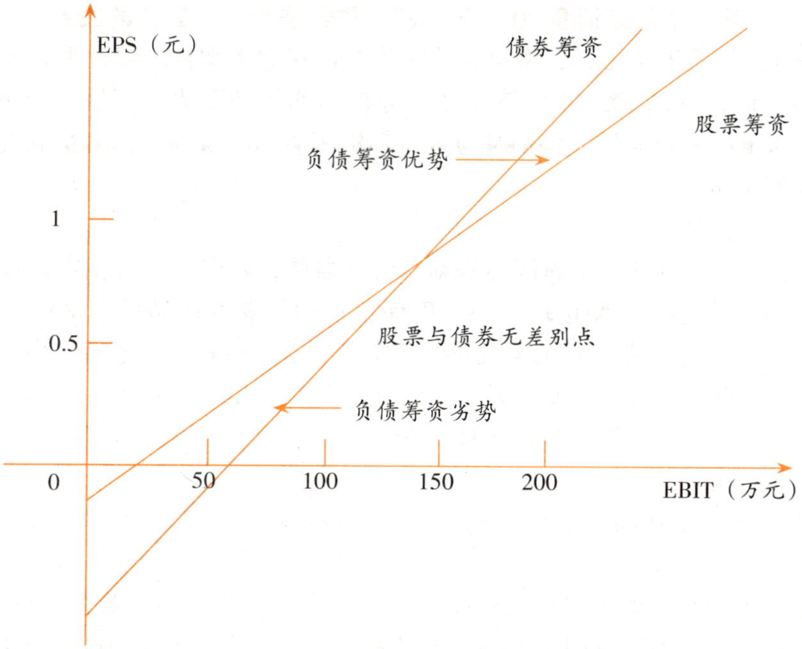

图3-5　EBIT—EPS分析图

江南公司预计的息税前利润为200万元，大于筹资无差别点，故应采用增发公司债券筹资。此时，预计的每股收益将达到1.31元，高于发行股票筹资的每股收益1.13元，见表3-12。

表3-12　江南公司不同资本结构下的每股收益

项目	增发普通股（A）	增发公司债（B）
预计息税前利润（万元）	200	200
减：利息（万元）	20	60
税前利润（万元）	180	140
减：所得税（税率25%）	45	35
税后利润（万元）	135	105
普通股股数	120	80
每股收益（元）	1.13	1.31

拓展阅读

假设你是企业的高级管理人员，请阅读以下材料，深入探讨国家政策部署与企业筹资的关系。

从四个关键词看2025年经济工作部署与企业筹资的关系

2024年12月11日至12日，中央经济工作会议在北京举行。习近平总书记出席会议并发表重要讲话，总结2024年经济工作，分析当前经济形势，部署2025年经济工作。此次会议传递出的积极信号，特别是与企业筹资相关的政策部署，为企业提供了新的发展机遇和政策支持。

关键词一：促稳

“稳”是2025年经济工作的核心基调。会议强调，要保持经济稳定增长，维护金融市场稳定，推动房地产市场止跌回稳，确保粮食和重要农产品稳产保供。对于企业而言，稳定的经济环境是其健康发展的基础。稳定汇率、稳妥处置地方中小金融机构风险等举措，有助于降低企业的外部风险，增强企业筹资的信心和稳定性。例如，人民币汇率的稳定可以降低企业的汇率风险，减少企业在国际贸易和跨境筹资中的不确定性。

关键词二：增加

2025年经济工作强调“增加”政策力度，特别是在财政和货币方面。财政政策方面，会议要求提高财政赤字率，增加发行超长期特别国债，增加地方政府专项债券发行使用，适度增加中央预算内投资。这些措施将为企业提供更多的资金支持和项目机会。例如，专项债券的增加可以用于支持基础设施建设、科技创新等领域，为企业创造更多的业务合作机会和筹资渠道。

货币政策方面，会议提出适时降准降息，保持流动性充裕，使社会融资规模和货币供应量增长与经济增长相匹配。这一政策将直接降低企业的融资成本，提高企业的筹资能力。降准降息可以增加银行的可贷资金，使企业更容易获得银行贷款，同时降低贷款利率，减轻企业的债务负担。

关键词三：行动

会议明确了多项具体行动，这些行动将为企业筹资提供直接支持。例如，实施提振消费专项行动和降低全社会物流成本专项行动，将有助于企业扩大市场，提高盈利能力，从而增强企业的筹资能力。开展新技术新产品新场景大规模应用示范行动，将为企业提供创新发展的机会，吸引更多的风险投资和战略投资者。

此外，高质量完成国有企业改革深化提升行动，出台《中华人民共和国民营经济促进法》，将优化企业的营商环境，提升企业的市场竞争力，为企业的股权融资和债务融资创造更好的条件。这些行动的实施，将为企业在资本市场和银行间市场筹资提供更广阔的空间。

关键词四：协同

会议强调了政策协同的重要性，要求加强财政、货币、就业、产业、区域、贸易、环保、监管等政策的协调配合。这种协同政策将为企业筹资提供更全面的支持。例如，财政政策与货币政策的协同，可以为企业提供更稳定的资金来源和更低的融资成本；产业政策与区域政策的协同，可以引导企业向高附加值领域和新兴产业布局，提升企业的筹资吸引力。

同时，会议提出要深化区域协调发展战略，促进东、中、西、东北地区产业协作。这将为企业提供更广阔的市场空间和资源优化配置的机会，降低企业的运营成本，提升企业的筹资能力。例如，企业可以通过区域产业协作，获得更多的政府补贴和税收优惠，增强其在资本市场的竞争力。

从“稳”到“增”，再到具体的行动和政策协同，2025年经济工作部署为企业筹资提供了多方面的支持。稳定的经济环境、增加的政策力度、具体的行动措施以及政策协同，都将有助于企业降低筹资成本，提高筹资效率，增强市场竞争力。企业应积极把握政策机遇，优化筹资结构，推动自身高质量发展。

资料来源：佚名. 从四个关键词来看2025年经济工作部署［EB/OL］.［2024-12-13］. https://news.cnr.cn/native/gd/20241213/t20241213_527008841.shtml.

职业能力测试

一、判断题

（　　）1.其他条件不变的情况下，企业财务风险越大，投资者要求的预期报酬率就越高，企业筹资的资本成本相应提高。

（　　）2.当预计的息税前利润大于每股利润无差别点息税前利润时，采用负债筹资会提高普通股每股利润，但会加大企业的财务风险。

（　　）3.留存收益是企业经营中的内部积累，这种资金没有发生筹资费用，因而它不存在资金成本。

（　　）4.个别资本成本，是企业进行追加筹资的决策依据。

（　　）5.企业向银行举借长期债务时，如果预测市场利率将上升，应与银行签订浮动利率合同。

二、单项选择题

1.吸收直接投资的缺点是（　　）。

A.不能接受实物投资　　B.资金成本较高
C.企业借款能力下降　　D.财务风险提高

2.在计算资金成本时，与抵减所得税有关的资金来源是（　　）。

A.普通股　　B.优先股　　C.银行借款　　D.留存收益

3.在不考虑筹资额限制的前提下，下列筹资方式中个别资本成本最高的通常是（　　）。

A.发行普通股　　B.利用留存收益　　C.长期借款筹资　　D.发行公司债券

4.每股收益无差别点是指在两种筹资方案下，普通股每股收益相等时的（　　）。

A.成本总额　　B.营业利润　　C.资本结构　　D.息税前利润

5.某债券面值为100元，票面年利率为10%，期限5年，每半年支付一次利息。若市场利率为10%，则其发行时的价格（　　）。

A.高于100元　　B.低于100元　　C.等于100元　　D.无法计算

三、多项选择题

1.采用销售百分比法预测对外筹资需要量时，下列因素的变动会使对外筹资需要量减少的有（　　）。

A.提高收益留存率　　B.增加固定资产净值

C.提高敏感性负债销售百分比　　D.提高销售净利率

2.在计算个别资本成本时，需要考虑所得税抵减作用的筹资方式有（　　）。

A.银行借款　　B.长期债券　　C.留存收益　　D.普通股

3.资金筹集费是指企业为筹集资金付出的代价，下列项目中，属于资金筹集费的有（　　）。

A.上市及推销费　　B.股票印刷费　　C.债券利息　　D.股票股利

4.影响债券发行价格的因素包括（　　）。

A.债券面额　　B.票面利率　　C.市场利率　　D.债券期限

5.关于现金折扣，下列说法中，正确的有（　　）。

A.取得现金折扣是一种收益

B.放弃现金折扣是一种成本

C.若放弃现金折扣成本大于同期短期投资收益，则应取得现金折扣

D.若放弃现金折扣成本大于同期短期投资收益，则应放弃现金折扣

四、简答题

1.债券发行价格通常有三种方式：平价发行、溢价发行和折价发行。请问影响债券发行价格高低的因素有哪些，如何计算债券的发行价格？

2.在有现金折扣的信用交易条件下，买方若在折扣期内付款，则可获得现金折扣；若放弃现金折扣，会发生放弃现金折扣的机会成本。请问放弃现金折扣成本如何计算，在放弃与取得现金折扣之间应如何做决策。

3.在向银行申请短期借款时，银行信贷部门要求借款人按照借款额度的一定比例在银行借款账户上保持一定的余额。这种做法将会增加借款人的实际利率，请问为什么？如果银行提供到期一次偿还款项和在贷款期内定期（每月、每季）等额偿还款项两种本金偿还方式，在资金充裕的情况下，你将选择哪种方式偿还？为什么？

五、案例题

1.西南公司上年度资金平均占用额为3 200万元，经分析，其中不合理资金安排有200万元。

思考：

（1）预计本年度销售下降4%，由于信用期缩短，资金周转将提速0.50%，估算本年度资金需要量是多少？

（2）预计本年度销售增长4%，由于信用期延长，资金周转将减速0.50%，估算本

年度资金需要量是多少？

2. 西部企业上一年的销售收入为3 000万元，经营性资产占销售收入的比率是50%，经营性负债占销售收入的比率是30%，销售净利率为15%，发放股利180万元，企业本年销售收入将达到4 000万元，并且维持上年的销售净利率和股利支付率。

思考：

（1）企业上年股利支付率为多少？

（2）企业本年的外部筹资额为多少？

（3）若企业本年需增加固定资产200万元。则企业本年的外部筹资额为多少？

3. 西部公司普通股目前的股价为10元/股，筹资费率为6%，当前支付的每股股利为2元，预计未来股利固定增长率为2%。该公司长期借款的筹资费用为筹资总额的3%，年利率为8%，所得税税率为25%。

思考：

（1）该企业利用留存收益筹资的资本成本为多少？

（2）长期借款的资本成本为多少？

4. 西部公司原有资本700万元，其中债务资本200万元（每年负担利息24万元），普通股资本500万元（发行普通股10万股，每股面值50元）。由于扩大业务，需追加筹资300万元，假设没有筹资费用。其筹资方式有两种：

方案一：按面值发行普通股，增发6万股，每股发行价50元；

方案二：全部增加长期借款，借款利率仍为12%，利息36万元；

公司的变动成本率为60%，固定成本为180万元，所得税税率为25%。

思考：若采用每股收益无差别点法，公司应当采用哪种筹资方式？

项目四

营运资金管理

【知识点】

1. 营运资金概述
2. 营运资金的管理
3. 营运资金持有政策
4. 营运资金筹集政策
5. 持有现金的动机
6. 资金集中管理模式
7. 现金日常管理
8. 应收账款的作用
9. 应收账款的成本
10. 信用政策
11. 存货的成本

【技能点】

1. 最佳现金持有量的确定（微课）
2. 信用政策决策（微课）
3. 应收账款的监控
4. 最优存货量的确定（微课）
5. 再订货点的确定
6. ABC 分类法的应用

任务一　营运资金分析

知识点4-1　营运资金概述

营运资金是指在企业生产经营活动中流动资产占用的资金。营运资金有广义和狭义之分，广义的营运资金是指一个企业流动资产的总额；狭义的营运资金是指流动资产减去流动负债后的余额。这里指的是狭义的营运资金，用公式表示为：

营运资金总额＝流动资产总额－流动负债总额

因此，营运资金的管理既包括流动资产的管理，也包括流动负债的管理。

企业为了从事生产经营活动，必须得拥有一定数量的营运资金，以备支付材料货款、偿还到期债务和当期费用之需。过低的营运资金将使企业陷入财务危机，而过高的营运资金又会使企业造成资金上的浪费。财务管理要求企业的营运资金应保持在一个较为合理的水平上。

为了有效地管理企业的营运资金，必须研究营运资金的特点，以便有针对性地进行管理。营运资金一般具有如下特点：

一、营运资金的来源具有多样性

企业筹集长期资金的方式一般较少，只有吸收直接投资、发行股票、发行债券等方式。与筹集长期资金的方式相比，企业筹集营运资金的方式较为灵活多样，通常有银行短期借款、短期融资券、商业信用、预收货款、票据贴现等多种内外部融资方式。

二、营运资金的数量具有波动性

流动资产的数量会随企业内外条件的变化而变化，时高时低，波动较大。季节性企业如此，非季节性企业也如此。随着流动资产数量的变动，流动负债的数量也会相应发生变动，从而形成营运资金占用额的波动。

三、营运资金的周转具有短期性

企业占用在流动资产上的资金，通常会在1年或一个营业周期内收回。根据这一特点，营运资金可以用商业信用、银行短期借款等短期筹资方式来加以解决。

四、营运资金的实物形态具有变动性和易变现性

企业营运资金的占用形态是经常变化的，它的每次循环都要经过采购、生产、销售等过程，一般按照现金、原材料、在产品、产成品、应收账款、现金的顺序转化。为此，在进行流动资产管理时，必须在各项流动资产上合理配置资金数额，做到结构合

理，以促进资金周转顺利进行。此外，交易性金融资产、应收账款、存货等流动资产一般具有较强的变现能力。当企业资金周转不灵时，便可迅速变卖这些资产，以获取现金。

知识点4-2 营运资金的管理

企业的营运资金在全部资金中比重大，而且周转期短。其管理是企业财务管理工作的一项重要内容。实际工作表明，财务经理的大量时间都用于营运资金的管理。企业进行营运资金管理，应遵循以下原则：

一、保证合理的资金需求

企业应认真分析生产经营状况，合理确定营运资金的需求数量。企业营运资金的需求数量与企业生产经营活动有直接关系。一般情况下，当企业产销两旺时，流动资产会不断增加，流动负债也会相应增加，营运资金占用额高；而当企业产销量不断减少时，流动资产和流动负债也会相应减少，营运资金占用额低。营运资金的管理必须把满足日常合理的资金需求作为首要任务。

二、提高资金使用效率

加速资金周转是提高资金使用效率的主要手段之一。提高营运资金使用效率的关键就是缩短营业周期，加速变现过程，加快营运资金周转。因此，企业要千方百计地加速存货、应收账款等流动资产的周转，以便用有限的资金，发挥更大的效用，为企业取得更好的经济效益提供条件。

三、节约资金使用成本

在营运资金管理中，必须正确处理保证生产经营需要和节约资金使用成本之间的关系。要在保证生产经营需要的前提下，尽力降低资金使用成本。一方面，要挖掘资金潜力，盘活资金；另一方面，积极拓展融资渠道，筹措低成本资金，服务于生产经营。

四、保持足够的短期偿债能力

偿债能力的高低是企业财务风险高低的标志之一。合理安排流动资产与流动负债的比例关系，保持流动资产结构与流动负债结构的适配性，保证企业有足够的短期偿债能力是营运资金管理的重要原则之一。如果一个企业的流动资产比较多，流动负债比较少，说明企业的短期偿债能力较强；反之，则说明短期偿债能力较弱。但是，如果企业的流动资产太多，流动负债太少，也有可能是流动资产闲置或流动负债利用不足所致。

【做中学4-1】（多选题）下列关于营运资金管理原则的说法中，正确的有（　　）。

A.营运资金的管理必须把满足正常合理的资金需求作为首要任务

B.加速资金周转是提高资金使用效率的主要手段之一

C. 营运资金＝流动资产－流动负债

D. 合理安排资产与负债的比例关系，保证企业有足够的长期偿债能力是营运资金管理的重要原则之一

参考答案：ABC。

知识点4-3　营运资金持有政策

我们将持有较高的营运资金的管理政策称为宽松的营运资金持有政策；而将持有较低营运资金的管理政策称为紧缩的营运资金持有政策。前者的收益、风险均较低；后者的收益、风险均较高。介于两者之间的，是适中的营运资金持有政策。营运资金持有量的确定就是在收益和风险之间进行权衡。

紧缩的营运资金持有政策可以节约流动资产的持有成本，但同时也伴随着更高的风险，这些风险表现在企业实施更严格的应收账款信用政策和保持较低的存货占用水平，以及缺乏足够的现金用于偿付到期应付账款等。

在宽松的营运资金持有政策下，企业通常会维持较高水平的现金和有价证券、宽松的应收账款信用条件和较高水平的存货。由于资产有较强的流动性，企业的财务与经营风险较小。但是，过多的流动资产投资，会加大企业流动资产的持有成本，降低了企业的收益水平，如图4-1所示。

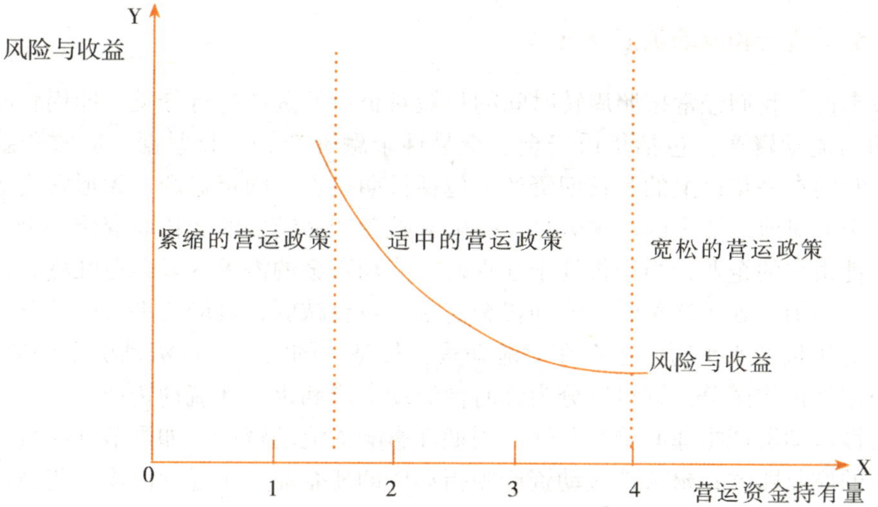

图4-1　营运资金持有政策与风险、收益的关系

在实务中，营运资金持有量的高低往往会受到以下两个因素的影响：

（1）企业经营的不确定性。比如，企业销售额越不稳定，越不可预测，则投资于流动资产上的资金就应越多，相应地，营运资金持有量也应较高，以保证有足够的存货满足顾客的需要。如果销售额既稳定又可预测，则只需维持较低的营运资金持有量水平就可以满足企业的发展需要。

（2）企业管理层的风险偏好。如果企业管理政策趋于保守，就会选择较高的营运资

金水平，保证更高的流动性（安全性），但盈利能力也会降低；如果管理者趋向激进，那么其将以一个低水平的营运资金与销售收入比率来运营。事实上，运营经理通常喜欢高水平的原材料库存，以便满足生产需要；销售经理喜欢高水平的产成品库存以满足顾客的需要，而且喜欢宽松的信用政策刺激销售；财务经理则喜欢存货和应收账款最小化，以便使流动资产的机会成本最低。

【做中学4-2】2021年3季度末，丹东港集团有限公司流动负债就高达100.16亿元，流动资产已缩水至37.34亿元。2022年3月15日，丹东港集团公告称，市中级人民法院根据丹东银行申请，裁定查封其48.93亿元的财产。

丹东港集团的营运资金＝流动资产37.34－流动负债100.16＝－62.82（亿元）

这意味着丹东港集团将不能按时偿还62.82亿元的到期流动负债。

在营运资金管理过程中，财务管理者必须做两个决策：一是确定需要拥有多少流动资产，即营运资金持有政策；二是如何为需要的流动资产融资，即营运资金筹集政策。

知识点4-4　营运资金筹集政策

营运资金筹集政策，是营运资金持有政策的研究重点。研究营运资金的筹集政策，需要先对构成营运资金的两个要素——流动资产和流动负债作进一步的分析，然后再考虑两者间的匹配。

一、流动资产和流动负债分类

一般来说，我们经常按照周转时间的长短对企业的资产进行分类，即周转时间在一年以下的为流动资产，包括货币资金、交易性金融资产、应收票据、应收账款、存货等；周转时间在一年以上的为长期资产，包括长期投资、固定资产、无形资产等。

一家企业对流动资金的需求数量，一般会随着产品销售的变化而变化。例如，产品销售季节性很强的企业，当销售处于旺季时，流动资金的需求一般会更旺盛，可能是平时的几倍；当销售处于淡季时，流动资金需求一般会减弱，可能是平时的几分之一；即使当销售处于最低水平时，也存在对流动资金最基本的需求。而流动资金的表现形式，如果按照用途再作区分，则可以分为临时性流动资产和永久性流动资产。

临时性流动资产指那些受季节性、周期性影响的流动资产。如季节性存货、销售和经营旺季的应收账款；永久性流动资产则指那些即使企业处于经营淡季也仍然需要保留的、用于满足企业长期稳定需要的流动资产。

企业的负债则按照债务时间的长短，以1年为界限，分为短期负债和长期负债。短期负债包括短期借款、应付票据、应付账款等；长期负债包括长期借款、长期债券等。流动负债可以进一步划分为临时性流动负债和自发性流动负债。

临时性流动负债指为了满足临时性流动资金需要所发生的负债，又称之为筹资性流动负债。如商业零售企业在节假日前为满足节日销售需要，超量购入货物而举借的债务；食品制造企业为赶制季节性食品，大量购入某种原料而发生的借款等。自发性流动负债指直接产生于企业持续经营中的负债，又称之为经营性流动负债。如商业信用筹资和日常运营中产生的其他应付款，以及应付职工薪酬、应付利息、应交税费等。

从以上分析可以看出，流动资产的永久性水平具有相对稳定性，是一种长期的资金需求，需要通过长期负债融资或权益性资金解决；而临时性部分的融资则相对灵活，其中一部分靠自发性流动负债予以解决，另一部分是通过低成本的短期融资用临时性流动负债解决其资金需求。流动资金筹集基本思路，如图4-2所示。

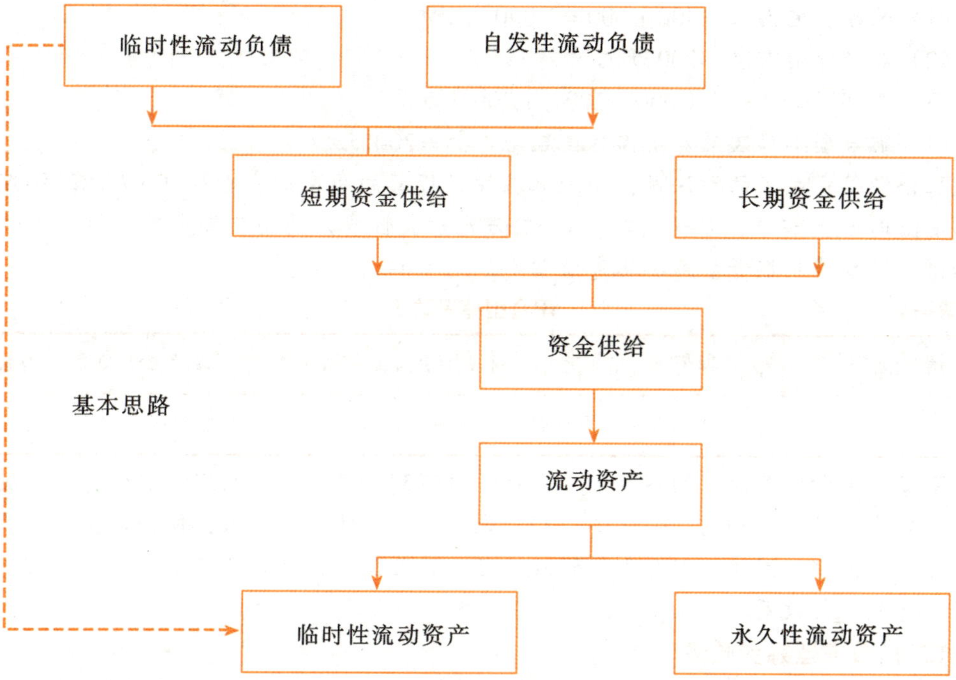

图4-2　流动资金筹集基本思路

二、营运资金筹集政策

营运资金筹集政策，主要是如何安排临时性流动资产和永久性流动资产的资金来源，它一般可以分为配合型筹资政策、激进型筹资政策和稳健型筹资政策。各种政策的资金来源见表4-1。

表4-1　各类营运资金筹集政策的资金来源

<table>
<tr><th>资产划分</th><th>长期资产</th><th colspan="2">永久性流动资产</th><th colspan="2">临时性流动资产</th></tr>
<tr><td>配合型筹资政策</td><td colspan="3">长期资金＋自发性流动负债</td><td colspan="2">临时性流动负债</td></tr>
<tr><td>稳健型筹资政策</td><td colspan="4">长期资金＋自发性流动负债</td><td>临时性流动负债</td></tr>
<tr><td>激进型筹资政策</td><td colspan="2">长期资金＋自发性流动负债</td><td colspan="3">临时性流动负债</td></tr>
</table>

（一）配合型筹资政策

配合型筹资政策的核心在于资金来源与资产需求的期限结构高度匹配。企业通过临时性流动负债为临时性流动资产筹集资金，确保短期资金需求与短期负债期限一致，避免资金闲置或过度借贷。而对于永久性流动资产和长期资产（统称为永久性资产），则利用长期负债、权益资本和自发性流动负债来满足其资金需求，以实现资金使用周期与负债偿还期限的协调。这种策略强调资金的精准规划与管理，旨在平衡资金使用效率与财务风险。

【做中学4-3】北海公司在生产经营的淡季，需占用400万元的永久性流动资产和600万元的固定资产；在生产经营的高峰期，预计会额外增加200万元的季节性存货需求。公司要求采用配合型筹资政策满足临时性流动资金需求。则：

（1）长期资金需求＝400＋600＝1 000（万元）

（2）短期资金需求＝200万元

（3）全部资金需求＝1 000＋200＝1 200（万元）

（4）配合型筹资政策筹集临时性流动资金＝200万元

配合型筹资政策的做法是：企业只在生产经营的高峰期才借入200万元的短期借款来满足临时资金需求；不论何时，1 000万元永久性资产均由长期负债、自发性流动负债和权益资本等长期资金解决其资金需要，见表4-2。

表4-2 配合型筹资政策

资产划分	长期资产600万元	永久性流动资产400万元	临时性流动资产200万元
配合型筹资政策	长期资金＋自发性流动负债＝1 000万元		临时性流动负债200万元

事实上由于资产使用的不确定性，往往达不到资产与负债的完全配合。如本例，一旦企业生产经营高峰期内的销售不理想，未能取得销售现金收入，便会发生偿还临时性流动负债的困难。因此，配合型筹资政策是一种理想的、对企业有着较高资金使用要求的营运资金筹集政策。

（二）激进型筹资政策

激进型筹资政策的核心特点是高风险与高收益并存，主要体现在对短期资金的过度依赖。具体而言，该政策不仅利用临时性流动负债满足全部临时性流动资产的资金需求，还将部分临时性流动负债用于解决永久性资产的资金需求。这种策略使得企业能够在短期内获得较高的资金使用效率和潜在收益，但同时也显著增加了企业的财务风险，尤其是面临短期债务集中到期时的偿债压力。

【做中学4-4】北海公司在生产经营的淡季，需占用400万元的永久性流动资产和600万元的固定资产；在生产经营的高峰期，预计会额外增加200万元的季节性存货需求。通过对该公司的风险与收益进行评估，最终决定通过权益资本、长期负债和自发性流动负债筹集700万元，不足部分采用临时性流动负债解决。则：

（1）长期资金需求＝400＋600＝1 000（万元）

（2）短期资金需求＝200万元

（3）全部资金需求＝1 000＋200＝1 200（万元）

（4）向外筹资的临时性流动负债资金＝1 200－700＝500（万元）

有300万元（1 000－700）的长期资金需求由临时性流动负债筹资解决。这种情况，表明企业实行的是激进型筹资政策，见表4-3。

表4-3 激进型筹资政策应用示例

资产划分	长期资产600万元	永久性流动资产400万元	临时性流动资产200万元
激进型筹资政策	长期资金+自发性流动负债=700万元		临时性流动负债500万元

由于临时性流动负债（如短期银行借款）的资本成本一般低于长期负债和权益资本的资本成本，而激进型筹资政策下临时性流动负债所占比重较大，所以该政策下企业的综合资本成本较低。但是，为了满足永久性资产的长期资金需要，企业必然要在临时性流动负债到期后重新举债或申请债务展期，这样企业便会更为经常地举债和还债，从而加大筹资困难和风险；还可能面临由于短期负债利率的变动而增加企业资本成本的风险，所以激进型筹资政策是一种收益性和风险性均较高的营运资金筹资政策。

（三）稳健型筹资政策

稳健型筹资政策的核心特点是谨慎匹配资金来源与资产需求的期限结构。具体而言，该政策主张仅用临时性流动负债来满足部分临时性流动资产的资金需求，而剩余的临时性流动资产以及全部永久性资产的资金需求，则通过长期负债、自发性流动负债和权益资本来解决。这种策略能够有效降低企业因短期债务集中到期而面临的偿债风险，同时确保企业的资金结构更具稳定性和灵活性。

【做中学4-5】北海公司在生产经营的淡季，需占用400万元的永久性流动资产和600万元的固定资产；在生产经营的高峰期，预计会额外增加200万元的季节性存货需求。通过对该公司的风险与收益进行评估，最终决定通过企业的权益资本、长期负债和自发性流动负债筹集1 100万元，不足部分采用临时性流动负债解决。则：

（1）长期资金需求=400+600=1 000（万元）

（2）短期资金需求=200万元

（3）全部资金需求=1 000+200=1 200（万元）

（4）向外筹资的临时性流动负债资金=1 200－1 100=100（万元）

有100万元的临时性流动资产由长期负债、自发性流动负债和权益资本作为资金来源。这种情况，表明企业实行的是稳健型筹资政策，见表4-4。

表4-4 稳健型筹资政策应用示例

资产划分	长期资产600万元	永久性流动资产400万元	临时性流动资产200万元
稳健型筹资政策	长期资金+自发性流动负债=1 100万元		临时性流动负债100万元

这种做法下由于临时性流动负债所占比重较小，所以企业无法偿还到期债务的可能性较低。但是，会因长期资金的资本成本高于临时性流动负债的资本成本，以及经营淡季时仍需负担长期负债利息等，从而降低企业的收益。所以，稳健型筹资政策是一种风险性和收益性均较低的营运资金筹集政策。

一般地说，如果企业能够驾驭资金的使用，采用收益和风险配合得较为适中的配合型筹资政策是有利的。

任务二 现金管理

现金是流动性最强的非盈利性资产，现金的管理过程就是在现金流动性与收益性之间进行权衡的过程。

现金有广义、狭义之分。广义的现金是指在生产经营过程中以货币形态存在的资金，包括库存现金、银行存款和其他货币资金等。狭义的现金仅指库存现金。这里所讲的现金是指广义的现金。

保持合理的现金水平是企业现金管理的重要内容。现金是流动性最强的资产，代表着企业的直接支付能力和应变能力，可以用来满足生产经营开支的各种需要，也是偿还债务、履行纳税义务的保证。拥有足够的现金对于降低企业的风险，增强企业资产的流动性和债务的可清偿性有着重要的意义。但是，现金收益性最弱，其持有量并不是越多越好。即使是以银行存款方式存在的现金，其存款收益也非常低。因此，现金存量过多，其所提供的流动性边际效益便会随之下降，会降低企业的收益水平。

所以，企业必须建立一套管理现金的方法，持有合理的现金数额，使其在时间上继起，在空间上并存。我们可以采用现金预算等方式衡量企业在某段时间内的现金流入量与流出量，以便在保证企业经营活动所需现金的同时，尽量减少企业的现金数量，提高资金收益率。

知识点4-5 持有现金的动机

微课

企业持有现金动机

企业持有一定数量的现金，主要有三个方面的需求：

一、交易性需求

企业的交易性需求是指为了维持日常周转及正常商业活动所需而持有的现金额。企业每日都在发生许多支出和收入，这些支出和收入在数额上不相等、时间上不匹配从而使企业需要持有一定数量的现金，确保生产经营活动能持续进行。

在许多情况下，企业向客户提供的信用条件与企业从供应商那里获得的信用条件是不同的。例如供应商提供的信用条件是30天付款，而企业迫于竞争压力，可能会向客户提供40天的信用期，这样，企业必须筹集10天的营运资金来维持企业运转。

二、预防性需求

预防性需求，是指企业为应对突发事件而需要保持的现金支付能力。由于市场存在着不可测的因素，企业通常难以对未来现金流入量和流出量进行准确的估计。因此，追加一定数量的现金以应对未来现金支付的波动，是企业确定最佳持有量时应考虑的因素。

现金收支预测可靠性程度较高，信誉良好，与银行关系良好的企业，预防性需求的现金持有量一般较低。

三、投机性需求

投机性需求，是指企业为了抓住突然出现的获利机会而持有的现金。这种机会大都是一闪即逝的，如证券价格的突然大幅下跌，企业若没有用于投机的现金，就会错过这一机会。当然，该因素只是企业确定现金余额时所需考虑的次要因素之一，其持有量的大小往往与企业在金融市场中的投资机会和企业对待风险的态度有关。

企业的现金持有量一般小于三种需求下的现金持有量之和，因为某一需求持有量的现金可以用于满足其他需求。

【做中学4-6】（判断题）企业之所以持有一定数量的现金，主要是出于三个方面的需求：交易需求、预防需求和投资需求。（　　）

参考答案：错。

技能点4-1　最佳现金持有量的确定

一、成本模型

持有现金是有成本的，最优的现金持有量是使现金持有成本最小的持有量，因此，产生了最佳现金持有量的成本模型。现金持有成本包括如下项目：

（一）机会成本

现金的机会成本，是指企业因持有一定数量的现金余额而丧失的再投资收益。再投资收益是企业不能同时用该现金进行其他投资所产生的机会成本，这种成本在数额上等于资金成本。

【做中学4-7】东海公司年均持有现金120万元，为了满足公司的正常营运资金需求，该公司放弃了年利率为4.80%的公司债的投资机会。请计算该公司持有现金的年机会成本。

东海公司每年的现金机会成本＝ 120 × 4.80%＝5.76（万元）

（二）管理成本

现金的管理成本，是指企业因持有一定数量的现金而发生的管理费用。例如管理者工资、安全措施费用等。一般认为这是一种固定成本，这种固定成本在一定范围内和现金持有量之间没有明显的比例关系。

（三）短缺成本

现金的短缺成本，是指由于现金持有量不足而又无法及时通过有价证券变现加以补充而给企业造成的损失，包括直接损失与间接损失。短缺成本与现金持有量之间呈反方向变动关系。

成本分析模式是根据现金有关成本，分析预测其总成本最低时现金持有量的一种方法。其计算公式为：

最佳现金持有量的持有成本＝MIN（机会成本＋管理成本＋短缺成本）

式中：管理成本属于固定成本，机会成本是正相关成本，短缺成本是负相关成本。因此，成本分析模式是要找到机会成本、管理成本和短缺成本所组成的总成本曲线中的最低点所对应的现金持有量，把它作为最佳现金持有量。现金管理成本模式示意图如图4-3所示。

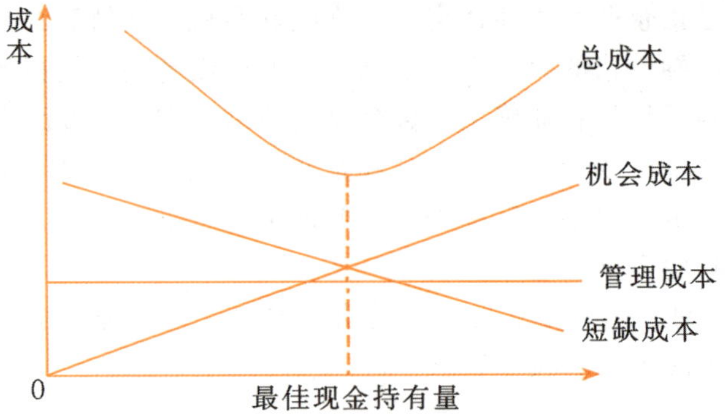

图4-3 现金管理成本模式示意图

从图4-3中可以看出，如果减少现金持有量，则短缺成本会增加；如果增加现金持有量，则机会成本会增加。改进上述关系的一种方法是：当拥有多余现金时，将现金转换为有价证券；当现金不足时，将有价证券转换成现金。但现金和有价证券之间的转换，也需要成本，即转换成本。转换成本是指企业用现金购入有价证券以及用有价证券换取现金时付出的交易费用，包括买卖佣金、手续费、证券过户费、印花税、交割费等。转换成本可以分为两类：一是与委托金额相关的费用，如买卖佣金、印花税等。二是与委托金额无关，只与转换次数有关的费用，如委托手续费、过户费等。证券转换成本与现金持有量高低、有价证券转换次数多少密切相关。现金持有量越少，进行证券变现的次数越多，相应的转换成本就越大。

在实际工作中运用成本模式确定最佳现金持有量的具体步骤为：

（1）根据不同现金持有量测算并确定有关成本数值；

（2）按照不同现金持有量及其有关成本资料编制最佳现金持有量测算表；

（3）在测算表中找出总成本最低时的现金持有量，即最佳现金持有量。

【做中学4-8】西北公司现有A、B、C、D四种现金持有方案，有关成本资料见表4-5。要求采用成本模式确定最佳现金持有量。

表4-5 最佳现金持有量测算表 金额单位：元

项目	A	B	C	D
平均现金持有量	35 000	40 000	45 000	50 000
机会成本率	10%	10%	10%	10%
机会成本	3 500	4 000	4 500	5 000
管理成本	20 000	20 000	20 000	20 000
短缺成本	12 000	6 750	2 500	0
相关总成本	35 500	30 750	27 000	25 000
结论				最佳方案

通过分析比较表中各方案的相关总成本可知，D方案的相关总成本最低，所以，该企业应尽可能保持50 000元的平均现金持有量。

【技能拓展】

MIN和IF函数的应用

如果在Excel中制表，计算不同方案下的最佳现金持有量，则可以利用MIN与IF函数的组合，如在B10单元格中录入“=IF（B9=MIN（$B$9：$E$9），“最佳方案”，“”）”，并将公式复制到C10、D10、E10单元格，就可以实现分析结论的自动评判，如图4-4所示。

=IF(B9=MIN($B$9:$E$9),"最佳方案","")

	A	B	C	D	E
4	平均现金持有量	35000	40000	45000	50000
5	机会成本率	10%	10%	10%	10%
6	机会成本	3500	4000	4500	5000
7	管理成本	20000	20000	20000	20000
8	短缺成本	12000	6750	2500	0
9	相关总成本	35500	30750	27000	25000
10	结论	=IF(B9=MIN($B$9:$E$9),"最佳方案","")			

图4-4　MIN和IF函数的应用

二、随机模型（米勒-奥尔模型）

在实际工作中，企业现金流量往往具有很大的不确定性。米勒和奥尔设计了一个在现金流入、流出不稳定情况下确定最佳现金持有量的模型。他们假定每日现金净流量的分布接近正态分布，每日现金流量可能低于也可能高于期望值，其变化是随机的。由于现金流量波动是随机的，只能对现金持有量确定一个控制区域，定出上限和下限。当企业现金余额在上限以上时，则将部分现金转换为有价证券，减少现金持有量；当现金余额在下限以下时，则卖出部分证券，增加现金持有量。现金管理随机模型如图4-5所示。

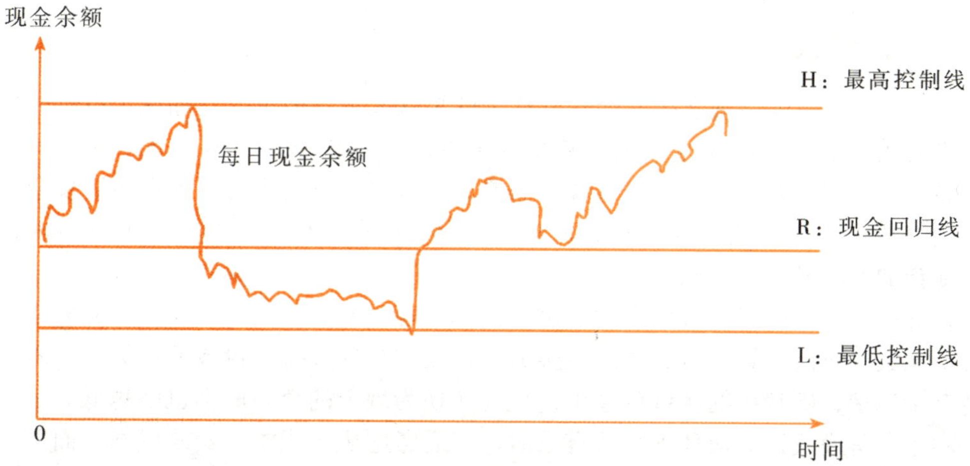

图4-5　现金管理随机模型

图4-5显示了随机模型，该模型有两条控制线和一条回归线。最低控制线L取决于模型之外的因素，其数额是在综合考虑公司借款能力、公司日常周转所需资金、银行要

求的补偿性余额等因素的基础上确定的。

现金回归线R可按下列公式计算：

$$R=\sqrt[3]{\frac{3b\delta^2}{4i}}+L$$

式中：b——每次有价证券的固定转换成本；δ——预期每日现金余额变化的标准差；i——有价证券的日利息率。

最高控制线H的计算公式为：

$$H=3R-2L$$

【做中学4-9】东北公司财务部经理认为任何时候其银行存款及现金余额均不能低于20 000元。根据以往经验测算出现金余额日波动的标准差δ为3 000元，公司有价证券投资基准收益率为10%，现金与有价证券之间的固定转换成本为每次200元。要求采用随机模型，计算现金回归线R、现金控制上限H。

分析提示：根据随机模型计算公式，可求得：

$I=10\%\div360=0.000278$

$$R=\sqrt[3]{\frac{3\times200\times3\,000^2}{4\times0.000278}}+20\,000=36\,938.65\text{（元）}$$

$H=3\times36\,938.65-2\times20\,000=70\,815.95$（元）

微课

用随机模型确定最佳现金持有量

计算结果表明，该公司现金回归线R为36 938.65元。如现金持有额达到70 815.95元，则买进33 877.30元（70 815.95−36 938.65）的证券，让现金余额降至现金回归线36 938.65元；若现金持有额降至20 000元，则应卖出16 938.65元（36 938.65−20 000）的证券，让现金余额回归到现金回归线36 938.65元。

运用随机模型确定最佳现金持有量符合随机思想，即企业现金收支是随机的。所以，适用于所有企业最佳现金持有量的测算。

三、存货模式

企业平时持有较多现金时，会降低现金的短缺成本，但也会增加现金占用的机会成本；平时若持有较少的现金，虽能减少现金占用的机会成本，但会增加现金的短缺成本。如果企业拥有有价证券，当有现金需要时，可以通过出售有价证券换回现金，既能避免短缺成本，又能减少机会成本。但是，如果经常进行大量的有价证券与现金的转换，则会加大转换的交易成本。

有价证券转换回现金所付出的代价，被称为现金的交易成本。现金的交易成本与现金转换次数、每次的转换量有关。现金的交易成本与现金持有量成反比关系，若平时现金持有量越多，则转换的次数就越少，证券转换为现金的交易成本也就越低。

利用存货模式计算最佳现金持有量时，只需考虑机会成本和交易成本，而不必考虑管理费用和短缺成本。因为管理成本往往属于固定成本，一般与决策无关。另外，成功的管理方式不应该出现短缺成本。所以，能够使现金管理的机会成本与转换成本之和最低的现金持有量，即为最佳现金持有量，即：

现金管理相关总成本＝机会成本＋交易成本

若用TC代表现金管理相关总成本，Q代表最佳现金持有量，T代表全年现金需求量，F代表每次现金的交易成本，K代表现金的机会成本率，则有：

$$TC = \frac{Q}{2} \times K + \frac{T}{Q} \times F$$

现金的交易成本与机会成本所组成的相关总成本曲线，如图4-6所示。

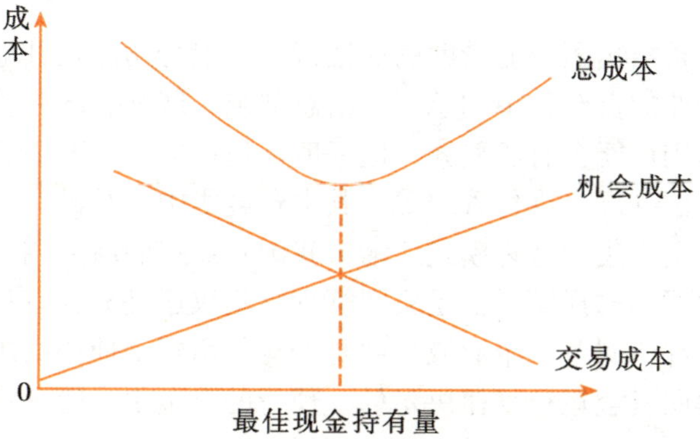

图4-6　现金管理存货模式示意图

从图4-6中可以看出，机会成本和交易成本随着现金持有量的变化呈现出反方向变化，这种反方向变化的结果导致相关总成本线为一个“U”形曲线。当机会成本与转换成本相等时，即两条线相交时现金管理相关总成本最低，与这一点对应的现金持有量即为最佳现金持有量。

即$\frac{Q}{2} \times K = \frac{T}{Q} \times F$时，现金管理相关总成本最低，所以有：

$$最佳现金持有量Q = \sqrt{\frac{2TF}{K}}$$

$$现金管理相关总成本TC = \sqrt{2TFK}$$

通过公式的变换，我们还可以得出下列公式：

年有价证券最佳交易次数：

$$N = T \div Q$$

$$有价证券交易最佳间隔期 = 360 \div N$$

【做中学4-10】西北公司现金收支比较稳定，预计全年（按360天计算）现金需要量为5 000 000元，现金与有价证券的转换成本为每次400元，有价证券年利率为10%。

要求：采用存货模式确定最佳现金持有量。

根据最佳现金持有量的计算公式，有：

$$Q = \sqrt{\frac{2 \times 5\,000\,000 \times 400}{10\%}} = 200\,000(元)$$

最佳现金持有量下的全年现金管理相关总成本：

$$TC = \sqrt{2 \times 5\,000\,000 \times 400 \times 10\%} = 20\,000(元)$$

根据现金交易成本与现金机会成本相等时，现金管理相关总成本最低，可以直接推算出现金交易成本与现金机会成本各10 000元。

年有价证券最佳交易次数＝5 000 000 ÷ 200 000＝25（次）

有价证券平均交易间隔天数＝360 ÷ 25＝14.40 ≈ 15（天）

知识点4-6 资金集中管理模式

资金集中管理，是指集团企业借助商业银行网上银行功能及其他信息技术手段，将分散在集团各所属企业的资金集中到总部，由总部统一调度、统一管理和统一运用。其在各个集团的具体运用可能会有所差异，但一般都包括以下主要内容：资金集中、内部结算、融资管理、外汇管理、支付管理等。其中资金集中是基础，其他各方面均建立在此基础之上。目前，资金集中管理模式逐渐被我国企业集团所采用。

资金集中管理模式的选择实质上是集团管理是集权还是分权管理体制的体现。也就是说，在企业集团内部所属各子企业或分部是否有货币资金使用的决策权、经营权，这是由行业特点和本集团资金运行规律决定的。现行的资金集中管理模式大致上可以分为以下几种：

一、收支两条线模式

"收支两条线"是以资金收支分离为原则，在集团总部统一领导下，将成员单位的资金收入归集至总部，再由总部根据预算和计划统一调配资金支出。这种模式既保证了资金的集中管理，又赋予成员单位一定的财务自主权。它一般适用于业务相对多元、成员单位自主性较强的企业集团。

企业"收支两条线"要求各部门或分支机构在内部银行或当地银行设立收入户和支出户两个账户，并规定所有收入的现金都必须进入收入户（外地分支机构的收入户资金还必须及时、足额地回笼到总部），收入户资金由企业资金管理部门（内部银行或财务结算中心）统一管理，而所有的货币性支出都必须从支出户里支付，支出户里的资金只能根据一定的程序由收入户划拨而来，严禁现金坐支。

二、统收统支模式

统收统支模式是指企业的一切资金收入都集中在集团总部的财务部门，各分支机构或子企业不对外单独设立账号，一切现金支出都通过集团总部财务部门付出，现金收支的批准权高度集中。统收统支模式有利于企业集团实现全面收支平衡，提高资金的周转效率，减少资金沉淀，监控现金收支，降低资金成本。由于每笔收支都要经过总部财务部门之手，不仅会加大总部工作量，而且可能会不利于调动成员企业开源节流的积极性，影响成员企业经营的灵活性，以致降低整个集团经营活动和财务活动的效率。它主要适用于经营规模较小、业务相对单一的企业集团，能够有效加强对资金的管控，避免资金浪费和滥用。

三、拨付备用金模式

拨付备用金模式是指集团按照一定的期限统拨给所有所属分支机构或子企业备用的一定数额的现金。等各分支机构或子企业发生现金支出后，持有关凭证到集团财务部门报销以补足备用金。它一般适用于企业规模比较小，资金支出相对稳定的企业。

四、结算中心模式

结算中心模式由集团公司财务部门内设立的内部资金管理机构，专为母公司、子公司及其他成员企业处理现金收付、往来结算、资金调度和日常资金监控。结算中心是内部职能机构，非独立法人。它主要适用于集团内部成员企业较多且资金结算管理需求较大的企业集团。

五、内部银行模式

内部银行是将社会银行的基本职能与管理方式引入企业内部管理机制而建立起来的一种内部资金管理机构，它将“企业管理”、“金融信贷”和“财务管理”相结合，统一调剂和运用企业自有资金与商业银行的信贷资金。它主要适用于拥有多个责任中心的企事业单位，能够更好地实现资金的内部调配和高效利用。

六、财务公司模式

财务公司是一种经营部分银行业务的非银行金融机构，它需要经过中国人民银行审核批准后才能设立，它具有独立的法人地位。其主要职责是开展集团内部资金集中结算，同时为集团成员企业提供包括存贷款、融资租赁、担保、信用鉴证、债券承销、财务顾问等在内的全方位金融服务。它将市场化的企业关系或银企关系引入到集团资金管理中，集团各子公司具有完全独立的财权，可以自行经营自身的现金业务，对现金的使用行使决策权。它主要适用于规模较大、资金管理需求复杂的企业集团，能够提升资金管理的专业性和效率。

知识点4-7 现金日常管理

企业按最佳现金持有量持有现金，仅是现金管理的一个环节。企业还应采取各种措施，加强现金的日常收支管理，以确保现金的安全、完整。现金的日常管理主要包括以下几方面：

一、现金周转期

现金周转期是指企业从支付现金购买原材料到通过销售产品收回现金所需的全部时间。它是衡量企业资金周转效率的重要财务指标，反映了企业在经营活动中资金的占用时间和流转速度。

现金周转期由以下三个主要部分组成：

（1）存货周转期，是指将原材料转化成产成品并出售所需要的时间。

（2）应收账款周转期，是指将应收账款转换为现金所需要的时间。

（3）应付账款周转期，是指从购买原材料到支付供应商款项的时间。

现金周转期是指企业支付现金与收到现金之间的时间段，具体的循环过程如图4-7所示。

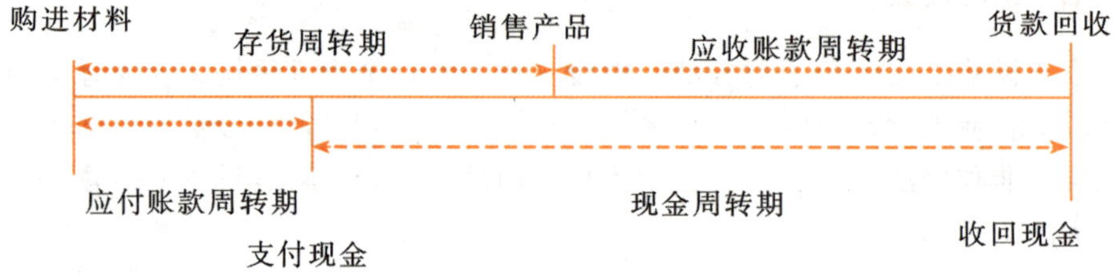

图4-7 现金周转期

它们之间的关系是：

现金周转期＝存货周转期＋应收账款周转期－应付账款周转期

式中：

存货周转期＝平均存货÷每天的销货成本

应收账款周转期＝应收账款平均余额÷每天的销货收入

应付账款周转期＝应付账款平均余额÷每天的购货成本

所以要缩短现金周转期，可以从以下方面着手：加快制造与销售产成品来减少存货周转期；加速应收账款的回收来减少应收账款周转期；减缓支付应付账款来延长应付账款周转期。现金周转期越短，表明企业资金利用效率越高，资金占用成本越低。

【做中学4-11】假设江南公司的存货周转期为60天、应收账款周转期为45天、应付账款周转期为30天。请计算该企业的现金周转期。

该企业的现金周转期为：60＋45－30＝75（天）

这意味着企业从支付现金购买原材料到最终收回销售现金，平均需要75天。

二、现金回收管理

现金回收管理是企业财务管理中的重要环节，旨在通过优化收款流程和策略，尽快收回现金，加速资金周转，降低资金占用成本，从而提高企业的资金使用效率和财务健康状况。其核心策略包括优化收款流程、加强应收账款管理、强化催收工作、利用技术手段以及优化与客户的沟通。为此，企业应建立销售与收款业务控制制度，并且根据成本与收益比较原则选用适当方法加速账款的回收。例如，通过建立规范的收款流程、使用动态账款追踪系统、采用电子支付工具和自动清算系统，企业可以有效缩短收款时间，减少资金占用。同时，通过提供早付折扣、收取逾期利息以及组建专业的催收团队，企业能够激励客户及时付款，降低坏账风险。

三、现金支出管理

现金支出管理是企业财务管理的关键环节，其核心在于通过合理规划和控制现金流出，确保资金的有效利用，同时避免浪费。企业应建立严格的支出控制制度，明确支出范围和审批流程，确保每一笔支出都有充分的依据和合理性。通过制定详细的预算、优化采购流程、合理安排支付时间、控制成本与费用、利用技术手段以及建立应急储备等措施，企业可以在不影响正常运营的前提下，最大限度地延缓现金支出，提高资金使用效率。此外，企业还需强化审批流程，定期审查现金支出情况，分析实际支出与预算的差异，并及时调整策略。

在具体实践中，企业可以通过优化付款方式、加强供应商关系管理以及培养资金管理文化等手段，进一步提升现金支出管理的效果。例如，通过及时付款或利用提前付款折扣与供应商建立良好合作关系，争取更有利的采购条件；同时，将资金管理纳入企业文化，通过绩效考核等方式激励员工共同关注和优化现金支出。这些措施的实施，不仅有助于企业降低运营成本，还能增强其财务健康和竞争力。

现金支出管理的成功实施需要企业从战略高度进行规划，并将其融入日常运营的各个环节。企业应定期评估现金支出管理的效果，根据市场变化和内部需求及时调整策略。通过强化内部控制、优化支出流程和提升管理效率，企业能够更好地应对资金短缺和不确定性风险，实现稳健的财务运营和可持续发展。

任务三　应收账款管理

企业通过提供商业信用，采用赊销、分期付款等方式可以扩大销售，占领市场，获得利润。但同时，应收账款在促进销售增长的同时，也会增加管理成本、坏账成本等。所以，企业需要在应收账款所增加的盈利和所增加的成本之间作出权衡。

知识点4-8　应收账款的作用

应收账款是企业的一项资金投放，是为了扩大销售和盈利而进行的投资。它在生产经营过程中主要发挥以下作用：

一、增加销售

在激烈的市场竞争中，通过提供赊销可有效地促进销售。因为企业提供赊销不仅向顾客提供了商品，也在一定时间内向顾客提供了购买该商品的资金，顾客将从赊销中得到好处。所以赊销会带来企业销售收入和利润的增加。

二、减少存货

企业持有一定存货时，会相应地占用资金，形成仓储费用、管理费用等；而赊销则可减少这些成本的产生。所以当企业的产成品存货较多时，一般会采用优惠的信用条件进行赊销，将存货转化为应收账款，加速资金周转，从而提高效益。

知识点4-9 应收账款的成本

应收账款是企业为增加销售和盈利而进行的投资，会发生一定的成本。应收账款的成本，包括机会成本、管理成本和坏账成本。

一、机会成本

应收账款的机会成本，是指因资金投放在应收账款上而丧失的其他收益。例如丧失证券投资机会而失去的投资收益。机会成本的大小通常与企业维持赊销业务所需要的资金数量（即应收账款投资额）、资金成本率有关。其计算公式为：

$$\begin{aligned}\text{应收账款机会成本}&=\text{维持赊销业务所需资金}\times\text{资金成本率}\\&=\text{应收账款平均余额}\times\text{变动成本率}\times\text{资金成本率}\\&=\frac{\text{赊销收入净额}}{360}\times\begin{matrix}\text{应收账款}\\\text{周转天数}\end{matrix}\times\begin{matrix}\text{变动}\\\text{成本率}\end{matrix}\times\begin{matrix}\text{资金}\\\text{成本率}\end{matrix}\end{aligned}$$

【做中学4-12】西北公司预测下一年度赊销额为2 500万元，应收账款平均收账天数为60天，变动成本率为60%，公司因持有应收账款而放弃的证券投资收益为8%，一年按360天计算。则：

（1）应收账款平均余额＝2 500 ÷ 360 × 60＝416.67（万元）

（2）应收账款平均资金占用额＝416.67 × 60%＝250（万元）

（3）应收账款的机会成本＝250 × 8%＝20（万元）

也就是说，该公司若有2 500万元的赊销业务，平均应收账款余额为416.67万元，将丧失20万元的证券投资收益。

二、管理成本

管理成本是指在进行应收账款管理时，所增加的费用。其主要包括：调查顾客信用状况的费用、收集各种信息的费用、收账费用、数据处理成本、相关管理人员成本和从第三方购买信用信息的成本等。

三、坏账成本

坏账成本，是因应收账款无法收回而给企业带来的损失。该成本一般与应收账款数量呈同方向变动，即应收账款越多，坏账成本也会越高。坏账成本一般用下列公式测算：

$$\text{应收账款的坏账成本}=\text{赊销额}\times\text{预计坏账损失率}$$

知识点4-10 信用政策

应收账款的管理政策即信用政策，是指企业为应收账款投资进行规划与控制而确立的基本原则与行为规范。其包括信用标准、信用条件和收账政策三部分内容。

一、信用标准

信用标准是客户获得企业商业信用所应具备的最低条件，通常以预期的坏账损失率表示。如果企业把信用标准定得过高，将使许多客户因信用品质达不到所设的标准而被拒之门外，其结果尽管有利于降低违约风险及收账费用，但不利于企业市场占有率的提高和销售收入的扩大。相反，如果企业接受较低的信用标准，虽然有利于企业扩大销售，提高市场占有率，但同时也会导致坏账损失风险加大和收账费用增加。因此，企业应在成本与收益比较的基础上，确定适宜的信用标准。

企业在设定某一顾客的信用标准时，往往先要进行信用评价，比较流行的方法是“5C模型”，即考虑客户的品质（Character）、能力（Capacity）、资本（Capital）、抵押（Collateral）、条件（Condition）。

（一）品质（Character）

品质是指个人或企业管理者的诚实和正直表现。品质反映了企业或个人在过去的还款中所体现的还款意图和愿望，这是5C中最主要的因素。通常需要根据过去的记录结合现状调查来进行分析，包括企业经营者的年龄、文化、技术结构、遵纪守法情况、开拓进取及领导能力，有无获得荣誉奖励或违法违纪行为。

（二）能力（Capacity）

能力反映的是企业或个人在其债务到期时可以用于偿债的当前和未来的财务资源。可以使用流动比率和现金流预测等方法评价申请人的还款能力，也可以通过分析生产经营能力及其获利能力的高低、管理制度是否健全、管理手段是否先进、产品生产销售是否正常、经营规模和实力是否呈现出增长趋势来分析评估。

（三）资本（Capital）

资本是指如果企业或个人当前的现金流不足以还债，其在短期和长期内可供使用的财务资源。比如，可以调查企业的资本规模和负债比率，了解企业资产或资本对于负债的保障程度。一般而言，企业资本雄厚，说明企业具有强大的物质基础和抗风险能力。

（四）抵押（Collateral）

抵押是指当企业或个人不能满足还款条款时，可以用作债务担保的资产或其他担保物。信用分析应分析其担保抵押手续是否齐备，抵押品的估值和出售有无问题，担保人的信誉是否可靠等。

（五）条件（Condition）

条件是指影响顾客还款能力和还款意愿的经济环境。经济环境对企业发展前途具有一定的影响，也是影响企业信用的一项重要的外部因素。信用分析必须对企业的经济环境，包括企业发展前景、行业发展趋势、市场需求变化等进行分析，预测其对企业经营效益的影响。

【做中学4-13】（多选题）如果企业把信用标准定得过高，则会（　　）。

A.降低违约风险　　B.降低收账费用

C.降低销售规模　　D.有可能会减少市场占有率

参考答案：ABCD。

二、信用条件

信用条件，是指企业接受客户信用订单时所提出的付款要求，主要包括信用期（间）、折扣期限及现金折扣等。信用条件的基本表现方式如“2/10，N/30”，其中，30天为信用期，10天为折扣期限，2%为现金折扣率。

信用期间是企业为客户提供商业信用而提出的最长付款时间。信用期间过短，不足以吸引客户，在竞争中会使销售额下降；信用期间过长，对销售额固然有利，但如果盲目放宽信用期间，可能影响企业自身的资金周转。一般情况下，信用期间在30天到70天不等，但通常不应超过赊销单位存货的周转时间。

现金折扣政策旨在吸引客户提前付款而设置优惠条件。虽然现金折扣政策可以因提前收回货款而减少机会成本与坏账成本，但同时也增加了折扣成本。现金折扣成本的计算公式如下：

$$现金折扣成本=赊销额\times折扣率\times享受折扣的客户比率$$

三、收账政策

收账政策，是指企业针对客户违反信用条件，拖欠甚至拒付账款时所采取的收账策略与措施。它是企业信用政策的一个重要组成部分，企业必须制定完善的收账政策，用以解决客户不能履约付款而出现的拖欠账款问题。

当客户拖欠或拒付账款时，企业应分析现有的信用标准及信用审批制度是否存在缺陷，然后重新对违约客户的资信等级进行调查、评价。对其所拖欠的款项可先通过信函、电话或者派员前往等方式进行催收，态度可逐渐强硬，当这些措施无效时，则可以申请法院裁决。此外，企业还可以委托收账代理机构催收账款。一般说来，收账措施越有力，可收回的账款越多，坏账损失也就越小，但是，收账的花费也越大。因此制定收账政策，需要在收账费用和所减少的坏账损失之间作出权衡。

技能点4-2　信用政策决策

微课

应收账款信用政策决策

信用政策是否合理的衡量标准是：信用政策执行后增加的收入（或节约的支出）与增加的支出进行对比，若净收入增加，则是合理的，否则是不合理的。信用政策的内容主要包括制定信用标准、确定信用条件、制定收账政策等内容。其中，信用条件包括信用期与现金折扣决策。

一、信用期决策

信用期的确定，主要是分析改变现行信用期对收入和成本的影响。延长信用期，会使销售额增加，产生有利影响；与此同时，应收账款的机会成本、收账费用和坏账损失增加，会产生不利影响。当前者大于后者时，可以延长信用期，否则不宜延长。如果缩短信用期，情况与此相反。

【做中学 4-14】华东公司拟将信用条件放宽到“N/45”。各方案估计的赊销水平、坏账百分比和收账费用等有关数据见表4-6。

表4-6　信用条件备选方案相关数据　金额单位：万元

信用期方案	原方案	新方案（A方案）	差异分析
信用条件（天）	30	45	
年赊销额	40 000	45 000	
变动成本率	60%	60%	
机会成本率	10%	10%	
坏账损失率	0.05%	1.50%	
收账费用	40	60	
贡献毛益	16 000	18 000	2 000
机会成本	200	337.50	137.50
坏账成本	20	675	655
收账费用	40	60	20
预期净收益	15 740	16 927.50	1 187.50
决策	新方案45天		

要求：请你作出是否修改信用期的决策。

在分析决策过程中，我们将增加的收益与增加的成本进行对比，若增加的收益大于增加的成本，则信用期修改是有效的。

（1）计算增加的贡献毛益

增加的贡献毛益＝增加收入×（1－变动成本率）＝（45 000－40 000）×（1－60%）＝2 000（万元）

（2）计算增加的机会成本

增加的机会成本＝新方案的机会成本－原方案的机会成本

$$=\left(\frac{45\ 000}{360}\times 45-\frac{40\ 000}{360}\times 30\right)\times 60\%\times 10\%=137.50(\text{万元})$$

（3）计算增加的坏账损失

增加的坏账损失＝新方案的坏账损失－原方案的坏账损失

$=45\,000 \times 1.5\% - 40\,000 \times 0.05\% = 655$（万元）

（4）计算增加的收账费用

增加的收账费用＝新方案的收账费用－原方案的收账费用

$=60 - 40 = 20$（万元）

（5）计算增加的净收益

增加的净收益＝增加的贡献毛益－增加的成本

$=2\,000 - 137.50 - 655 - 20 = 1\,187.50$（万元）

根据计算结果分析，将信用期修改为45天是合理的。

二、现金折扣决策

现金折扣是为了吸引顾客提前付款而设置的优惠政策，它能缩短企业的平均收款期，加速了资金的周转，降低了应收账款的机会成本。另外，现金折扣也能招揽一些视折扣为减价出售的顾客前来购货，从而扩大了销售量。但是，现金折扣会给企业带来折扣成本。因此，当企业给予顾客某种现金折扣时，应当考虑折扣所能带来的收益与成本孰高孰低。

【做中学4-15】沿用【做中学4-14】的资料。如果企业为了加速应收账款的回收，决定在新方案（A方案）的基础上将赊销条件改为“2/10，1/20，N/45”，从而形成B方案。估计有20%的顾客将利用2%的折扣，15%的顾客将利用1%的折扣，坏账损失率因此降为1%，收账费用降为50万元。此时，是否采纳B方案？

本例没有影响收入，增加了现金折扣的成本，减少了坏账损失、收账费用以及机会成本，因此，主要比较增加的成本与节约的成本孰高孰低，决策分析过程如下：

（1）计算增加的贡献毛益

由于现金折扣的改变并没有使营业收入产生变化。因此，A与B方案的贡献毛益差额为零。

（2）计算增加的机会成本

由于估计约有20%的客户会利用2%的折扣，在10天内付款，15%的客户将利用1%的折扣，在11~20天付款，其余的客户在信用期满付款。整体会使得应收账款的平均收款天数缩短。

B方案应收账款平均收款天数$=20\% \times 10 + 15\% \times 20 + (1 - 20\% - 15\%) \times 45$

$=34.25$（天）

增加的机会成本$=(45\,000 \div 360) \times 34.25 \times 60\% \times 10\% - (45\,000 \div 360) \times 45 \times 60\% \times 10\%$

$=-80.63$（万元）

（3）计算增加的坏账损失

增加的坏账损失$=45\,000 \times (1\% - 1.5\%) = -225$（万元）

（4）计算增加的收账费用

增加的收账费用$=50 - 60 = -10$（万元）

（5）计算增加的折扣成本

增加的折扣成本$=45\,000 \times (20\% \times 2\% + 15\% \times 1\%) = 247.50$（万元）

（6）计算增加的净利润

增加的净利润＝0－［（－80.63）＋（－225）＋（－10）＋247.50］＝68.13（万元）

计算结果表明，实行现金折扣后，企业的收益增加，因此，企业应选择B方案，见表4-7。

表4-7 方案差异分析表 金额单位：万元

信用期方案	A方案	B方案	差异分析
信用条件（天）	N/45	2/10，1/20，N/45	
年赊销额	45 000	45 000	
变动成本率	60%	60%	
机会成本率	10%	10%	
坏账损失率	1.50%	1%	
收账费用	60	50	
贡献毛益	18 000	18 000	0
平均收账期（天）	45	34.25	-10.75
机会成本	337.50	256.88	-80.63
坏账成本	675	450	-225
收账费用	60	50	-10
折扣成本		247.50	247.50
决策相关成本	1 072.50	1 004.38	-68.13
决策	B方案		

注：因四舍五入，部分数据存在尾差。

三、收账政策决策

收账政策是指信用条件被违反时，企业采取的收账策略。企业如果采取较积极的收账政策，可能会减少应收账款，减少坏账损失，但要增加收账成本。制定收账政策就是要在增加收账费用与减少坏账损失、减少应收账款机会成本之间进行权衡，若前者小于后者，则说明制定的收账政策是可取的。

技能点4-3 应收账款的监控

除了进行信用政策决策外，企业还需加强应收账款的日常管理工作，采取有力的措施确保应收账款及时收回。这些措施包括：

一、追踪管理

对企业发生的应收账款，企业需要监督和控制每一笔应收账款和应收账款总额。监督每一笔应收账款的理由是：

第一，在开票或收款过程中可能会发生错误或延迟；

第二，有些客户可能故意拖欠到企业采取追款行动才会付款；

第三，客户财务状况的变化可能会改变其按时付款的能力。

企业也必须对应收账款的总体水平加以监督，因为应收账款的增加会增加企业的机会成本，还可能导致额外融资的需要。此外，应收账款总体水平的显著变化可能表明业务方面发生了改变，这可能影响公司的融资需要和现金水平。企业管理部门需要分析引起这些变化的具体原因并采取相应的管理措施。会引起应收账款重大变化的事件包括销售量的变化、季节性、信用标准政策的修改、经济状况的波动以及竞争对手采取的促销等行动。对应收账款总额进行分析还有助于预测未来现金流入的金额和时间。

二、账龄分类管理

应收账款账龄分类管理是指按应收账款的账龄结构进行分类，并按不同的类别实施不同的管理工作。一般而言，账款的逾期时间越长，收回的可能性越小，发生坏账损失的可能性相对越高；反之，收账的难度及发生坏账损失的可能性也就越低。假定信用期为60天，表4-8中的账龄分析表反映出该企业19%（8%+11%）的应收账款为逾期账款。对逾期的不同客户，应采用不同的催账策略与措施。

表4-8　　账龄分析表

账龄	应收账款金额（元）	占应收账款总额的百分比
0～30天	560 000	50%
31～60天	350 000	31%
61～90天	89 000	8%
91天以上	125 000	11%
合计	1 124 000	100%

三、收现保证率分析

应收账款收现保证率是为了满足现金支付，需要收回的应收账款占应收账款总额的百分比。如果该比率为30%，其含义就是企业应收账款至少要收回30%，才能满足当期现金支付的需要。它是衡量企业资金收支平衡的重要指标。其计算公式为：

$$\text{应收账款收现保证率}=\left(\text{当期必要的现金支付总额}-\text{当期其他稳定可靠的现金流入总额}\right)\div\text{当期应收账款总额}\times 100\%$$

【做中学4-16】西北公司预计当期必须以现金支付的款项有：支付工人工资29万元；应纳税款8万元；支付应付账款18万元；其他现金支出5万元；预计该期稳定的现

金收回数是20万元；应收账款余额为160万元。请分析该公司当期至少要收回多少应收账款才能满足资金的需求。

应收账款收现保证率＝（29＋8＋18＋5－20）÷160×100%＝25%

计算结果表明，该企业当期必须收回25%的应收账款，才能最低限度保证当期必要的现金支出，否则，企业就有可能陷入支付危机。

任务四　存货管理

存货是指企业在生产经营过程中为销售或者耗用而储备的物资，包括材料、燃料、低值易耗品、在产品等。企业保持充足的存货，可以节约采购费用、可以保证生产经营的需要、可以避免因存货不足带来的机会损失。但是，过多的存货要占用较多的资金，会增加包括仓储费、保险费、维护费、管理人员工资在内的各项开支而降低企业的效益。

存货管理的目标就是要尽力在各种存货成本与存货效益之间作出权衡，达到两者的最佳结合。

知识点4-11　存货的成本

与存货管理决策有关的成本，包括取得成本、储存成本、缺货成本。

一、取得成本

取得成本指为取得某种存货而发生的成本，通常用TC_a来表示。其又分为订货成本和购置成本。

（一）订货成本

订货成本指取得订单的成本，如办公费、差旅费、通讯费、运输费等支出。订货成本中有一部分与订货次数无关，如常设采购机构的基本开支等，称为固定的订货成本，用F_1表示；另一部分与订货次数有关，如差旅费、邮资等，称为订货的变动成本，每次订货的变动成本用K表示；订货次数等于存货年需要量D与每次进货量Q之商。订货成本的计算公式为：

$$订货成本 = 固定的订货成本 + 变动的订货成本 = F_1 + \frac{D}{Q}K$$

（二）购置成本

购置成本指为购买存货本身所支出的成本，即存货本身的价值，经常用数量与单价的乘积来确定。若年需要量用D表示，单价用U表示，则购置成本为DU。

订货成本加上购置成本，就等于存货的取得成本。其公式可表达为：

取得成本＝订货成本＋购置成本＝固定的订货成本＋变动的订货成本＋购置成本

$$TC_a = F_1 + \frac{D}{Q}K + DU$$

二、储存成本

储存成本指为保持存货而发生的成本，包括存货占用资金所应计的机会成本、仓储费用、保险费用、存货破损和变质损失等，通常用TC_c来表示。

储存成本也分为固定储存成本和变动储存成本。在一定范围之内，固定储存成本与存货数量的多少无关，如仓库折旧、仓库职工的固定工资等，常用F_2表示。变动储存成本与存货的数量有关，如存货占用资金的机会成本（如丧失的利息收入等）、存货的破损和变质损失、存货的保险费用等，若单位变动储存成本用K_c来表示，用公式表达的储存成本为：

储存成本＝固定储存成本＋变动储存成本

$$TC_c = F_2 + K_c\frac{Q}{2}$$

三、缺货成本

缺货成本指由于存货供应中断而造成的损失，包括材料供应中断造成的停工损失、产成品库存短缺而丧失销售机会的损失等。缺货成本能否作为决策相关成本，应视企业是否允许出现存货短缺的不同情形而定。若允许缺货，则缺货成本高低与决策相关，为决策相关成本；若不允许缺货，则此时的缺货成本为零，与决策无关，为无关成本，也就无须考虑其对决策的影响。缺货成本用TC_s表示。

如果以TC来表示存货总成本，它的计算公式为：

$$TC = TC_a + TC_c + TC_s = F_1 + \frac{D}{Q}K + DU + F_2 + K_c\frac{Q}{2} + TC_s$$

企业存货管理优化，就是使企业存货总成本TC值最小。

需要注意的是，在短期决策中，固定成本通常是沉没成本，即已经发生且不可改变的成本，对当前的存货管理决策（如采购量、补货策略等）没有直接影响。例如，仓库租金是固定的，在仓库的容量范围之内，无论采购多少存货，租金都不会改变。在这种情况下，决策者更关注与存货数量直接相关的变动成本。此时，固定成本就属于与决策无关的成本了。

技能点4-4　最优存货量的确定

微课

经济订货批量基本模型

存货管理的决策通常会涉及四项内容：决定进货项目、选择供应单位、决定进货时间和决定进货批量。按照存货管理的目的，需要确定合理的进货批量和进行进货时间的控制，使存货的总成本最低，这个批量就是经济订货量或经济订货批量，它主要采取经济订货批量模型加以计算确定。

一、经济订货批量模型

（一）经济订货批量基本模型

经济订货批量是指在一定时期内能够使存货决策的相关总成本达到最低点的进货数量。通过对存货的成本分析可知，决定经济订货批量的成本因素主要包括变动成本（变动订货成本和变动储存成本）以及允许缺货时的缺货成本。固定成本由于在一定的范围内固定不变，属于决策的无关成本。因此，在决策时可以不予考虑。

经济订货批量基本模型是基于以下假设建立的：

（1）企业能够及时补充存货，即需要订货时便可立即取得存货；

（2）能集中到货，而不是陆续入库；

（3）不允许缺货，即无缺货成本；

（4）存货需求量稳定，并且能预测；

（5）存货单价不变，且不存在数量折扣；

（6）企业现金充足，不会因现金短缺而影响进货；

（7）所需存货市场供应充足，不会因买不到需要的存货而影响其他经营活动。

由于企业不允许缺货，即每当存货数量降至零时，下一批订货便会随即全部购入，故不存在缺货成本。此时与存货经济订货批量直接相关的成本就只有变动订货成本和变动储存成本两项。即：

存货相关总成本＝变动订货成本＋变动储存成本

$$TIC = K \times \frac{D}{Q} + \frac{Q}{2} \times K_c$$

式中：TIC——与订货批量有关的存货总成本；D——每期对存货的总需求；Q——每次订货批量；K——每次订货成本；K_c——单位存货储存成本。

不同的成本项目与进货批量呈现着不同的变动关系。如变动储存成本随着订货量的增加而增加，而变动订货成本却与订货批量呈反向变化，如图4-8所示。

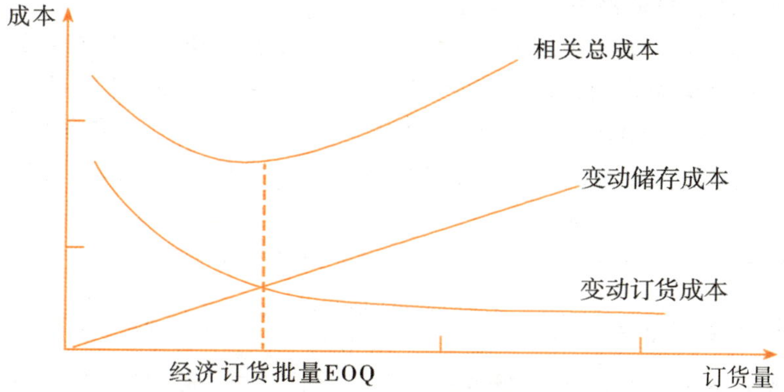

图4-8　存货成本关系图

从图4-8中可以看出，当变动订货成本与变动储存成本相等时，存货相关总成本最低，此时的进货批量即为经济订货批量。所以有：

$$经济订货批量EOQ=\sqrt{\frac{2DK}{K_c}}$$

$$经济订货批量的存货相关总成本TIC=\sqrt{2KDK_c}$$

【做中学4-17】东海公司每年耗用甲材料200 000千克，该材料单位采购成本为100元/千克，单位年存储成本为0.8元/千克，平均每次订货成本为200元。则：

$$经济订货批量EOQ=\sqrt{\frac{2\times 200\,000\times 200}{0.8}}=10\,000(千克)$$

$$经济订货批量的存货相关总成本TIC=\sqrt{2\times 200\,000\times 200\times 0.8}=8\,000(元)$$

计算结果表明，当订货批量为10 000千克时，变动订货成本与变动储存成本总额最低。

（二）实行商业折扣的经济订货批量模型

为了鼓励客户购买更多的商品，销售企业通常会实行商业折扣，即购买越多，所获得的价格优惠越大。此时，进货企业对经济订货批量的确定，除了考虑变动储存成本和变动订货成本外，还应考虑存货的进价。因为此时的存货进价已经与进货的数量大小有了直接联系，属于购货决策的相关成本。所以，存在商业折扣情况下的存货相关总成本公式为：

存货相关总成本＝存货进价＋相关订货成本＋相关储存成本

式中：相关订货成本与相关储存成本，依然是变动成本。其相应的固定成本，由于在一定范围内是固定不变的，属于与决策无关的成本，所以，不纳入管理决策范围。

如果销售企业给予商业折扣的进货批量为一个区间范围，如进货数量在1 000～1 999千克之间可享受2%的价格优惠，此时应按给予商业折扣的最低进货批量，即按1 000千克计算存货相关总成本。

【做中学4-18】江北公司A材料的年需要量为80 000千克，每千克标准价格为4元。供货商规定：客户每批购买量不足20 000千克的，按照标准价格计算；每批购买量20 000千克以上，40 000千克以下的，价格优惠2%；每批购买量40 000千克以上的，价格优惠3%。已知每批订货成本为500元，单位材料的年储存成本为0.8元。

要求：确定A材料的经济订货批量。

在存在商业折扣的情况下，企业实际上面临着三种选择：一是不享受折扣，即按照基本模型计算出的批量采购；二是享受2%的折扣，按照20 000千克的批量采购；三是享受3%的折扣，按照40 000千克的批量采购。需注意的是，在有商业折扣的情况下，存货进价已经成了决策相关成本了。因此，确定经济订货批量，需要比较这三个方案的相关总成本，最低的即为经济订货批量。

首先，计算按经济订货批量基本模型确定的经济订货批量。

$$经济订货批量EOQ=\sqrt{\frac{2DK}{K_c}}=\sqrt{\frac{2\times 80\,000\times 500}{0.8}}=10\,000(千克)$$

每次进货10 000千克时：

$$\begin{aligned}年存货相关总成本&=80\,000\times 4+80\,000\div 10\,000\times 500+10\,000\div 2\times 0.8\\&=328\,000\text{（元）}\end{aligned}$$

其次，再计算享受商业折扣的经济订货批量。

当每次进货20 000千克时：

年存货相关总成本=80 000×4×（1－2%）+80 000÷20 000×500+20 000÷2×0.8

=323 600（元）

当每次进货40 000千克时：

年存货相关总成本=80 000×4×（1－3%）+80 000÷40 000×500+40 000÷2×0.8

=327 400（元）

通过比较发现，每次进货为20 000千克时的存货相关总成本最低，所以最佳经济订货批量为20 000千克。

技能点4-5　再订货点的确定

为了保证生产和销售正常进行，企业在材料用完之前就需要开始办理订货手续。这时，就涉及再订货点、订货提前期的问题。此外，为了应对耗用量突然增加或交货延期等意外情况造成的缺货，企业还需考虑保险储备量的问题。相关的计算公式如下：

再订货点=订货提前期×每日平均消耗量+保险储备量

保险储备量=（预计每天的最大耗用量－平均每天的正常耗用量）×正常订货提前期

【做中学4-19】江北公司A材料年需要量为180 000千克，企业订购A材料从发出订单到验收入库需要5天时间，预计每天最大耗用量为700千克。请问，该公司在库存量达到多少时就应该向供应商订货？

该企业对A材料全年日均消耗量=180 000÷360=500（千克）

在订货期内应准备的保险储备量=（700－500）×5=1 000（千克）

再订货点=500×5+1 000=3 500（千克）

也就是说，当该企业的A材料库存数量降至3 500千克时，就需要发出订货指令。从图4-9中可以看出，在订货点时发出订货指令，等所订原材料到达，原库存材料正好消耗至保险储备量。

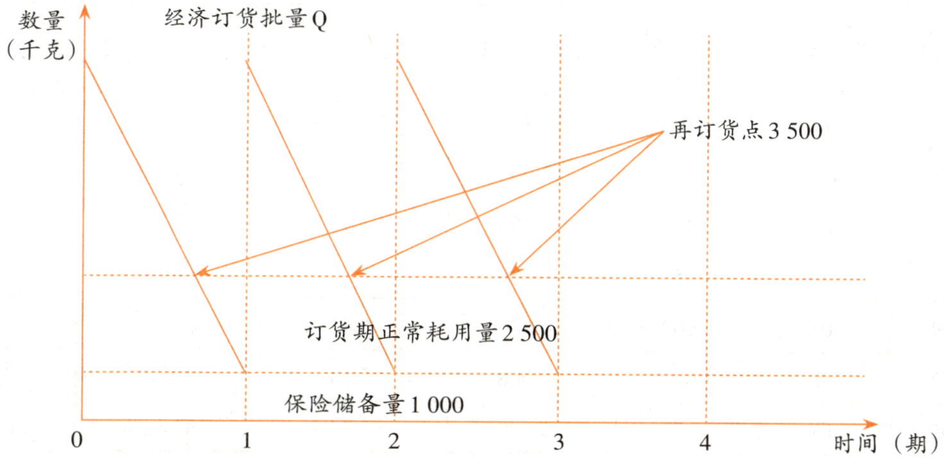

图4-9　再订货点与订货提前期

但是，有了保险储备，尽管可以使企业减少缺货或供应中断造成的损失，但存货的储备成本却会因此而升高。所以，在实务中还需要确定合理的保险储备量，使缺货或供应中断损失和储备成本之和最小。

技能点4-6 ABC分类法的应用

当企业的存货品种繁多，存量多寡不一，价值差异大时，对所有存货均事无巨细地采用严格的控制方法显然是不符合成本效益原则的。有的存货尽管品种数量多，但金额微小，即使管理中出现一些问题，也不会给企业带来较大的影响。有的存货数量少，但金额巨大，稍有不慎将会给企业带来极大的损失。因此，企业对存货的管理需要分清主次，突出重点，提高存货资金管理的整体效果。

ABC分类法是按照一定的标准，将企业的存货划分为A、B、C三类，其中，A类存货的特点是价值高，但品种数量较少；B类存货价值一般，品种数量较多；C类存货品种数量繁多，但价值却很低。存货ABC分类的标准主要有两个：一是金额标准；二是数量标准。其中金额标准是最基本的，数量标准仅作为参考。通常将累计金额比重达到70%～80%的存货划分为A类，在10%～20%区间的存货划分为B类，在10%左右的存货划分为C类。具体操作时可参考表4-9中的标准进行划分。

表4-9 存货ABC分类参考标准

划分标准	A类	B类	C类
金额标准	70%	20%	10%
数量标准	10%	20%	70%

【做中学4-20】西部公司一车间生产需要13种零件存货项目，年消耗量在150万元左右。所有零部件均从外界购入，其单位成本及全年平均耗用量的资料见表4-10。

表4-10 西部公司存货ABC分类分析表 金额单位：元

存货编号	单位成本	全年平均耗用量	耗用总成本	金额比重	累计金额比重	分类
#807	60	429	25 740	26.32%	26.32%	A
#803	88	250	22 000	22.49%	48.81%	A
#804	22	375	8 250	8.44%	57.25%	A
#813	2	3 750	7 500	7.67%	64.92%	A
#809	10	667	6 670	6.82%	71.74%	B
#812	2	3 000	6 000	6.13%	77.87%	B
#805	15	375	5 625	5.75%	83.62%	B
#811	5	1 000	5 000	5.11%	88.73%	B

续表

存货编号	单位成本	全年平均耗用量	耗用总成本	金额比重	累计金额比重	分类
#808	5	643	3 215	3.29%	92.02%	C
#801	20	150	3 000	3.07%	95.09%	C
#810	90	20	1 800	1.84%	96.93%	C
#802	8	188	1 504	1.54%	98.47%	C
#806	4	375	1 500	1.53%	100.00%	C
合计			97 804	100.00%		

要求：采用ABC分类法对一车间的存货进行分类管理。

分析提示：ABC分类法可以按以下操作步骤进行：首先列示出企业全部存货的明细表，计算出每种存货的价值总额及其占全部存货金额的比重；其次，以金额为标志由大到小进行排序并累加金额百分比，当金额百分比累加到70%左右时，被累计的存货划分为A类；百分比介于70%~90%的存货划分为B类，其余的作为C类。

通过对存货进行ABC分类，可以使企业分清主次，采取不同的对策进行有效的管理、控制。

对于A类存货要作为管理的重点。要制订准确的需求预测和详细的采购计划，要实施经济订货批量订货；在保证生产的前提下，应尽可能地减少库存，节约流动资金；要采用永续盘存制记录存货增减变化；要确保其记录的准确性，应对它们进行定期与不定期相结合的盘点工作。

对于B类存货，原则上也要事先为每个存货项目计算经济订货批量、加强采购管理；在力所能及的范围内，适度减少库存；定期地开展检查与盘点工作，确保账实一致。

对于C类存货，由于其数量多，价值低，因而无须逐项计算经济订货批量，可以酌量增加每次的订货量，减少每年订货次数；不必采用永续盘存制记录；可选择简易的“双货箱法”或“警告线法”进行日常控制，前者适用于铁钉、螺丝等固定材料，后者适用于液体材料。

拓展阅读

假设你是企业的高级管理人员，请阅读以下材料，谈谈解决问题与企业运营管理的关系。

历史总是在不断解决问题中前进

中共中央办公厅印发了《关于在全党大兴调查研究的工作方案》，并发出通知，要求各地区各部门结合实际认真贯彻落实。

习近平总书记在党的二十大报告中指出："问题是时代的声音，回答并指导解决问题是理论的根本任务。"进入全面建设社会主义现代化国家新征程，我国发展面临新的战略机遇、新的战略任务、新的战略阶段、新的战略要求、新的战略环境。世界百年未有之大变局加速演进，国内改革发展稳定面临不少躲不开、绕不过的深层次矛盾，迫切需要通过调查研究把握事物的本质和规律，找到破解难题的办法和路径。历史总是在不断解决问题中前进的。

把大兴调查研究作为主题教育的重要内容，坚持党的群众路线，坚持实事求是，坚持问题导向，坚持攻坚克难，坚持系统观念，以解决问题为根本目的，真正把情况摸清、把问题找准、把对策提实，使调查研究同中心工作和决策需要紧密结合起来，更好地为科学决策服务，为提高党的执政能力和领导水平服务，为完成新时代新征程的使命任务服务。

年轻干部要在调查研究中练就"硬脊梁、铁肩膀、真本事"。大兴调查研究，是我们党应对新时代新征程风险挑战、推动高质量发展的"先手棋"，也是年轻干部在火热实践中练就"七种能力"的必修课：

1. 提高政治能力：善于从党和人民的立场、党和国家工作大局出发想问题、作决策。

2. 提高调查研究能力：坚持眼睛向下、脚步向下，把事情的真相和全貌调查清楚。

3. 提高科学决策能力：用好交换、比较、反复的方法，把调研成果转化为科学决策。

4. 提高改革攻坚能力：聚焦卡点堵点，敢于涉险滩、啃硬骨头。

5. 提高应急处突能力：在一线真刀真枪磨砺"草摇叶响知鹿过、松风一起知虎来"的见微知著能力。

6. 提高群众工作能力：把"问题清单"变为"幸福账单"，用群众获得感检验调研成效。

7. 提高抓落实能力：发扬钉钉子精神，一锤接着一锤敲，确保党中央决策部署落地见效。

"一语不能践，万卷徒空虚。"在新时代新征程上，只有坚持问题导向，把大兴调查研究作为转变工作作风、密切联系群众、提高履职本领、强化责任担当的有效途径，才能在危机中育先机、于变局中开新局，不断把新时代中国特色社会主义事业推向前进。

资料来源：根据中共中央办公厅印发的《关于在全党大兴调查研究的工作方案》（2023年3月）整理。

职业能力测试

一、判断题

（　　）1. 采用ABC法对存货进行控制时应重点控制A类存货，A类存货属于金额较多、品种数量较少的存货。

（ ）2.如果企业的借款能力较强，保障程度较高，则可适当增加预防性现金的数额。

（ ）3.如果公司管理政策趋于保守，就会选择较低的流动资产水平。

（ ）4.企业的信用标准严格，将提高应收账款周转率，将有利于增加企业的销售收入。

（ ）5.现金的管理成本是相对固定的，所以在确定最佳现金持有量时，可以不考虑它的影响。

二、单项选择题

1.某企业以长期筹资方式满足非流动资产、永久性流动资产和部分波动性流动资产的需要，短期筹资仅满足剩余的波动性流动资产的需要，该企业所采用的流动资产筹资策略是（ ）。

A.激进型筹资策略　　B.稳健型筹资策略

C.配合型筹资策略　　D.期限匹配型筹资策略

2.在营运资金管理中，企业将“从收到尚未付款的材料开始，到以现金支付该货款止所用的时间”称为（ ）。

A.现金周转期　　B.应付账款周转期

C.存货周转期　　D.应收账款周转期

3.在允许缺货的情况下，经济订货批量是使（ ）的订货批量。

A. 订货成本与储存成本之和最小

B. 订货成本等于储存成本

C. 订货成本、储存成本与短缺成本之和最小

D. 进货成本等于储存成本与短缺成本之和

4.某企业全年必要现金支付额为2 000万元，除银行同意在10月份贷款500万元外，其他稳定可靠的现金流入为700万元，企业应收账款总额为2 000万元，则应收账款收现保证率为（ ）。

A.25%　　B.40%　　C.75%　　D.100%

5.采用ABC法对存货进行控制时，应当重点控制的是（ ）。

A.数量较多的存货　　B.占用资金较多的存货

C.品种较多的存货　　D.库存时间较长的存货

三、多项选择题

1.下列各项中，影响预防性现金需求数额的因素有（ ）。

A.企业临时融资的能力　　B.企业预测现金收支的可靠性

C.金融市场上的投资机会　　D.企业愿意承担短缺风险的程度

2.持有过量现金可能产生的影响有（ ）。

A.资产报酬率下降　　B.资产流动性下降

C.现金持有成本上升　　D.资产周转率下降

3.应收账款周转率提高意味着（ ）。

A. 销售成本降低

B. 短期偿债能力增强

C. 维持一定销售额所占用的资金水平较低

D. 赊账业务减少

4.下列各项中，属于存货储存成本的有（　　）。

A.存货占用资金的机会成本　　B.紧急额外购入成本

C.存货的破损变质损失　　D.存货的保险费用

5.用存货模式分析确定最佳现金持有量时，应予考虑的成本费用项目有（　　）。

A.现金管理费用　　B.现金与有价证券的转换成本

C.持有现金的机会成本　　D.现金短缺成本

四、简答题

1. 既然现金是流动性最强的非盈利性资产，企业为什么又要持有现金呢？

2. 如果某企业拟将信用条件“1/10，2/20，N/30”改为“1/20，2/30，N/60”，会引起应收账款哪些成本的变化？更改决策的主要依据是什么？

3. 存货ABC分类法的分类标准是什么？如何进行存货的ABC分类，对各类存货应如何进行管理？

五、案例题

1. 华北公司预测2025年赊销额为6 000万元，其信用条件是“N/30”，变动成本率为60%，资金成本率为10%。

（1）该企业拟将信用条件放宽到“N/90”，由于改变了信用期，坏账损失将从2%上升到5%，收账费用从40万元上升到82万元，销售额上升至9 000万元。

（2）预期该企业每个季度必须以现金支付的款项有：支付工人工资350万元，应纳税款35万元，支付应付账款260万元，其他现金支出30万元。预计每个季度稳定的现金收回额是70万元。信用期扩展后，应收账款每季度平均余额为2 250万元。

思考：

（1）请你描述一下应收账款的功能，持有应收账款会发生哪些成本？对应收账款管理决策的基本原则是什么？

（2）该公司是否需要将信用期从30天放宽至90天，为什么？

（3）请分析该公司每个季度至少要收回多少应收账款才能满足各个季度的资金需求。

2. 东海公司每年耗用A种材料512 000千克，该材料单位采购成本为80元，单位存储成本为2元，平均每次进货费用为320元。

思考：

（1）与持有存货相关的成本主要有哪些？在经济订货批量的基本模型中，为什么不考虑存货的购置成本以及固定的订货成本、固定的储存成本？

（2）在经济订货批量的基本模型中，与决策相关的存货成本包括哪两类，它们之间呈现出何种关系？

（3）请你根据存货的经济订货批量模型计算出东海公司最佳经济订货批量、与经济订货批量有关的存货总成本、经济订货批量下的平均资金占用以及年度进货次数。

（4）在存在商业折扣的情况下，该如何确定经济订货批量？

项目五

投资管理

【知识点】

1. 项目投资的特点
2. 项目现金流量
3. 财务评价指标的分类
4. 折现率的确定
5. 证券资产的特点
6. 证券投资的对象
7. 证券投资的目的
8. 证券投资的风险
9. 债券要素

【技能点】

1. 投资回收期的计算与分析
2. 总投资收益率的计算与分析
3. 净现值的计算与分析（微课）
4. 获利指数的计算与分析
5. 内含报酬率的计算与分析（微课）
6. 债券价值的计算与分析（微课）
7. 利率变动对债券估价的影响（微课）
8. 债券存续时间对债券内在价值的影响（微课）
9. 债券投资收益率的计算
10. 股票价值的计算（微课）
11. 股票投资收益率的计算

任务一　项目现金流量的计算

知识点5-1　项目投资的特点

项目投资是以特定项目为对象，直接与新建项目或更新改造项目有关的长期投资行为。其中，新建项目属于扩大再生产，更新改造项目属于简单再生产。它通常包括固定资产投资、无形资产投资和流动资产投资等内容。一个完整的项目投资管理包括项目的提出、评价、决策、实施等一系列的管理，本章将主要阐述项目的财务评价管理。

一般来说，项目投资有下列主要特点：

（1）投资金额大。项目投资，尤其是工业新建项目投资，往往需要大量的现金流出。因此，项目投资对企业未来的财务状况和现金流量都会产生重大的影响。

（2）投资回收期长。项目投资往往规模较大，发挥作用时间长，回收期也长，短则几年，长则几十年，是一项长期投资。

（3）变现能力差。项目投资以特定项目为投资对象，一般不准备在一年或一个营业周期内变现。

（4）投资风险大。项目投资风险大，一方面是因为项目投资金额大、固定成本高，回收期长；另一方面是因为影响项目投资未来收益的不确定性因素有很多。

【做中学5-1】（多选题）海星电器发布2024年年报，宣布本期利润不分红。年报中对未来资金的用途做了补充说明，提到“根据2025年经营计划和远期产业规划，预计未来在产能扩充及多元化拓展方面的资本性支出较大，为谋求公司长远发展及股东长期利益，需做好相应的资金储备，留存资金将用于生产基地建设、智慧工厂升级，以及智能装备、智能家电、集成电路等新产业的技术研发和市场推广”。下列说法中，你认为正确的有（　　）。

A.智能装备、智能家电、集成电路等新产业的投资属于企业的项目投资

B.项目投资需要巨额的资金储备

C.项目投资风险大

D.项目投资决策会影响到企业的分红政策

参考答案：ABCD。

知识点5-2 项目现金流量

一、现金流量的概念

现金流量，是指一个投资项目引起的企业现金流出和现金流入的数量。企业无论是把资金投在企业内部形成各种资产，还是投向企业外部形成对外投资，都需要以现金流量为对象进行可行性分析。现金流量是评价投资方案是否可行时必须事先计算的一个基础性数据。

企业在未来一定期间所发生的现金收支，叫作现金流量。其中，现金收入称为现金流入量，现金支出称为现金流出量；现金流入量与现金流出量相抵后的余额，称为现金净流量。在一般情况下，投资决策中的现金流量通常指现金净流量。这里所谓的现金既指库存现金、银行存款等货币资金，也指相关的非货币性资产的变现价值。

【做中学5-2】（多选题）在一般情况下，投资决策中的现金流量通常指现金净流量。投资决策中的现金包括（　　）。

A.库存现金　　B.设备的变现价值

C.相关非货币性资产的账面价值　　D.银行存款

参考答案：ABD。

二、现金流量的内容

投资决策中的现金流量一般包括投资期现金流量、营业期现金流量和终结期现金流量三部分内容。

（一）投资期现金流量

投资阶段的现金流量主要是现金流出量，即在该投资项目上的原始投资，包括在长期资产上的投资和垫支的营运资金。一般情况下，初始阶段的固定资产的原始投资通常在年内一次性投入，如果原始投资不是一次性投入（如在建工程），则应把投资归属于不同的投入年份中。

该阶段的现金流量，一般包括以下内容：

（1）长期资产投资，含更新改造投资。其包括固定资产的购入或建造成本、运输成本、安装成本等。

（2）营运资金垫支，包括对材料、在产品、产成品和现金等流动资产的投资。由于企业营业规模扩大后，应付账款等结算性流动负债也随之增加，自动补充了一部分日常营运资金的需要。因此，为该投资垫支的营运资金是追加的流动资产扩大量与结算性流动负债扩大量的净差额。

（3）其他投资费用，指与该项目投资有关的职工培训费、谈判费、注册费用等。

（4）原有固定资产变现净收入。其主要是指固定资产更新时原有资产变现的净收入，作为投资额的减项。这里需要注意的是，如果变现收入高于账面价值，将会增加所得税支出，抵减了部分现金流入；若变现收入低于账面价值，则会抵减企业所得税支出，节约部分现金流出，相当于现金流入。

（二）营业期现金流量

营业期现金流量是指投资项目投入使用后，由生产经营带来的现金流入量和现金流出量，这种现金流量一般以年为单位进行计算。其现金流入量一般是指营业额或销售额，在进行投资分析时，不必考虑赊销问题。现金流出量主要是指付现的营运成本，即在生产经营期内发生的用现金支付的成本，不包括折旧与摊销等非付现支出。营业现金净流量，则是指营业期间现金流入量与现金流出量的差额。

营业现金净流量的计算公式为：

$$\text{营业现金净流量}NCF_t = \text{现金流入量} - \text{现金流出量}$$

在考虑所得税因素时，营业现金净流量的计算有三种方法：

1. 根据现金流量的定义计算

$$\text{营业现金净流量} = \text{营业收入} - \text{付现成本} - \text{所得税}$$

2. 根据年末营业结果计算

$$\text{营业现金净流量} = \text{税后净利}+\text{折旧、摊销等非付现成本}$$

3. 根据所得税对收入和折旧的影响计算

营业现金净流量 = 税后净利+折旧、摊销等非付现成本

$$= (\text{收入} - \begin{matrix}\text{付现}\\\text{成本}\end{matrix} - \begin{matrix}\text{折旧、摊销等}\\\text{非付现成本}\end{matrix}) \times (1 - \text{所得税税率}) + \begin{matrix}\text{折旧、摊销等}\\\text{非付现成本}\end{matrix}$$

$$= \begin{matrix}\text{税后}\\\text{收入}\end{matrix} - \begin{matrix}\text{税后付}\\\text{现成本}\end{matrix} + \begin{matrix}\text{折旧、摊销等}\\\text{非付现成本}\end{matrix} \times \text{所得税税率}$$

一般来说，在实务中第三个公式的应用比较广泛。

（三）终结期现金流量

终结期现金流量是指投资项目终结时所发生的现金流量。其主要包括固定资产的变现净收入、固定资产变现净损益对现金净流量的影响和回收的垫支营运资金。

1. 固定资产的变现净收入

投资项目在终结阶段，原有固定资产将退出生产经营，企业对固定资产进行清理处置，形成固定资产的变现净收入，即固定资产出售或报废时的出售价款或残值收入扣除清理费用后的净额。具体的计算公式为：

$$\text{固定资产变现净收入} = \text{出售价款（或残值收入）} - \text{清理费用}$$

2. 固定资产变现净损益对现金净流量的影响

如果（账面价值 - 变价净收入）>0，则意味着发生了变现净损失，可以抵税，减少现金流出，增加项目现金净流量。如果（账面价值 - 变价净收入）<0，则意味着发生了变现净收益，应该纳税，增加现金流出，减少项目现金净流量。具体的计算公式为：

固定资产变现净损益对现金净流量的影响 =（账面价值 − 变价净收入）×所得税税率

3. 回收的垫支营运资金

伴随着固定资产的出售或报废，投资项目的经济寿命结束，企业将与该项目相关的存货出售、收回应收账款、清偿应付账款，项目开始时垫支的营运资金在项目结束时得到回收。

【做中学 5-3】如果某项固定资产的账面价值为 10 万元，清理变现收入为 12 万元，假设变现收益的所得税当期申报缴纳。在所得税税率为 25% 的情况下，该项变现行为给企业带来的变现现金净流量为多少？

变现现金净流量 = 12 −（12 − 10）× 25% = 11.5（万元）

在实务中，各项目的净现金流量，可分别采用列表法和简化法两种方法予以反映。列表法是指通过编制现金流量表来确定项目净现金流量的方法。简化法是指在特定条件下直接利用公式来确定项目净现金流量的方法。

任务二　财务评价指标的计算

知识点 5-3　财务评价指标的分类

财务评价指标，是指用于衡量投资项目财务效益大小和评价投入产出关系是否合理，以及评价其是否具有财务可行性所依据的系列量化指标的统称。它主要包括静态投资回收期、投资收益率、净现值、净现值率和内含报酬率等指标。

上述评价指标可以按以下标准进行分类：

一、静态评价指标与动态评价指标

按照是否考虑资金时间价值分类，可分为静态评价指标和动态评价指标。前者是指在计算过程中不考虑资金时间价值因素的指标，简称为静态指标，包括投资收益率和静态投资回收期；后者是指在计算过程中充分考虑资金时间价值因素的指标，如净现值、内含报酬率等。

二、正向指标与反向指标

按指标性质的不同，可分为正向指标和反向指标。正向指标是指评价指标值在一定范围内越大越好。例如，投资收益率、净现值、内含报酬率等。而反向指标是指评价指标值在一定范围内越小越好，如静态投资回收期。

三、主要指标、次要指标与辅助指标

按指标在决策中的重要性分类，可分为主要指标、次要指标和辅助指标。净现

值、内含报酬率等为主要指标；静态投资回收期为次要指标；总投资收益率为辅助指标。

【做中学5-4】（多选题）投资决策评价指标按重要性可分为主要指标、次要指标和辅助指标。在下列指标中，属于主要指标的有（　　）。

A.净现值　　B.内含报酬率　　C.投资回收期　　D.投资利润率

参考答案：AB。

技能点5-1　投资回收期的计算与分析

投资回收期是指投资项目的未来现金净流量与原始投资额相等时所经历的时间，即原始投资额通过未来现金流量回收所需要的时间。用回收期指标评价方案时，回收期越短越好，它属于反向评价指标。

一、静态投资回收期

静态投资回收期没有考虑货币时间价值，直接用未来现金净流量累计到原始投资数额时所经历的时间作为静态投资回收期。具体计算时，可以分为每年现金净流量相等与不相等两种情况。

（一）未来每年现金净流量相等时

如果某一项目运营期内前若干年每年净现金流量相等，且其合计大于或等于建设期发生的原始投资合计，可按以下公式直接求出静态投资回收期：

$$\text{静态投资回收期（PP}'\text{）}=\frac{\text{建设期发生的原始投资合计}}{\text{运营期内前若干年每年相等的净现金流量}}$$

【做中学5-5】（单选题）某投资项目各年的预计净现金流量分别为：$NCF_0=-200$万元，$NCF_1=-50$万元，$NCF_{2\sim4}=100$万元，$NCF_{5\sim11}=250$万元，$NCF_{12}=150$万元，则该项目包括建设期的静态投资回收期为（　　）。

A.2年　　B.2.5年　　C.3.5年　　D.4年

参考答案：C。

（二）未来每年现金净流量不相等时

在这种情况下，应把未来每年的现金净流量逐年加总，根据累计现金净流量来确定回收期。其原理是当“累计现金净流量首次等于零”时，即为收回全部投资额的时点。如果不能找到累计现金净流量恰好等于零对应的年限，则可以找到累计现金净流量大于零和小于零的相邻两个年限，再通过内插法进行求解。

【做中学5-6】北方公司有一投资项目，需投资160 000元，使用年限5年，每年的现金净流量不相等，有关资料见表5-1。

要求：计算该投资项目的回收期。

从表中的累计现金净流量栏中可以看出，该投资的回收期在第3年与第4年之间。为了计算较为准确的回收期，可以采用内插法求解。

表5-1　**投资项目累计现金净流量**　单位：万元

年份	现金净流量	累计现金净流量
1	30 000	30 000
2	45 000	75 000
3	60 000	135 000
4	50 000	185 000
5	55 000	240 000

$$\frac{(135\,000-160\,000)}{(135\,000-185\,000)}=\frac{(3-X)}{(3-4)}$$

$X=3.5$

即北方公司该项目的投资回收期为3.5年。

运用静态投资回收期法进行决策时，应当先将投资方案的投资回收期与决策者期望的投资回收期进行比较，如果方案的投资回收期小于期望回收期，方案可行；如果方案的投资回收期大于期望回收期，方案不符合企业管理层的投资预期。

一般来讲，静态投资回收期至少要小于项目运行期间的一半，才具有财务上的可行性。

静态投资回收期法的优点是：

① 计算简便，容易掌握，易于采用。

② 在一定程度上反映备选方案的风险程度。一般来讲，投资回收期越短，说明投资方案的风险越小；反之，投资方案的风险则越大。

缺点是：

① 没有考虑资金的时间价值因素。

② 没有考虑回收期满以后继续发生的现金净流量的变化情况，忽视了投资方案整体生命周期的获利能力。

与静态投资回收期对应，若考虑资金时间价值因素，还可以计算出项目的动态投资回收期。动态投资回收期需要将投资引起的未来现金净流量进行贴现，以未来现金净流量的现值等于原始投资额时所经历的时间为动态回收期。其求解原理类似于资金时间价值中已知现值、终值、贴现率等因素求期限，在此不再重述。在Excel中，可以利用NPER函数进行快速求解。

技能点5-2　总投资收益率的计算与分析

总投资收益率，又称投资报酬率，是指正常年份的年息税前利润或运营期年均息税前利润占项目总投资的百分比。其计算公式为：

总投资收益率 = 年息税前利润或年均息税前利润÷项目总投资×100%

当各年息税前利润不相等时，采用年均息税前利润计算，项目总投资等于原始投资加上建设期的资本化利息。

【做中学5-7】北方公司有一工业项目的初始投资额为600万元；建设期2年，建设期发生的与购建固定资产有关的资本化利息为15万元，项目运营期5年，项目投产后每年的息税前利润分别为50万元、55万元、60万元、68万元、64万元。

要求：请计算该项目的投资收益率指标，为决策提供参考依据。

总投资收益率 = ［（50+55+60+68+64）÷5］÷（600+15）×100% = 9.66%

总投资收益率的优点是计算公式简单。其主要缺点是没有考虑资金时间价值因素，不能正确反映建设期长短等条件对项目的影响。在决策时，只有总投资收益率大于或等于基准投资收益率时，项目才能达到管理层的投资预期。

知识点5-4　折现率的确定

在财务评价中，折现率是指计算动态评价指标所依据的一个重要参数。折现率可以参考以下方法确定：

（1）以市场利率为标准。资本市场的市场利率是整个社会投资报酬率的最低水平，一般可以视为要求的最低报酬率。

（2）以拟投资项目所在行业的加权平均资金成本为标准，以获得行业平均报酬水平作为决策参考依据。

（3）以投资者希望获得的预期最低投资报酬率为决策参考标准。

【做中学5-8】（多选题）项目投资决策中选择折现率的基本原则有（　　）。

A. 不低于投资的机会成本

B. 行业平均收益率可作为折现率的重要参考指标

C. 可以任意选择

D. 可以低于国库券利率

参考答案：AB。

技能点5-3　净现值的计算与分析

微课

净现值的计算与分析

净现值（NPV）是将投资项目在整个计算期内各个不同时点上产生的现金净流量，按照同一折现率折算的现值，与投资额的现值之间的差额。其计算公式为：

净现值 = $\sum$生产经营期各年现金净流量的现值 − $\sum$投资额的现值

净现值是一个正向指标，该指标越大，说明投资方案给投资者带来的剩余收益越大；该指标越小，则说明投资方案给投资者带来的剩余收益越小；该指标值若小于零，则意味着该投资方案不能达到投资者预期的投资报酬率。净现值的经济含义是投资方案报酬超过投资者期望报酬后的剩余收益。

采用净现值法决策的标准是：

净现值>0时，意味着项目实际报酬率将高于期望报酬率，则方案可行；

净现值 = 0时，意味着项目实际报酬率将等于期望报酬率，则方案可行；

净现值<0时，意味着项目实际报酬率将小于期望报酬率，则方案不可行。

【做中学5-9】假设北方公司的资本成本为10%，某投资项目的各年现金流量估计值见表5-2。

表5-2　投资项目现金流量预测值及净现值计算表　　金额单位：万元

年份	净利	折旧	现金流量	（P/F，10%，N）	现值
0			−30 000	1	−30 000
1	−4 000	8 000	4 000	0.9091	3 636.40
2	6 500	8 000	14 500	0.8264	11 982.80
3	6 500	8 000	14 500	0.7513	10 893.85
合计	9 000	24 000	3 000		−3 486.95

净现值 = 4 000 ×（P/F，10%，1）+ 14 500 ×（P/F，10%，2）+ 14 500 ×（P/F，10%，3）− 30 000

= 4 000×0.9091 + 14 500 × 0.8264 + 14 500 × 0.7513 − 30 000

= − 3 486.95（万元）

该项目的净现值<0，意味着项目实际报酬率将小于资本成本10%，未能达到投资预期，故应放弃该项目的投资。

【技能拓展】

用NPV函数计算净现值

在Excel中，也可以用NPV函数根据现金流计算净现值。只要在单元格中录入“=NPV（10%，D6：D8）+D5”，其中，10%为资本成本率，D6：D8为项目投资后产生现金流所在的单元格区域，D5为项目投资金额，用负号表示，代表资金流出。计算的结果为−3 486.95万元，如图5-1所示。

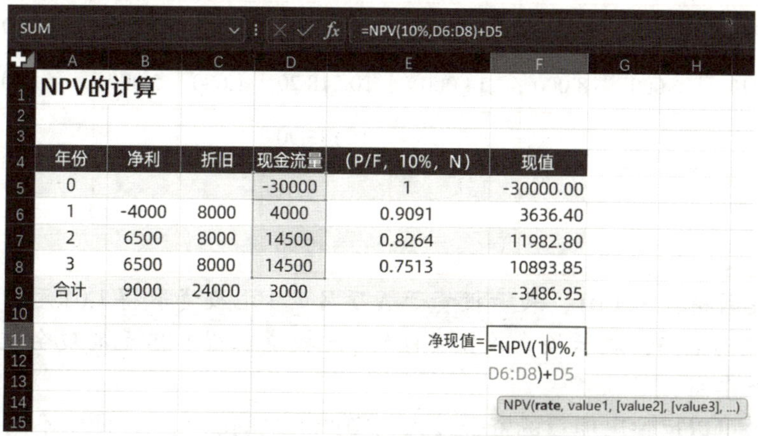

图5-1　用NPV函数计算净现值

净现值法的主要优点有：一是考虑了资金的时间价值；二是考虑了项目计算期全部的净现金流量；三是考虑了一定的投资风险。主要缺点是：一是不能直接反映投资项目的实际收益率水平；二是各项目投资额不等时无法确定不同投资方案的优劣。

技能点5-4 获利指数的计算与分析

如果不同的项目投资方案的初始投资额不相同，那么，就不能直接根据净现值的大小判断投资方案的优劣。为了筛选出最符合投资者投资预期的方案，可以采用获利指数法。

获利指数是指投资项目未来现金流量的现值与初始投资额现值的比值。其计算公式如下：

获利指数（PI）= 投产后各年净现金流量的现值合计 ÷ ∑初始投资的现值

利用该指标进行投资项目决策的标准是：如果投资方案的获利指数大于或等于1，该方案为符合投资者预期的可行方案；如果获利指数小于1，则方案不可行；若存在几个互斥方案，则获利指数大于1且获利指数最大的投资项目为最优方案，因为这意味着在单位投资上可以获得更高的回报。

【做中学5-10】表5-3中北方公司的A、B两个项目的净现值都大于零，按照净现值的评价原理，两个项目都符合投资者的投资预期。但是，如果企业只能在两个项目中选择一个方案进行投资，该如何进行决策？

表5-3 不同投资项目的比较

金额单位：万元

年份	复利现值系数	A项目				B项目			
		净利	折旧	现金流量	现值	净利	折旧	现金流量	现值
0	1			(25 000)	(25 000)			(15 000)	(15 000)
1	0.9091	(1 000)	8 000	7 000	6 363.70	1 000	5 000	6 000	5 454.60
2	0.8264	2 000	8 000	10 000	8 264	1 500	5 000	6 500	5 371.60
3	0.7513	6 000	8 000	14 000	10 518.20	1 600	5 000	6 600	4 958.58
三年现金流入现值合计					25 145.90				15 784.78
获利指数					1.01				1.05
净现值					145.90				784.78

A项目获利指数为1.01，表示投资于A项目的1元投资取得1.01元的现金流入。B项目获利指数为1.05，表示投资于B项目的1元投资取得1.05元的现金流入。所以，B项目的投资效率高。

获利指数可以反映出项目的资金投入与净产出之间的关系，便于不同投资方案的比较。但是，它无法直接反映投资项目的实际收益率。

技能点5-5　内含报酬率的计算与分析

如果需要反映投资项目的实际收益率，我们可以通过内含报酬率的计算来实现。

微课

内含报酬率的计算与分析

内含报酬率（IRR），即指项目投资实际可望达到的收益率。实质上，它是使项目的净现值等于零时的折现率。即：

$$\sum NCF_n \times (P/F, IRR, n) = 0$$

式中：IRR为内含报酬率。在实际计算过程中，若项目投产后的各期营业现金净流量不相等，则需要采用逐次测试法测试出使项目净现值等于零时的IRR。若不能直接找到使项目净现值等于零的IRR，则再采用内插法计算出IRR。

【做中学5-11】我们以北方公司的A项目为例，当折现率为10%时，A项目的净现值为正数，说明它的内含报酬率大于10%。当折现率为14%时，净现值为-1 714.60万元，偏差过大，再以12%的折现率进行测试，净现值为-812.50万元，见表5-4。显然，该项目的内含报酬率在10%与12%之间。因此，采用内插法进行求解，如图5-2所示。

表5-4　A项目内含报酬率的测试　金额单位：万元

年份	现金流量	(P/F，10%，n)		(P/F，14%，n)		(P/F，12%，n)	
		折现系数	现值	折现系数	现值	折现系数	现值
0	(25 000)	1	(25 000)	1	(25 000)	1	(25 000)
1	7 000	0.9091	6 363.70	0.8772	6 140.40	0.8929	6 250.30
2	10 000	0.8264	8 264.00	0.7695	7 695.00	0.7972	7 972.00
3	14 000	0.7513	10 518.20	0.6750	9 450.00	0.7118	9 965.20
	净现值		145.90		-1 714.60		-812.50

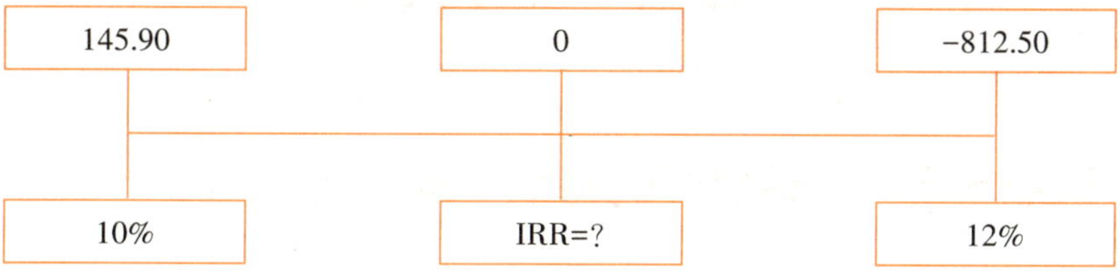

图5-2　利用内插法求解IRR

根据图5-2中各段的等比关系，有：

$(12\% - IRR) \div (12\% - 10\%) = (-812.50 - 0) \div (-812.50 - 145.90)$

所以，内含报酬率IRR = 10.30%。

计算结果说明，该项目实际收益率为10.30%。若基准收益率为10%，显然该项目符合管理层的目标。

【技能拓展】

用IRR函数计算内含报酬率

在Excel中，也可以用IRR函数根据现金流计算内含报酬率。只要在单元格中录入“=IRR（B6：B9）”，其中，B6：B9为项目现金流所在的单元格区域，资金流出用负号表示。计算的结果为10.30%，如图5-3所示。

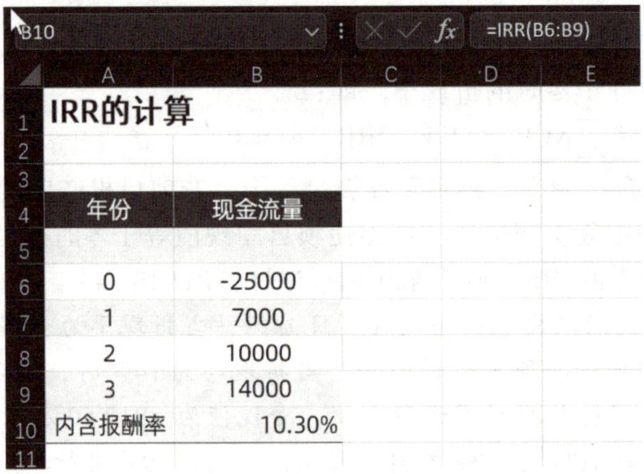

B10 =IRR(B6:B9)

	A	B
1	IRR的计算	
2		
3		
4	年份	现金流量
5		
6	0	-25000
7	1	7000
8	2	10000
9	3	14000
10	内含报酬率	10.30%
11		

图5-3 IRR函数的应用

采用这一指标的决策标准是：将方案的内含报酬率与其期望的报酬率对比，如果方案的内含报酬率大于等于其期望报酬率，则方案可行，否则，方案不可行；在可行的方案中，如果各方案的投资额都相等，则内含报酬率最大的方案为最优方案；如果投资额不相等，其决策标准应按剩余收益的大小进行决策。其计算公式为：

剩余收益＝投资额×（内含报酬率－期望报酬率）

内含报酬率的主要优点是：一是可以直接反映投资项目的实际收益水平，可以直接与行业基准收益率直观比较。二是计算过程不受基准收益率高低的影响，比较客观。但是，在采用逐次测试法计算该指标时，计算工作量大。

任务三 证券投资

知识点5-5 证券资产的特点

证券资产是企业进行金融投资所形成的资产。证券投资不同于项目投资，项目投资的对象是实体性经营资产。经营资产是直接为企业生产经营服务的资产，如固定资产、无形资产等，它们往往是一种服务能力递减的消耗性资产。证券投资的对象是金融资产，金融资产是一种以凭证、票据或者合同合约形式存在的权利性资产，如股票、债券及其衍生证券等。它具有以下特点：

一、价值具有虚拟性

证券资产不能脱离实体资产而完全独立存在，但证券资产的价值不是完全由实体资产的现实生产经营活动决定的，而是取决于契约性权利所能带来的未来现金流量，是一种未来现金流量折现的资本化价值。如债券投资代表的是未来按合同规定收取债息和收回本金的权利，股票投资代表的是对发行股票企业的经营控制权、财务控制权、收益分配权、剩余财产追索权等股东权利。由于其价值的估值是面向未来的，其价值具有虚拟性。

二、投资具有可分割性

实体项目投资的经营资产一般具有整体性要求，如购建新的生产能力，往往是厂房、设备、配套流动资产的组合。而证券资产可以分割为一个最小的投资单位，如1股股票、1份债券，易于分割交易。

三、持有目的具有多元性

实体项目投资的经营资产往往是为消耗而持有，为流动资产的加工提供生产条件。证券资产的持有目的是多元的，既可能是为未来积累现金而持有，也可能是为谋取资本利得而持有，也有可能是为取得对其他企业的控制权而持有。

四、具有较强的流动性

证券资产具有很强的流动性，其流动性表现在：（1）变现能力强。证券资产往往都是上市证券，一般都有活跃的交易市场可供及时转让。（2）持有目的可以相互转换。当企业急需现金时，可以立即将为其他目的而持有的证券资产变现。

五、具有较高的风险性

证券资产是一种虚拟资产，决定了证券投资会受到公司风险和市场风险的双重影响，不仅发行证券资产的公司业绩影响着证券资产投资报酬率，资本市场的市场平均报酬率变化也会给投资者带来直接的市场风险。

【做中学5-12】（多选题）债券价值是指进行债券投资时投资者预期可获得的现金流入的现值。其计算公式为：债券价值＝未来各期利息收入的现值合计+未来到期本金或售价的现值。下列说法中，正确的有（　　）。

A.证券资产的价值取决于契约性权利所能带来的未来现金流量

B.资本市场的市场平均报酬率变化会影响证券资产的价值

C.市场风险会通过影响市场平均报酬率而影响到证券资产价值

D.债券价值高低与折现率相关，与市场风险无关

参考答案：ABC。

知识点5-6 证券投资的对象

根据证券投资对象的不同，我们可以将证券投资划分为债券投资、股票投资、基金投资和组合投资等。

一、债券投资

债券投资是指企业购买债券以取得资金收益的一种投资活动。例如，购买国库券、公司债券或短期融资券等都属于债券投资。债券投资收益相对稳定，投资风险较低。

二、股票投资

股票投资是指企业将资金投向股票，通过股票的买卖、收取股利以获得收益或是取得被投资企业控制权的投资行为。与债券投资相比，股票投资风险大，但能取得相对较高的收益。

三、基金投资

基金投资是指公司通过购买投资基金股份或受益凭证来获取收益的投资方式。这种方式可使投资者享受专家服务，有利于分散风险，获得较稳定的投资收益。

四、组合投资

组合投资是指企业将资金同时投资于多种证券的行为。例如，同时购买国库券、公司债、股票的投资行为。组合投资可以有效地分散证券投资风险，是企业进行证券投资时常用的投资方式。

知识点5-7 证券投资的目的

企业进行证券投资，一般出于以下目的：

一、利用闲置资金，增加企业收益

企业在生产经营过程中，由于各种原因会出现暂时闲置的资金，这部分资金流动性强，但收益低。为提高闲置资金使用效益，可以用这部分暂时闲置的资金购入可随时变现的证券或资产，在保证资金流动性的前提下，提高资金使用效益。

二、提高资产流动性，增强未来支付能力

企业在发展过程中，有可能会在将来某个时候形成巨额支出。在形成实际支出之前，企业应该逐步积累一些资金，以满足未来资金开支需求。为了使这部分资金在积聚

过程中保值、增值，企业就有可能将积聚的资金用于证券投资。需要支付现金时，可以变现有价证券获取大量的现金，保证企业未来的现金支付。

三、稳定供销关系，保障生产经营

供应和销售是企业生产经营中的重要环节，没有稳定的原材料供应商，没有稳定的销售客户，都会使企业的生产经营中断。为了与供销客户保持稳定的业务关系，可以对有业务关系链上的供销企业进行投资，保持对它们的一定的债权或股权，甚至控股。这样，能够以债权或股权对关联企业的生产经营施加影响或控制，保障本企业的生产经营顺利进行。

【做中学5-13】（多选题）企业进行证券投资的目的主要有（　　）。

A.暂时存放闲置资金　　B.满足未来的财务需求

C.满足季节性经营对现金的需求　　D.获得对相关企业的控制权

参考答案：ABCD。

知识点5-8　证券投资的风险

证券投资风险是投资者获得预期投资收益的不确定性。证券投资主要面临两大类风险，一是系统性风险，二是非系统性风险。

一、系统性风险

系统性风险是指由于外部经济环境因素变化引起的整个资本市场的不确定性加强，从而对所有证券都产生影响的共同性风险。它无法通过投资组合而加以避免，也称为不可分散风险。企业在进行证券投资时面临的系统性风险主要有以下方面：

（一）利率风险

利率风险是指因利率变动而引起的证券资产价值变化的不确定性。市场利率的变动会造成证券资产价格的普遍波动，两者呈反向变化：一般而言，市场利率上升，则证券资产价格下降。市场利率下降，则证券资产价格上升。不同期限的证券，利率风险不一样，证券资产的持有期限越长，其利率风险程度就越大。

（二）购买力风险

购买力风险是指由于通货膨胀而使投资者在证券资产出售或到期收回现金时由于实际购买力下降而承担的风险，也称通货膨胀风险。通货膨胀会使证券资产投资的本金和收益贬值。因此，当物价持续上涨时，投资变动收益证券比固定收益证券要好，股票被认为比公司债券和其他有固定收益的证券能更好地避免购买力风险。

（三）经济周期风险

经济发展总是高峰与低谷相继出现，很难一直保持一个稳定的发展势头。当经济处于繁荣时期时，所有的企业都将会受益；当经济处于萧条时期时，所有的企业都会受到其不利的影响。

二、非系统性风险

非系统性风险是指由于特定的经营环境或特定事件变化引起的不确定性，从而对个别证券资产产生影响的特有风险。非系统性风险源于各公司自身特有的营业活动和财务活动，与某个具体的证券资产相关联，与整个证券资产市场无关。非系统性风险可以通过持有证券资产的多元化来抵消，也称为可分散风险。

非系统性风险是公司的特有风险，从公司内部管理的角度考察，公司特有风险的主要表现形式是公司的经营风险和财务风险。从公司外部的证券资产市场投资者的角度考察，公司的经营风险和财务风险的特征无法明确区分，公司特有风险主要是以违约风险、变现风险、破产风险等形式表现出来的。

（一）违约风险

违约风险是指证券资产发行者无法按时兑付证券资产利息和偿还本金的可能性。有价证券，本身就是一种契约性权利资产，经济合同的任何一方违约都会给另一方造成损失。违约风险是投资于收益固定型证券资产的投资者经常面临的，多发生在债券投资中。

（二）变现风险

变现风险是指在投资者无法在市场上以合理的价格平仓出货的风险，也称之为流动性风险。当证券资产持有者在短期内找不到愿意出合理价格的买主，投资者就会失去新的投资机会或面临降价出售的损失。在一般情况下，经济效益好，信誉程度高，经营良好，经济实力比较雄厚的企业所发行的证券在转让时比较容易，转让时间较短，转让价格较高，证券的流动性强；反之，经营管理不善，信誉程度差，经济效益不好的企业所发行的证券在转让时，则会比较困难，因而转让时间就较长，转让价格低，证券的流动性弱。

（三）破产风险

破产风险是指证券资产发行者破产清算时投资者无法收回应得权益的可能性。当证券资产发行者经营管理不善而持续亏损、现金周转不畅而无力清偿到期债务或其他原因导致难以持续经营时，将会进入破产程序，从而使得投资者有可能无法取得应得的投资收益，甚至投资本金。

【做中学5-14】（判断题）基金管理人未能以合理价格及时变现基金资产以支付投资者赎回款项的风险为违约风险。（　　）

参考答案：错。

【做中学5-15】（多选题）1月16日东港集团有限公司公告称，15东港PPN001公司债应于1月13日付息及兑付本金，截至公告日未能筹集到足额的偿付资金，债券累计违约金额15亿元人民币。下列说法中，正确的有（　　）。

A. 购买15东港PPN001公司债的投资者承担的未能到期兑现本息金额的风险为系统性风险

B. 购买15东港PPN001公司债的投资者承担的未能到期兑现本息金额的风险为非系统性风险

C.购买15东港PPN001公司债的投资者承担的是违约风险

D.15东港PPN001公司债的违约风险有可能导致变现风险增强

参考答案：BCD。

任务四　债券投资

知识点5-9　债券要素

债券是依照法定程序发行的约定在一定期限内还本付息的有价证券，它反映证券发行者与持有者之间的债权债务关系。它一般由以下要素构成：

一、债券面值

债券面值是指设定的票面金额，它代表发行人借入并且承诺于未来某一特定日期偿付给债券持有人的金额。我国发行的债券面值一般为100元。

二、债券票面利率

债券票面利率是指债券发行者预计一年内向投资者支付的利息占票面金额的比率。票面利率不同于实际利率，实际利率通常是指按复利计算的一年期的利率。

债券利息有多种计息方式，可以采用单利或复利计息。利息支付可以是半年一次、一年一次或到期日一次兑付等，这就使得票面利率可能不等于实际利率。

三、债券到期日

债券到期日指偿还本金的日期。债券一般都规定到期日，以便到期时归还本金。

技能点5-6　债券价值的计算与分析

微课

债券投资价值的计算

根据资金时间价值原理，资产的内在价值就是该项资产按照社会平均资产报酬率计算的未来现金流量的现值之和。债券的内在价值就是债券面值和各期利息按市场利率折现的现值之和。只有当债券的内在价值大于其购买价格时，该债券才值得投资。

典型的债券往往采取固定利率、按年付息、到期归还本金的方式发行。按照这种模式，计算债券内在价值的基本模型是：

$$PV = \sum_{t=1}^{n} \frac{I}{(1+i)^t} + \frac{M}{(1+i)^n}$$

式中：PV——债券内在价值；I——按面值计算的年利息；M——到期的本金；

i——折现率，一般采用市场利率或社会平均资产报酬率；n——债券到期前的年数。

【做中学5-16】某债券面值100元，期限5年。每年支付一次利息，到期归还本金，以市场利率作为评估债券价值的贴现率，目前市场利率为10%。

要求：计算票面利率分别为8%、10%、12%的债券内在价值。

（1）票面利率为8%的债券内在价值 = 100×8% ×（P/A，10%，5）+ 100 ×（P/F，10%，5）= 92.42（元）

（2）票面利率为10%的债券内在价值 = 100×10% ×（P/A，10%，5）+ 100 ×（P/F，10%，5）= 100（元）

（3）票面利率为12%的债券内在价值 = 100×12% ×（P/A，10%，5）+ 100 ×（P/F，10%，5）= 107.58（元）

通过该模型可以看出，影响债券内在价值高低的因素有折现率、利息率、计息期和到期时间。从式中可以看出，若票面利率等于市场利率，则债券内在价值与面值相等；若票面利率低于市场利率，则内在价值低于面值，反之则反。

技能点5-7 利率变动对债券估价的影响

微课

市场利率变动对债券价值的影响分析

债券投资最大的风险是利率变动的风险，债券的价值与利率有密切的关系。根据资金时间价值原理，当预期利率上升时，债券的价格将会下降；反之，则上升。

【做中学5-17】沿用【做中学5-16】的资料。若央行在债券发行日宣布加息，市场平均资产报酬率从10%提高到12%。

请问：在其他条件不变的情况下，不同票面利率债券的内在价值分别为多少？加息后债券价格将会下跌多少？

（1）票面利率为8%的债券内在价值 = 100×8% ×（P/A，12%，5）+ 100 ×（P/F，12%，5）= 85.58（元）

（2）票面利率为10%的债券内在价值 = 100×10% ×（P/A，12%，5）+ 100 ×（P/F，12%，5）= 92.79（元）

（3）票面利率为12%的债券内在价值 = 100×12% ×（P/A，12%，5）+ 100 ×（P/F，12%，5）= 100（元）

也就是说，央行宣布加息后，每张债券的内在价值都下降了，以票面利率为12%的债券为例，加息后，在其他条件不变的情况下，债券价格波动为7.58元（107.58 – 100）。

技能点5-8 债券存续时间对债券内在价值的影响

债券内在价值不仅受市场利率的影响，而且受债券存续时间的影响。债券的存续时间，是指当前日至债券到期日的时间间隔。随着时间的延续，债券的存续时间逐渐缩短，至到期日时该间隔为零。

微课

债券价格与债券到期日之间的关系

债券的内在价值将随着债券存续时间的缩短逐渐向债券面值回归，至到期日债券价值等于债券面值。其原因我们可以从债券的性质进行理解，债券属于一种债务凭证，在不存在违约风险的情况下，无论是溢价还是折价发行，终要以面值形式偿还本金。

【做中学5-18】假设市场利率为12%，如果票面利率分别为8%、10%、12%，在债券期限从5到0发生变化时债券的内在价值见表5-5。

表5-5 债券期限变化的敏感性分析 金额单位：元

债券期限	债券面值	市场利率	票面利率		
			8%	10%	12%
0	100	12%	100	100	100
1	100		96.43	98.22	100
2	100		93.24	96.62	100
3	100		90.39	95.20	100
4	100		87.85	93.92	100
5	100		85.58	92.79	100

从表中的数据，可以得出如下结论：

（1）债券票面利率与市场利率的不一致是引起债券内在价值随着债券期限的变化而变化的原因。也就是说，只有溢价债券或折价债券才产生不同期限下的债券内在价值不一致。

（2）随着到期时间的缩短，利率变动对债券价值的影响越来越小，债券内在价值越来越接近于面值。这也就不难理解，为什么存在加息预期的情况下，机构投资者更倾向于短期债券投资。

（3）债券期限越长，在票面利率偏离市场利率的情况下，债券价值越偏离于债券面值。

前面的讨论均假设债券每年支付一次利息，实际上债券利息支付的方式有许多种，不同的利息支付方式与频率也会对债券价值产生影响，大家可以根据资金时间价值原理进行计算分析。

技能点5-9 债券投资收益率的计算

债券投资的收益是投资于债券所获得的全部投资报酬，这些投资报酬来源于三个方面：

（1）名义利息收益。债券各期的名义利息收益是其面值与票面利率的乘积。

（2）利息再投资收益。债券投资评价时，有两个重要的假定：一是债券本金是到期收回的，而债券利息是分期收取的；二是将分期收取的债券利息重新投资于同一项目，并取得与本金同等的利息收益率。

（3）价差收益。它是指债券尚未到期时投资者中途转让债券，在卖价和买价之间的价差上所获得的收益，也称为资本利得收益。

我们可以用相对数来表示证券投资收益率的大小。其计算方法如下：

一、短期持有的债券投资收益率计算

短期债券投资由于持有期限较短。因此，在计算短期债券投资收益率时，一般不考虑资金时间价值。其计算公式为：

$$K = \frac{S_1 - S_0 + P}{S_0} \times \frac{360}{T} \times 100\%$$

式中：S_0——债券购买价格；S_1——债券出售价格；P——债券投资报酬，即利息；T——债券实际持有的天数；K——债券投资收益率。

【做中学5-19】东海公司2024年9月6日按面值100元购入某公司5年期债券500张，票面利率6%，债券按年付息，付息日为每年的9月6日。该债券2025年1月6日以每张105元的市价全部售出。要求计算该债券投资收益率。

分析提示：由于债券持有时间较短，故不必考虑资金的时间价值，因此有：

$$K = \frac{105 - 100 + 0}{100} \times \frac{12}{4} \times 100\% = 15.00\%$$

二、长期持有的债券投资收益率计算

在计算长期持有的债券投资收益率时，需要考虑资金的时间价值。在考虑时间价值的情况下，债券投资收益率实际上就是计算债券投资的内含报酬率，它是使未来现金流量现值等于债券购入价格的折现率。其计算公式为：

$$\sum NCF_n \times (P/F,\ IRR,\ n) = 0$$

式中：IRR——内含报酬率，也就是债券投资收益率；NCF——各期的现金净流量，包括各期的利息与到期收回的本金。

【做中学5-20】假设东海公司于2024年9月5日以10 000元购入面值为100元的债券100张，债券票面利率为5.50%，期限5年，该公司计划将该债券持有至到期。

要求：请计算该债券投资的到期收益率。

分析提示：根据资金时间价值原理，现在的10 000元是为了获得以后每年的利息收入和到期收回面值而支付的代价。因此有：

$$10\,000 = 10\,000 \times (P/F,\ IRR,\ 5) + 10\,000 \times 5.50\% \times (P/A,\ IRR,\ 5)$$

进行移项：

$$10\,000 \times (P/F,\ IRR,\ 5) + 10\,000 \times 5.50\% \times (P/A,\ IRR,\ 5) - 10\,000 = 0$$

很显然，上述等式意味着我们只要计算其内含报酬率即可求出长期债券投资收益率。由于存在复利现值系数和年金现值系数两个未知数，因此，采用逐次测试法进行求解。

第1次用6%进行测试：

$$\begin{aligned}\text{净现值} &= 10\,000\times(P/F, 6\%, 5) + 10\,000\times5.50\%\times(P/A, 6\%, 5) - 10\,000\\ &= 10\,000\times0.7473+10\,000\times5.50\%\times4.2124 - 10\,000\\ &= -210.18\ (\text{元})\end{aligned}$$

第2次用5%进行测试：

$$\begin{aligned}\text{净现值} &= 10\,000\times(P/F, 5\%, 5) + 10\,000\times5.50\%\times(P/A, 5\%, 5) - 10\,000\\ &= 10\,000\times0.7835+10\,000\times5.50\%\times4.3295 - 10\,000\\ &= 216.23\ (\text{元})\end{aligned}$$

根据等比原理，用内插法计算，如图5-4所示。

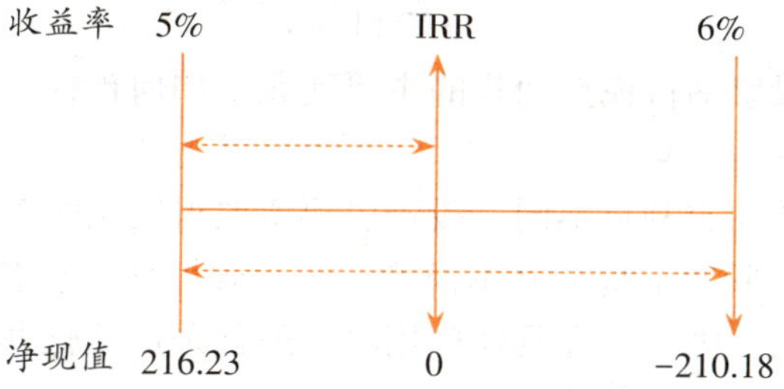

图5-4 内插法计算原理

$$(5\% - IRR) \div (5\% - 6\%) = (216.23 - 0) \div [216.23 - (-210.18)]$$

$IRR = 5.50\%$ ①

事实上，既然是按面值购入并持有至到期，则持有到期收益率肯定等于票面利率，也就不必用内插法计算了。

任务五 股票投资

股票是股份公司发给股东的所有权凭证，是股东凭以取得股利的一种有价证券。股票持有者即为该公司的股东，对该公司财产有相应的要求权。随着我国证券市场的健康发展，股票投资是公司证券投资的一个重要内容。

技能点5-10 股票价值的计算

投资于股票预期获得的未来现金流量的现值，即为股票的价值。股份公司的净利润是决定股票价值的基础。股票给持有者带来的未来收益一般是以股利形式出现的。因此，股票价值评估的方法主要有：贴现现金流量法及市盈率法。

① 尾差调整。

一、贴现现金流量法的估价模型

微课

股票投资价值分析

股票带给持有者的现金流入包括两部分：股利收入和出售时的售价。因此，股票的内在价值由一系列的股利和将来出售股票时售价的现值所构成。其基本估价模型为：

$$V=\sum_{t=1}^{n}\frac{d_t}{(1+i)^t}+\frac{V_n}{(1+i)^n}$$

式中：d_t——第t年的股利；i——折现率，一般采用当时的市场利率或社会平均资产报酬率；n——折现期数；V_n——未来出售时预计的股票价格。

如果股东永远持有股票，那么将形成一个永续的现金流入。这个现金流入的现值就是股票的内在价值：

$$V=\sum_{t=1}^{n}\frac{d_t}{(1+i)^t}$$

在实际应用时，股票估价模型面临的主要问题是如何预计未来每年的股利，以及如何确定折现率。

与债券每期取得的固定利息不同，投资股票所取得股利的多少，取决于每股收益和股利支付率两个因素。股票估价的基本模型要求无限期地预计各年的股利d_t，这在实际工作中是不可能做到的。因此，在具体应用时一般都采用简化办法，如假设每年股利相同或者股利以固定比率方式增长等。

折现率的主要作用是把所有未来不同时间的现金流入折算为现在的价值。折算现值的比率应当是投资者所期望的投资收益率。事实上，折现率有两种选择：一是投资者所期望的投资收益率。以此计算出来的价格是投资者愿意出的最高价格。二是社会平均资产报酬率。以此计算出来的结果是股票内在价值，其原理与债券投资估价是一样的。

根据上市公司股利支付水平及方式的不同，根据基本估价模型衍生出以下具体的估值公式。

（一）股利固定增长的股票估值

若股票的未来股利以固定比率方式增长，则可按照普通股资本成本计算公式，得出其估价模型：

$$K_S=\frac{D_1}{P_0(1-f)}+g$$

当筹资费率为零时，则有：

$$V=P_0=\frac{D_1}{K_S-g}$$

微课

股利固定增长股票估值

【做中学5-21】华东公司拟投资购买A股票，计划长期持有，华东公司要求的必要报酬率为15%。A股票最近每10股分红1.84元，三年平均股利增长率为11.43%，假设今后仍以该增长速度支付股利。请问，华东公司在何种价格以下购入A股票为佳？

分析提示：

$$V=\frac{1.84\times(1+11.43\%)}{15\%-11.43\%}\div 10=5.74(元/股)$$

计算结果表示，华东公司在5.74元/股以下购入A股票，才能达到该公司15%的必要报酬率。

（二）股利零增长的股票估值

若投资者拟长期持有股票，股票的未来股利固定不变，则可按照资金时间价值中的永续年金原理进行估价，或者说，当股利固定增长模式中的g = 0时，其股票价值的计算公式为：

$$V=\frac{D}{K_S}$$

【做中学5-22】沿用【做中学5-21】的资料。如果g = 0，则A股票的内在价值为：

V = 1.84÷10÷15% = 1.23（元）

根据计算结果，若当前A股票的价格高于1.23元/股，则表明当前不是购买A股票的最佳时机。

（三）股利阶段性增长的股票估值

在现实生活中大多数的公司股利是不固定的。例如，在一段时间里高速增长，在另一段时间里正常固定增长或固定不变。在这种情况下，就要分段计算，才能确定股票的价值。

【做中学5-23】假定某投资者估算A股票未来三年股利以10%的速度高速增长，而后以4%的速度转为正常增长。A股票每股股利是0.0184元。该投资者希望在A股票上获得的投资回报率不低于5%。请问：该投资者在何种价格以下购入A股票为佳？

分析提示：由于不同阶段有不同的股利增长率。因此，需要分段折现计算（如图5-5所示）。计算过程如下：

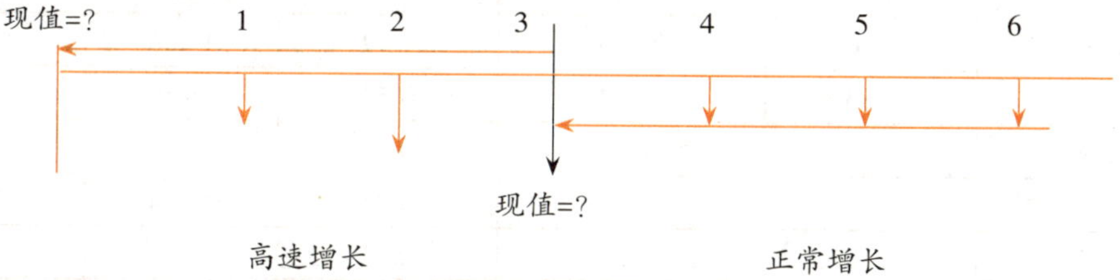

图5-5　非固定增长股票价值分段计算原理

首先，计算高速增长期的股利现值，见表5-6。

表5-6　高速增长期的股利现值计算　金额单位：元

年份	股利（D_t）	现值系数（5%）	现值（PV_t）
1	0.0184×（1+10%）= 0.0202	0.9524	0.0192
2	0.0202×（1+10%）= 0.0222	0.9070	0.0201
3	0.0222×（1+10%）= 0.0244	0.8638	0.0211
合计（三年股利的现值）			0.0604

其次，计算第三年年底的普通股内在价值：

$$V_3 = \frac{d_4}{i - g} = \frac{0.0244 \times (1 + 4\%)}{5\% - 4\%} = 2.5376 \text{（元）}$$

折现到现在的价值 = 2.5376 ×（P/F，5%，3）= 2.5376×0.8638 = 2.19（元）

股票目前的内在价值 = 2.19+0.06 = 2.25（元）

也就是说，该公司如果在2.25元/股以下购入A股票，长期持有，每年获取的股利收入将会给投资者带来5%以上的收益。

二、市盈率估价模型

市盈率是股票的每股市价与每股收益的比率。根据市盈率的计算公式“市盈率 = 每股市价÷每股收益”，我们可以得出以下估值公式：

股票价格 = 该股票市盈率×该股票每股收益

股票价值 = 行业平均市盈率×该股票每股收益

【做中学5-24】中国银行股票一度涨停，建设银行股票大涨7%，工商银行股票大涨7%，银行类股票全线上涨，大盘受支撑直线拉高。当日银行股的动态市盈率见表5-7。请采用市盈率法计算各银行股的股票价值，并预测股价变动方向，假设银行业合理的市盈率为12倍。

表5-7 银行股动态市盈率表

名称	当日涨幅（%）	收盘价（元/股）	每股收益（元/股）	市盈率估值	股价变动方向
工商银行	4.67	5.60	0.42	5.04	↘
建设银行	4.30	6.30	0.45	5.40	↘
交通银行	2.89	9.25	0.65	7.80	↘
兴业银行	4.52	35.41	2.35	28.20	↘
浦发银行	2.76	22.75	1.49	17.88	↘
民生银行	4.83	8.24	0.53	6.36	↘
中国银行	8	4.86	0.29	3.48	↘
北京银行	1.93	16.37	0.97	11.64	↘
中信银行	4.52	6.24	0.33	3.96	↘

分析提示：以行业平均市盈率计算出各股的内在价值。以工商银行为例，其估值过程如下：

工商银行股票价值 = 12×0.42 = 5.04（元/股）

计算结果表明，该股票当前的市场价格5.6元/股高于其内在价值5.04元/股，故采用市盈率法估值的情况下，可以判断该股票持续上涨的动力不足。

技能点5-11 股票投资收益率的计算

假设股票价格是公平的市场价格，证券市场处于均衡状态；在任一时点证券价格都能完全反映有关该公司的任何可获得的公开信息，而且证券价格对新信息能迅速作出反应。在这种假设条件下，股票的期望收益率等于其必要的收益率。因此，根据股利固定增长模型可导出：

$$K_S = \frac{D_1}{P_0} + g$$

这个公式告诉我们，股票的总收益率可以分为两个部分：第一部分是$\frac{D_1}{P_0}$，叫作股利收益率，它是根据预期现金股利除以当前股价计算出来的。第二部分是增长率g，叫作股利增长率。g的数值可以根据公司的可持续增长率估计。P_0是股票市场形成的价格，只要能预计出下一期的股利，就可以估计出股东预期报酬率，在有效市场中它就是与该股票风险相适应的必要报酬率。

【做中学5-25】假设A股票当前的价格为4.2元/股，预计下一期的股利是0.2元/股，假设该股利将以大约10%的速度持续增长。

要求：计算持有A股票的期望报酬率。

分析提示：$K_S = \frac{D_1}{P_0} + g$

$K_S = 0.2 \div 4.2 + 10\% = 14.76\%$

如果投资者不打算长期持有股票，而将股票转让出去，则股票投资的收益由股利收益和资本利得（转让价差收益）构成。这时，股票内含报酬率就是使股票投资净现值为零时的贴现率，计算公式为：

$$NPV = \sum_{t=1}^{n} \frac{D_t}{(1+R)^t} + \frac{P_t}{(1+R)^n} - P_0 = 0$$

【做中学5-26】某投资者2023年5月购入A股票1 000股，每股购价3.30元；A股票2023年、2024年、2025年分派的每股股利分别为0.28元/股、0.30元/股、0.35元/股；该投资者2025年5月以每股3.5元的价格售出该股票，则A股票的内含报酬率计算为：

$$NPV = \frac{0.28}{(1+R)} + \frac{0.30}{(1+R)^2} + \frac{0.35}{(1+R)^3} + \frac{3.50}{(1+R)^3} - 3.30 = 0$$

由于存在不同期数的复利现值系数，因此，采用逐次测试法进行求解。

第1次用10%进行测试：

净现值 = 0.28×（P/F，10%，1）+ 0.30×（P/F，10%，2）+ 0.35×（P/F，10%，3）+ 3.50×（P/F，10%，3）− 3.30

= 0.28×0.9091+0.30×0.8264+0.35×0.7513+3.50×0.7513 − 3.30

= 0.0950（元）

第2次用12%进行测试：

净现值 = 0.28×（P/F，12%，1）+ 0.30×（P/F，12%，2）+ 0.35×（P/F，12%，3）+ 3.50×（P/F，12%，3）− 3.30

= 0.28×0.8929+0.30×0.7972+0.35×0.7118+3.50×0.7118 − 3.30

= − 0.0704（元）

根据等比原理，用内插法计算，可得 $R = 10\% + 2\% \times \frac{0.0950}{0.0950 + 0.0704} = 11.15\%$。

拓展阅读

假设你是企业的高级管理人员，请阅读以下材料，谈谈用辩证思维做好加减法对企业投资管理的启示。

精准有度做好加减法

《产业结构调整指导目录（2024年本）》（中华人民共和国国家发展和改革委员会令第7号）于2023年12月27日公布，自2024年2月1日起施行。作为企业的高级管理人员，我们可以从中梳理出与项目投资相关的核心内容：

1. 精准“减法”。422条淘汰类条目全部给出退出期限或立即淘汰，对落后产能、过剩产能、高排放工艺实行“一票否决”，金融机构同步停贷、供电部门可差别化电价，确保落后供给“减得快、减得准”。

2. 定向“加法”。352条鼓励类条目新增智能制造、数控机床、网络安全、氢能装备等高端产业，投资审批、用地、信贷、税收均享受绿色通道，为新兴动能“加得稳、加得准”。

3. 有度“限制”。231条限制类条目明确“禁止新建、允许改造升级”，既防止“一刀切”，又为存量企业留出技改窗口，体现“精准有度”的政策弹性。

4. 配套机制。目录与财税、金融、土地、环评等政策联动，地方政府需制定实施细则并向社会公开，形成“目录+政策+考核”闭环，确保加减措施落地见效。

制造业企业对照目录即可快速判断项目属于“鼓励、限制还是淘汰”，提前布局产能置换或技改投资。金融机构依据目录实行差异化授信，鼓励类优先支持、淘汰类坚决退出。地方政府以目录为“指挥棒”制定年度去产能、招商引资、技改补贴清单，防止盲目投资和低水平重复建设。

资料来源：根据中华人民共和国国家发展和改革委员会令第7号（《产业结构调整指导目录（2024年本）》）整理。

职业能力测试

一、判断题

（　　）1. 内含报酬率就是方案本身的实际收益率。

（　　）2. 若以折现率10%计算某项目投资的净现值大于0，则意味着该投资项目的内含报酬率大于设定的折现率10%。

（　　）3. 在投资项目决策中，只要投资方案的投资收益率大于0，则该方案符合投资者的投资预期。

（　　）4. 在考虑固定资产项目投资时，固定资产变现净损失需要考虑其抵税的影响；固定资产变现净收益需要考虑其纳税的影响。

（　　）5. 营业现金净流量 = 收入 ×（1 − 所得税税率）− 非付现成本 ×（1 − 所得税税率）+ 非付现成本×所得税税率。

二、单项选择题

1. 如果某一投资方案的净现值为正数，则必然存在的结论是（　　）。

A. 投资回收期在一年以内　　B. 获利指数大于 1

C. 投资报酬率高于 10%　　D. 年均现金净流量大于原始投资额

2. 长期投资决策中，不宜作为折现率进行投资项目评价的是（　　）。

A. 行业平均资金收益率　　B. 投资项目的资本成本

C. 投资的机会成本　　D. 活期存款利率

3. 某投资方案，当折现率为 12% 时，其净现值为 18 万元，当折现率为 14% 时，其净现值为 −12 万元。该方案的内含报酬率（　　）。

A. 大于 14%　　B. 小于 12%

C. 介于 12% 与 14% 之间　　D. 无法确定

4. 下列各项中，在投资项目的投资期、营业期、终结期都有可能出现的是（　　）。

A. 固定资产的购置成本　　B. 营运资金的垫支与收回

C. 长期资产摊销费用　　D. 固定资产变价净收入

5. 一般情况下，投资决策中的现金流量通常指现金净流量。这里的现金不包括（　　）。

A. 库存现金　　B. 银行存款

C. 相关非货币资产的账面价值　　D. 相关非货币资产的变现价值

三、多项选择题

1. 已知某投资项目设定的期望报酬率为 10%，投资均发生在建设期，投资现值为 150 万元，投产后各年净现金流量现值之和为 200 万元，则下列说法中，正确的有（　　）。

A. 净现值为 50 万元　　B. 内含报酬率大于 10%

C. 获利指数大于 1　　D. 该项目在财务上可行

2. 下列各项说法中，正确的有（　　）。

A. 当净现值＞0 时，获利指数＞1，内含报酬率＞基准收益率

B. 当净现值 = 0 时，获利指数 = 1，内含报酬率 = 基准收益率

C. 当净现值＜0 时，获利指数＜1，内含报酬率＜基准收益率

D. 当净现值＜0 时，获利指数＜0，内含报酬率＜基准收益率

3. 下列关于营业现金净流量的各项计算中，正确的有（　　）。

A. 营业现金净流量 = 营业收入 − 付现成本 − 所得税

B. 营业现金净流量 = 税后营业利润+非付现成本

C. 营业现金净流量 =（收入 − 付现成本）×（1 − 所得税税率）+ 非付现成本×所得税税率

D. 营业现金净流量 = 净利润+非付现成本

4. 在其他因素不变的情况下，下列财务评价指标中，指标数值越大表明项目可行性越强的有（　　）。

A. 净现值　　B. 获利指数　　C. 内含报酬率　　D. 动态回收期

5. 下列各项中，影响债券价值的有（　　）。

A. 债券面值　　B. 债券票面利率　　C. 债券剩余期限　　D. 市场利率

四、简答题

1. 什么是营业现金净流量？在考虑所得税的情况下，营业现金净流量如何计算。

2. 什么是内含报酬率？内含报酬率的计算与贴现模式下的资本成本计算原理是否一样？

3. 如果某项固定资产的账面价值为10万元，清理变现收入为8万元，在所得税税率为25%的情况下，该项变现行为给企业带来的变现现金净流量为多少？假设变现收益的所得税当期申报缴纳。

五、案例题

1. 浙江发展混凝土搅拌有限公司拟投资建设“混凝土管桩生产线项目”。该项目总投资预计200万元。

思考：

（1）假设公司每年的现金净流量为80万元，该公司近年来资产报酬率为8%。在考虑资金时间价值的情况下，该公司预计多长时间才能收回投资额？

（2）管桩生产企业一般投资回收期为2年，公司期望在投产后的2年内收回投资，每年经营现金净流量至少应为多少？

（3）若每年现金净流量为83.2709万元，3年收回投资，则该项目这3年的年均投资报酬率为多少？

（4）若该项目每年的净利与折旧之和为100万元，公司预计经营期为5年，则该项目的净现值为多少？方案是否可行？

（5）若该项目每年实际的净利与折旧之和为63.95万元，公司经营期为5年，则该项目的内含报酬率为多少？

2.A公司准备购买甲公司在当年1月1日发行的5年期债券，该债券面值100元，票面年利率8%，于每年6月30日和12月31日付息，到期时一次还本。假设市场利率为10%。

思考：

（1）A公司购买时，还可以获得利息的次数为几次？

（2）A公司购买时，该债券的内在价值为多少元？是溢价发行还是折价发行？

项目六

利润分配管理

【知识点】

1. 利润分配管理的意义
2. 收入与分配的基本原则
3. 利润分配应考虑的因素
4. 利润分配的基本程序
5. 股利支付的影响因素
6. 股利支付形式
7. 股利支付程序
8. 股票分割
9. 股票回购（微课）

【技能点】

1. 剩余股利政策（微课）
2. 固定或稳定增长的股利政策
3. 固定股利支付率政策
4. 低正常股利加额外股利政策

任务一　利润分配原则的确定

利润分配是将一定时期内所创造的经营成果合理地在企业内、外部各利益相关者之间进行有效分配的过程。

【做中学 6-1】（判断题）“组织财务活动，协调财务关系，实现企业价值最大化”意味着利润分配活动与财务管理工作目标必须有机地融合。（　　）

参考答案：对。

在利润分配管理活动中，我们应该考虑企业内、外部利益相关者的关系，即要协调好各项财务关系，比如政府、所有者、经营者、内部职工、债权人等。只有协调好各方利益关系，才有可能实现企业价值最大化的财务管理目标。

知识点6-1　利润分配管理的意义

利润分配管理作为企业财务管理的重要内容之一，对于维护企业与各相关利益主体的财务关系、提升企业价值具有重要的意义。具体而言，利润分配管理的意义主要表现在以下三个方面：

一、有利于协调企业所有者、债权人与经营者之间的利益关系

企业所有者是企业权益资金的提供者，按照“谁出资，谁受益”的原则，其应得的投资收益须通过企业的收益分配来实现。而获得投资收益的多少取决于企业盈利状况及利润分配政策。通过收益分配，投资者能实现预期的收益，提高企业的信誉程度，有利于协调好企业所有者与企业之间的关系。

企业的债权人在向企业投入资金的同时也承担了一定的风险。企业的利润分配应体现出对债权人利益的充分保护。除了按时支付到期本息外，也要考虑对债权人未来偿付本息金额的保障程度，否则将在一定程度上削弱企业的偿债能力，降低了企业的财务弹性，伤害债权人的利益。

企业的经营者是企业价值的创造者。通过薪资的支付以及各种福利的提供，可以提高经营者的工作效率与质量，为企业创造更多的价值。

因此，为了正确、合理地处理好企业各方利益相关者的需求，就必须对企业所实现的收入进行合理的分配。

二、利润分配是企业再生产的条件以及优化资本结构的重要手段

企业在生产经营过程中所投入的各类资金，随着生产经营活动的进行不断地发生消耗和转移，形成成本费用，最终构成商品价值的一部分。销售收入的取得，为企业成本费用的补偿提供了前提，为企业的简单再生产的正常进行创造了条件。

留存收益，是企业重要的权益资金来源。留存收益的多少，直接影响着权益与负债的比例，即资本结构。因此，收入与分配便成了优化资本结构、降低资本成本的重要措施。

利润分配直接影响着企业权益资金在全部资产中所占比例。权益资金的比重影响着企业的综合资本成本，根据资金时间价值原理，在未来现金流一定的情况下，企业的综合资本成本高低与企业当前的价值大小呈负相关关系。因此，利润分配是优化资本结构、进行企业价值管理的重要手段之一。

【做中学6–2】（多选题）下列各项财务行为会影响企业资本结构的有（　　）。

A.利润分配　　B.归还债务

C.举债经营　　D.非货币资产交换形成固定资产

参考答案：ABC。

三、利润分配是国家建设资金的重要来源之一

在企业正常的生产经营活动中，企业不仅为自己创造了价值，还会以税收的形式上缴一部分利润，由国家有计划地分配使用，实现国家的政治职能和经济职能，为社会经济的发展创造良好条件。因此，利润分配也是国家建设资金的重要来源之一。

知识点6-2　收入与分配的基本原则

企业在进行利润分配时应遵循以下基本原则：

一、依法分配原则

企业的收入分配必须依法进行。企业的收入分配涉及国家、企业、股东、债权人、职工等多方面的利益。为了规范企业的收入分配行为，国家颁布了相关法规，明确了企业收入分配的基本要求、一般程序和重要比例，企业应当认真执行，不能违反。

企业分配当年税后利润时，应当提取利润的百分之十列入企业法定盈余公积。企业法定盈余公积累计额为企业注册资本的百分之五十以上的，可以不再提取。

企业从税后利润中提取法定盈余公积后，经股东会或者股东大会决议，还可以从税后利润中提取任意盈余公积。

二、分配与积累并重原则

企业的利润分配必须坚持分配与积累并重的原则。企业通过经营活动获取收入，既要保证企业简单再生产的持续进行，又要不断积累企业扩大再生产的财力基础。分配可以满足投资者当前的利益需求；积累可以为企业扩大再生产积累资金，增强企业抗风险的能力，有利于保障投资者的长远利益。

三、兼顾各方利益原则

企业的利润分配应当兼顾各方面的利益。投资者作为企业所有者，依法享有净收入的分配权；债权人在向企业投入资金时承担了一定的风险，在企业的利润分配中不能损害债权人的利益；企业员工是企业净收入的直接创造者，企业利润分配应当考虑员工的长远利益。因此，企业进行利润分配时，应当统筹兼顾，维护各方利益。

四、投资与收入对等原则

企业的收入分配应当遵循收入大小与投资比例相适应的原则。企业在向投资者分配利润时，应本着平等一致的原则，按照投资者投入资本的比例来进行分配，不允许发生任何一方多占多分的现象。《公司法》中规定，股东按照实缴的出资比例分取红利；企业新增资本时，股东有权优先按照实缴的出资比例认缴出资，这是投资与收入对等原则的体现。

五、资本保全原则

企业的利润分配是对投资者投入资本的增值部分所进行的分配，不是投资者资本金的返还。以企业的资本金进行的分配，属于一种清算行为，不是利润的分配。企业的利润分配必须遵循资本保全原则。例如，《公司法》第二百一十一条中规定："公司违反本法规定向股东分配利润的，股东应当将违反规定分配的利润退还公司；给公司造成损失的，股东及负有责任的董事、监事、高级管理人员应当承担赔偿责任。"该条款的规定，体现了资本保全的原则。

【做中学6-3】（判断题）光正集团股份有限公司认为"公司利润分配不得超过累计可分配利润范围"，该思想体现了资本保全原则。（　　）

参考答案：对。

知识点6-3　利润分配应考虑的因素

企业的利润分配政策虽然是由企业管理者制定的，但是实际上管理者在决策时受到诸多因素的影响，使决策人只能遵循当时的环境状况作出相应的选择。制约企业分配政策的因素主要有以下几个方面：

一、法律因素

为了保护债权人和股东的利益，法律法规对企业的利润分配作出了具体规定，企业的利润分配政策必须符合相关法律法规的要求。主要体现在以下几个方面：

（一）资本保全

资本保全要求企业股利的发放不能侵蚀资本，即当企业没有可供分配的利润时，不得派发股利。根据资本保全的约束，企业派发的股利，只能来源于当期利润或留存收益，不能用资本公积和实收资本发放股利。资本保全的目的，在于防止企业任意减少资本结构中的所有者权益的比例，以保护债权人利益。

（二）偿债能力

企业在采用现金分红时会导致企业现金流出，而大量的现金支出必然会影响到企业的偿债能力。因此，在确定收入分配数量时，一定要考虑现金股利对企业偿债能力的影响，以确保在现金股利分配后企业仍能保持较强的偿债能力。

（三）资本积累

资本积累要求企业在分配利润时，必须按一定的比例和基数提取各种公积金。另外，它要求在进行股利分配时，一般应贯彻“无利不分”的原则。即当企业出现年度亏损时，一般不进行利润分配。即使出于维护企业形象的考虑，动用以前年度的留存收益分派收益，其条件也必须是先弥补所有亏损后再进行，而且仍要保留一定数额的留存收益。

【做中学6-4】（多选题）东港公司2022年有11.05亿元的净利润，但全年分配股利、利润或偿付利息支付的现金达到了30.81亿元。2025年年初，该公司的公司债出现违约。根据上述资料，你认为下列说法中，正确的有（　　）。

A.这种分红方式，会增加企业财务危机的可能性

B.该企业分红有可能未能体现投资与收入对等原则

C.2022年的分红与2025年公司债违约没有必然的联系

D.企业用现金分红时应考虑未来的资金需求

参考答案：ABD。

二、企业因素

企业出于长期发展与短期经营的考虑，需要综合各种因素，制定出切实可行的分配政策。这些因素主要有：

（一）现金流量稳定性

企业在进行利润分配时，必须充分考虑企业的现金流量，而不仅仅是企业的净收入。由于会计核算方法的选择以及权责发生制的核算要求，使得在实务中有些项目增加了企业净收入，却没有相应地增加企业可供分配的现金，使企业缺乏足够的现金用于分配。一般而言，如果一个企业的现金来源稳定，未来盈余有保障，则它的分红能力也较强。

（二）未来投资机会

分配政策会受到企业未来投资机会的影响。主要表现在：企业在预期未来有良好的投资机会时，往往少发股利，而将大部分盈余用于投资；在预期缺乏良好的投资机会时，则倾向于支付较高的股利。正因为如此，处于成长中的企业多采取低股利政策，处于经营收缩的企业多采取高股利政策。

（三）未来筹资需求

一般来说，股利支付水平越高，留存收益越少，企业不能到期还债的风险就越大，就越有可能侵害到债权人的利益。因此，债权人通常会在借款合同、债券契约，以及租

赁合同中加入关于借款企业股利发放的限制性条款，以限制企业股利的发放。企业出于对未来负债筹资的考虑，一般均能自觉恪守这些限制性条款，以协调企业与债权人的关系。

（四）筹资成本考虑

留存收益与发行新股相比，具有成本低的优点；与举债相比，具有便捷、财务风险低的优点。因此，很多企业将企业的净利润作为首选的筹资渠道，特别是在负债资金较多，资本结构欠佳的时期。另外，在存在较强的通货膨胀预期时，企业一般采用偏紧的利润分配政策。原因在于出现通货膨胀预期后，未来的利率将会上升，增加了企业的筹资成本。

三、股东因素

（一）股东收入的考虑

靠股利为主要收入来源的股东往往要求取得稳定的股利。还有些股东认为留存收益使企业股票价格上升而获得的资本利得具有较大的不确定性。因此，他们也会倾向于多分配股利。

（二）控制权的考虑

若从控制权角度分析，具有控制权的股东往往希望少分股利。原因在于如果企业的股利支付率高，必然导致保留的盈余减少，这又意味着将来发行新股的可能性加大，而发行新股将会稀释企业的控制权。因此，具有控制权的股东往往主张限制股利的支付，而愿意较多地保留盈余，以防止控制权旁落他人。

（三）税收的考虑

一般来讲，股利收入的税率要高于资本利得的税率。因此，很多股东出于税负因素的考虑，偏好于低股利支付水平，低股利政策会使他们获得更多纳税上的好处，他们更希望从股价上涨的过程中兑现投资收益。

（四）机会成本的考虑

若企业再投资报酬率低于股东外部的投资报酬率，意味着股东的机会成本上升，因此股东倾向于企业不应多留存收益，而应多发放股利给股东。因为这样做，将对股东更为有利。

【做中学6-5】（多选题）企业在制定利润分配政策时应考虑的因素有（　　）。

A.通货膨胀因素　　B.股东因素

C.法律因素　　D.企业因素

参考答案：ABCD。

知识点6-4　利润分配的基本程序

利润是收入弥补成本费用后的余额。由于成本费用包括的内容与表现的形式不同，利润所包含的内容与形式也有一定的区别。若成本费用不包括利息和所得税，则利润表现为息税前利润；若成本费用包括利息而不包括所得税，则利润表现为利润总额；若成本费用包括了利息和所得税，则利润表现为净利润。

与投资、融资决策分析不同，本节所指的利润不再是息税前利润总额，而是指净利润。利润分配关系着国家、企业及所有者等各方面的利益，必须严格按照国家的法令和制度执行。根据《公司法》等相关法律制度的规定，企业净利润的分配应按照下列顺序进行，并构成了分配管理的主要内容。

一、弥补以前年度亏损

企业在提取法定盈余公积之前，应先用当年利润弥补以前年度亏损。企业年度亏损可以用下一年度的税前利润弥补，下一年度不足弥补的，可以在五年之内用税前利润连续弥补，连续五年未弥补的亏损则用税后利润弥补。其中，税后利润弥补亏损可以用当年实现的净利润，也可以用盈余公积转入。

二、提取法定盈余公积

根据《公司法》的规定，企业分配当年税后利润时，应当提取当年税后利润（弥补亏损后）的10%列入企业法定盈余公积。企业法定盈余公积累计额为企业注册资本的50%以上的，可以不再提取。企业的盈余公积用于弥补企业的亏损、扩大企业生产经营或者转为企业资本。但是，资本公积不得用于弥补企业的亏损。法定盈余公积转为资本时，所留存的该项公积金不得少于转增前企业注册资本的25%。提取法定盈余公积的目的是增加企业的内部积累，以利于企业扩大再生产。

三、提取任意盈余公积

根据《公司法》的规定，企业从税后利润中提取法定盈余公积后，经股东会或者股东大会决议，还可以从税后利润中提取任意盈余公积。根据规定，任意盈余公积提取比例由投资者决议。提取任意盈余公积的目的是满足企业经营管理的需求，控制向投资者分配利润的水平，以及调整各年度利润分配的波动。

四、向投资者分配利润

根据《公司法》的规定，企业弥补亏损和提取盈余公积后的税后利润，可以向股东（投资者）分配股利（利润），其中有限责任公司股东按照实缴的出资比例分取红利，全体股东约定不按照出资比例分取红利的除外；股份有限公司按照股东持有的股份比例分配，但股份有限企业章程规定不按持股比例分配的除外。企业持有的本企业股份不得分配利润。

【做中学6-6】（多选题）光正集团股份有限公司2024年度实现净利润813万元，2024年度未分配利润数为−5 009万元，下列各项说法中，正确的有（　　）。

A.2024年度不应进行利润分配，年末结存的未分配利润结转下年

B.2024年度有盈余应进行利润分配，年末结存的未分配利润结转下年

C.2024年度应先按10%提取盈余公积，再弥补累计亏损

D.2024年度净利润不足以弥补累计亏损，当年度不应进行利润分配

参考答案：AD。

任务二 不同股利政策的比较

股利政策的关键问题是确定分配和留存的比例。由于利润分配需要考虑法律规定的资本保全、股东的投资收益、企业未来投资机会、债权人权益保护等诸多因素。因此，股利政策要充分考虑各利益相关主体的利益需求。科学合理的股利政策是优化资本结构、提升企业价值的手段之一。

可供选择的股利政策包括：剩余股利政策、固定或稳定增长的股利政策、固定股利支付率政策及低正常股利加额外股利政策。

技能点6-1 剩余股利政策

微课

剩余股利政策应用分析

剩余股利政策，是指企业生产经营所获得的净收益首先应根据企业的目标资本结构，测算出企业的权益资金需求，先从盈余中留用，如果还有剩余，则派发股利；如果没有剩余，则不派发股利。企业的股利政策不应当破坏目标资本结构，股利支付与否、支付多少受到企业的投资机会和资本结构的影响。

一、剩余股利政策实施的基本步骤

（1）设定目标资本结构，在此资本结构下，企业的加权平均资本成本将达到最低水平；

（2）确定未来投资机会的资金需求，根据目标资本结构计算所需要的权益资金数额；

（3）尽可能用留存收益来满足未来投资机会对权益资金的需求；

（4）留存收益在满足权益资金的增加需求后，剩余部分用以发放股利。

【做中学6-7】假设南沙公司2024年的税后净利润为1 600万元，2025年的投资计划需要资金700万元。企业目标资本结构权益资本占60%，债务资本占40%。假设该企业当年流通在外的普通股为1 180万股。公司拟采用剩余股利分配政策。

要求：

（1）请计算该企业2025年度投资计划所需的权益资金为多少？

（2）请计算该企业2024年度拟分配的股利金额为多少？

（3）请计算该企业2024年度每股股利为多少？

计算如下：

（1）按照目标资本结构的要求，2025年度企业投资计划所需的权益资本数额为：

投资计划所需的权益资本＝700×60%＝420（万元）

（2）按照剩余股利政策的要求，该企业2024年度可以向投资者分配的股利数额为：

向投资者分配的股利＝1 600－420＝1 180（万元）

（3）2024年度每股股利＝1 180÷1 180＝1（元/股）

二、剩余股利政策的优缺点

剩余股利政策的留存收益优先保证再投资的需要，能保持目标资本结构，从而有助于降低再投资的资金成本，实现企业价值的最大化。但是，该政策使得每年股利发放水平随着投资机会和盈利水平的波动而波动。在未来投资机会与盈利水平发生较大变化时，股利发放的水平也将会发生较大的波动，容易使投资者产生股利政策不稳定的不良印象，也不利于投资者安排收入与支出，也不利于企业树立稳定经营的形象，它一般适用于企业的初创阶段。

【做中学6-8】（判断题）光正集团公司董事会提出“公司发展阶段属成长期且有重大资金支出安排的，进行利润分配时，现金分红在当次利润分配中所占比例最低应达到20%”，该观点体现了剩余股利分配政策的基本思想。（　　）

参考答案：错。

技能点6-2　固定或稳定增长的股利政策

固定或稳定增长的股利政策，是指企业将每年派发的股利固定在某一特定水平或是在此基础上维持某一固定比率逐年稳定增长。因此，只有在确信企业未来的盈利增长不会发生逆转时，企业才会宣布实施固定或稳定增长的股利政策。在固定或稳定增长的股利政策下，首先确定的是股利分配额，而且该分配额一般不随资金需求的波动而波动。

一、固定或稳定增长的股利政策的主要优点

（1）固定或稳定增长的股利政策可以传递给股票市场和投资者一个企业经营状况稳定、管理层对未来充满信心的信号。这有利于企业在资本市场上树立良好的形象、增强投资者对企业未来发展的信心，进而有利于稳定企业股价。

（2）固定或稳定增长的股利政策，有利于吸引那些打算做长期投资的股东，这部分股东希望其投资的股利能够成为其稳定的收入来源，以便安排各种经常性的消费和其他支出。

二、固定或稳定增长的股利政策的主要缺点

（1）固定或稳定增长的股利政策下的股利分配金额固定不变或只升不降，股利支付与企业盈利水平相脱离。在企业资金紧张的情况下，仍要按固定或是固定增长比率派发股利，有可能会使企业陷入财务危机。

（2）在企业的发展过程中，难免会出现经营状况不好或短暂的困难时期，如果这时

仍执行固定或稳定增长的股利政策，那么派发的股利金额将大于企业实现的盈利，这必将侵蚀企业的留存收益，甚至侵蚀企业现有的资本，最终影响企业正常的生产经营活动。

所以，固定或稳定增长的股利政策一般适用于经营比较稳定或正处于成长期的企业。但是，它很难被长期采用。

【做中学6-9】南沙公司2024年的税后净利润为1 600万元，2025年的投资计划需要资金700万元。企业目标资本结构中权益资本占60%，债务资本占40%。假设该企业当年流通在外的普通股为1 180万股，2023年分配的股利金额为800万元。公司拟采用固定股利分配政策。

要求：

（1）请计算该企业2024年度拟分配的股利为多少？

（2）请计算该企业2024年度每股股利为多少？

（3）企业当年的留存收益能否满足投资计划的资金需求？

计算如下：

（1）该企业2024年度拟分配股利 = 上年分配的现金股利 = 800万元

（2）该企业2024年度每股股利 = 800÷1 180 = 0.68（元/股）

（3）当年的留存收益 = 1 600 − 800 = 800（万元）

该公司按固定股利政策分配股利后还有800万元的留存收益，所以能满足投资计划的资金需求。

技能点6-3　固定股利支付率政策

固定股利支付率政策，是指企业将每年净收益的某一固定百分比作为股利分派给股东。这一百分比通常称为股利支付率，股利支付率一经确定，一般不得随意变更。在这一股利政策下，只要企业的税后利润一经确定，所派发的股利也就确定了。固定股利支付率越高，企业留存收益越少。

一、固定股利支付率政策的主要优点

（1）采用固定股利支付率政策，股利与企业盈余紧密地配合，体现了“多盈多分、少盈少分、无盈不分”的利润分配原则。

（2）采用固定股利支付率政策，企业每年按固定的比例从税后利润中支付现金股利，从企业支付能力的角度看，这是一种稳定的股利政策。

二、固定股利支付率政策的主要缺点

（1）股利支付水平会随着企业盈利水平的变化而变化。大多数企业每年的收益很难保持稳定不变，如果企业每年收益状况不同，固定股利支付率政策将导致企业每年股利分配额呈现出频繁变化。波动的股利向市场传递的是企业未来收入前景不明确、不可靠等信息，很容易给投资者留下企业经营状况不稳定、投资风险较大的不良印象。

（2）容易使企业面临较大的财务压力。在权责发生制的核算原则下，企业盈利水平高，并不一定代表企业有充足的现金派发股利。因此，如果企业的现金流量状况不稳定，采用固定比率派发股利的话，就很容易给企业造成较大的财务压力。

（3）合适的固定股利支付率的确定难度大。如果固定股利支付率确定得较低，不能满足投资者对投资收入的要求；固定股利支付率确定得较高，又会给企业带来巨大的财务压力。尤其当企业发展需要大量资金时，将会进一步加大其财务负担。

企业每年面临的投资机会、筹资渠道都会发生变化，一成不变地按固定比率发放股利的企业在实际中并不多见。固定股利支付率政策比较适合于那些处于稳定发展阶段且财务状况也较稳定的企业。

【做中学6-10】（多选题）光正集团股份有限公司董事会根据公司所处行业特点、发展阶段、自身经营模式、盈利水平以及是否有重大资金支出安排等因素，并按照公司章程规定的程序，提出差异化的现金分红政策：

（1）公司发展阶段属成熟期且无重大资金支出安排的，进行利润分配时，现金分红在当次利润分配中所占比例最低应达到80%；

（2）公司发展阶段属成熟期且有重大资金支出安排的，进行利润分配时，现金分红在当次利润分配中所占比例最低应达到40%；

（3）公司发展阶段属成长期且有重大资金支出安排的，进行利润分配时，现金分红在当次利润分配中所占比例最低应达到20%；

（4）公司发展阶段不易区分但有重大资金支出安排的，可以按照第（3）项规定处理。

根据上述资料，下列说法中，正确的有（　　）。

A.该公司采用的是剩余股利政策

B.该公司采用的是固定股利支付率政策

C.该公司的股利政策适用面广，具有较强的弹性

D.该政策有可能存在企业盈利水平高，但并不一定有充足的现金派发股利的问题

参考答案：BCD。

技能点6-4　低正常股利加额外股利政策

低正常股利加额外股利政策，是指企业事先设定一个较低的正常股利额，每年除了按正常股利额向股东发放现金股利外，在企业盈利情况较好、资金较为充裕的年度向股东发放额外股利。但是，额外股利并不是每年固定支付。它可以用以下公式表示：

$$Y = a+bX$$

式中：Y——每股股利；a——低正常股利；b——股利支付比率；X——每股收益。

一、低正常股利加额外股利政策的主要优点

（1）具有较大的灵活性。企业每年可以根据其具体情况，确定不同的额外股利发放水平，具有较大的灵活性和弹性。

（2）可以吸引有股利偏好的股东进行长期投资。采用低正常股利政策可以使股东每年得到比较稳定的股利收入，从而吸引住这一部分投资者。

二、低正常股利加额外股利政策的主要缺点

（1）由于盈利波动使得企业额外股利不断发生变化，时有时无，容易给投资者造成企业收益不稳定的感觉。

（2）当企业在较长时期持续发放额外股利，可能会被股东误认为是“正常股利”，而一旦取消了这部分额外股利，传递出的信号可能会使股东认为这是企业财务状况恶化的表现，进而可能会引起企业股价下跌的不良后果。

所以，它一般适用于盈利水平随着经济周期有较大波动的企业或者盈利与现金流量很不稳定的企业。

各种股利政策在执行过程中，各有其利弊。企业应结合自身的实际情况采取切合实际的股利政策。企业在制定股利政策时，应将股利政策的稳定性放在首位，在既要保证企业发展所需资金，又要保护股东利益的前提下，选择恰当的股利政策。

【做中学6-11】（单选题）盈利水平随着经济周期有较大波动的公司或行业适用的股利分配政策是（　　）。

A. 剩余股利政策　　B. 固定股利政策

C. 固定股利支付率政策　　D. 低正常股利加额外股利政策

参考答案：D。

任务三　利润分配方案的确定

知识点6-5　股利支付的影响因素

股利支付水平通常用股利支付率来衡量。股利支付率是当年发放股利与当年净利润之比，或者以每股股利除以每股收益计算。

是否对股东派发股利以及股利支付率的确定，取决于企业对下列因素的权衡：

（1）企业所处的成长周期；

（2）企业未来的投资机会；

（3）企业未来的筹资能力及筹资成本；

（4）企业的目标资本结构；

（5）股利的信号传递功能；

（6）借款协议及法律限制；

（7）股东偏好；

（8）通货膨胀等。

知识点6-6　股利支付形式

按照企业对其股东支付股利的不同方式，股利可以分为不同的种类。其中，常见的有以下四类：

一、现金股利

现金股利，是以现金支付的股利，它是股利支付最常见的方式。采用这种方式时，企业除了要有足够的留存收益之外，还要有足够的现金。

二、财产股利

财产股利，是以现金以外的其他资产支付的股利。其主要是以企业所拥有的其他企业的有价证券，如企业债券、企业股票等，作为股利发放给股东。

三、负债股利

负债股利，是以负债方式支付的股利。通常以企业的应付票据支付给股东，有时也以发行企业债券的方式支付股利。财产股利和负债股利实际上都是现金股利的替代方式，但目前这两种股利方式在我国企业实务中极少使用。

四、股票股利

股票股利，是企业以增发股票的方式支付的股利。我国实务中通常也称其为“红股”。股票股利对企业来说，不会导致企业的现金流出，也不会导致企业的财产减少，而只是将企业的留存收益转化为股本和资本公积。但它会增加流通在外的股票数量，从而降低股票的每股价值，它不改变公司权益总额，但会改变企业股东权益的内部构成。

【做中学6-12】西沙公司2024年流通在外的普通股为2 000万股，每股面值1元。企业拟发放20%的股票股利，即每10股送2股，送股时股票每股市价6元。其他指标见表6-1。

要求：计算并比较分析发放股票股利前后的股东权益情况。

表6-1　股票股利对股东权益的影响　单位：万元

项目	原股东权益	计算过程	增发后的股东权益
股本	2 000	= 2 000 ×（1+20%）	2 400
资本公积	3 000	= 3 000+（6 − 1）×（2 000×20%）	5 000
盈余公积	2 000		2 000
未分配利润	3 000	= 3 000 − 6×2 000×20%	600
股东权益合计	10 000		10 000

股票市价为6元/股，需从“未分配利润”项目中转出的资金为：

从“未分配利润”项目中转出的资金 = 6×2 000×20% = 2 400（万元）

由于股票面值为1元，所以股本增加的金额为：

股本增加的金额 = 2 000×20%×1 = 400（万元）

溢价部分应计入资本公积项目，所以资本公积增加的金额为：

资本公积增加的金额 = （6 − 1）×（2 000×20%）= 2 000（万元）

【做中学6–13】沿用【做中学6–12】的资料。分析发放股票股利对每股净资产的影响。

从表6–1中可以看出，发放股票股利后企业净资产总额没有发生变化，但会引起普通股股本、未分配利润项目的变化。同时，因股数增加，会引起每股净资产下降，这也会引起股票价格下降。

发行前的每股净资产 = 10 000÷2 000 = 5（元）

发行后的每股净资产 = 10 000÷2 400 = 4.17（元）

【做中学6–14】沿用【做中学6–12】的资料。分析发放股票股利对每股市价的影响。

以发放股票股利方式支付股利后，企业当前的价值不会因此而发生重大变化。但由于流通在外的股数增加，会引起股票价格下降。

发放股票股利后的企业价值总额与发行前的价值总额相等：

发放股票股利后的企业价值总额 = 6×2 000 = 12 000（万元）

发放前的每股市价 = 6元

发放后的每股市价 = 12 000÷2 400 = 5（元）

从以上计算分析可知，企业股票总价值没有发生变化，但每股净资产由5元下降到4.17元，每股市价从6元下降到5元。也就是说，企业发放股票股利后，由于普通股股数增加将引起每股净资产、每股市价的下降，但每位股东所持的股票的市场价值总额仍保持不变。

从表面上看，股票股利不直接增加股东的财富，也不增加企业的价值，但对股东和企业都有特殊意义。

对于股东而言：

一是可能得到股价相对上升的好处。投资者往往认为发放股票股利预示着企业将会有较大发展，这样的信息传递会稳定股价或使股价下降比例减少甚至不降反升，股东因此会得到股票价值相对上涨的好处。

二是可能获得纳税上的好处。在股东需要现金时，还可以将分得的股票股利出售，有些国家税法规定出售股票所需缴纳的资本利得税率比收到现金股利所需缴纳的所得税税率低，这使得股东可以从中获得纳税上的好处。

对于企业而言，发放股票股利有以下意义：

一是发放股票股利不需要向股东支付现金。发放股票股利可使股东分享企业的盈余但无须分配现金，在再投资机会较多的情况下，可以减少资金筹集压力。

二是可以降低每股价格，促进股票的交易与流通。发放股票股利可以降低每股价格，从而吸引更多的投资者成为股东，进而使股权更为分散，有效地防止公司被恶意控制。

三是可以传递公司未来发展前景良好的信息，从而增强投资者信心，树立企业良好的形象。

知识点6-7　股利支付程序

企业在选择了股利政策、确定了股利支付水平和方式后，应当进行股利的发放。企业股利的发放必须遵循相关的要求。一般情况下，先由董事会提出分配预案，然后提交股东大会决议，股东大会决议通过才能进行分配。股东大会决议通过分配预案后，要向股东宣布发放股利的方案，并确定股权登记日、除息日和股利发放日。

股份有限公司向股东支付股利，其过程主要经历：股利宣告日、股权登记日、除息日和股利支付日。

（1）股利宣告日，即股东大会决议通过并由董事会将股利支付情况予以公告的日期。公告中将宣布每股支付的股利、股权登记日、除息日以及股利支付日等事项。

（2）股权登记日，即有权领取本期股利的股东资格登记截止日期。只有在股权登记日前在公司股东名册上登记的股东，才有权分享股利。在这一天之后取得股东资格的股东则无权领取本次分派的股利。

（3）除息日，即领取股利的权利与股票分离的日期。在除息日之前购买股票的股东才能领取本次股利，而在除息日当天或者以后购买股票的股东，则不能领取本次股利。由于失去了“收息”的权利，除息日的股票价格会下跌。除息日是股权登记日的下一个交易日。如果股权登记日为周五，则除息日为下周的周一。

（4）股利支付日，即向股东发放股利的日期。

【做中学6-15】东海公司于2024年5月21日公布2023年度的分红方案，其公告如下：

“2023年度权益分派方案已获2024年5月20日召开的2023年度股东大会审议通过，现将权益分派事宜公告如下：本公司2023年度权益分派方案为：以公司总股本955 758 496股为基数，向全体股东每10股派5元人民币。股权登记日为：2024年6月17日，除息日为：2024年6月18日。本公司此次委托中国结算深圳分公司代派的A股股东现金红利将于2024年6月28日通过股东托管证券公司（或其他托管机构）直接划入股东资金账户。”

该公司的股利支付程序如图6-1所示。

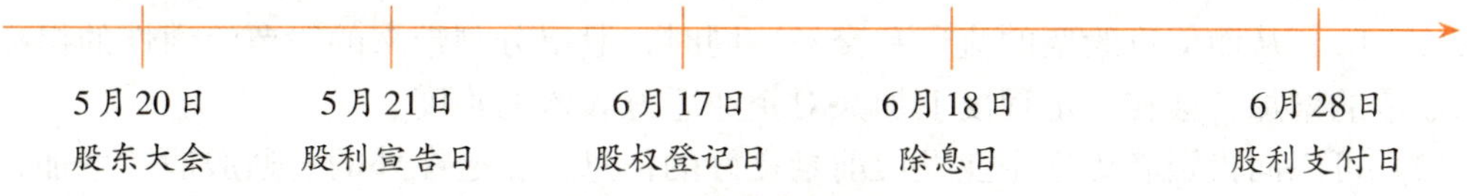

图6-1　股利支付程序

任务四 股票分割与回购的决策

知识点6-8 股票分割

一、股票分割的含义

股票分割又称股票拆细，即将一股股票拆分成多股股票的行为。股票分割对企业的资本结构不会产生任何影响，一般只会使发行在外的股票总数增加。与股票股利不同，股票分割后，资产负债表中股东权益各项目的余额与结构都保持不变，股东权益的总额也保持不变。

【做中学6-16】东海公司2024年流通在外的普通股为2 000万股，每股面值10元。企业拟按1∶2进行股票分割，即每1股拆分成2股，每股面值将降为5元。则企业在分割前、分割后的有关权益项目见表6-2。

表6-2 股票分割对所有者权益的影响 金额单位：万元

所有者权益项目	分割前	分割后
普通股股数（万股）	2 000	2 000×2 = 4 000
普通股（股本）	20 000	2 000×2×5 = 20 000
资本公积	5 000	5 000
盈余公积	3 000	3 000
未分配利润	3 000	3 000
股东权益合计	31 000	31 000
每股净资产（元）	31 000÷2 000 = 15.50	31 000÷4 000 = 7.75

从表中可以看出，进行股票分割后企业所有者权益各项目均没有发生变化，但是会引起股数增加，从而会引起每股净资产下降，这也将引起股票价格下降。

二、股票分割的作用

股票分割具有以下作用：

（1）降低股票价格。股票分割会使流通中的股数增加，从而使每股净资产下降，每股市价下降，从而促进股票的流通和交易。同时，股票分割带来的股票流通性的提高和股东数量的增加，会在一定程度上加大对企业恶意收购的难度。

（2）可以向投资者传递企业发展前景良好的信息。流通在外的普通股股数增加，容易给人一种“企业正处于持续发展”的印象。它可以向投资者传递企业发展前景良好的信息，有助于提高投资者对企业的信心。

（3）股票分割可以为企业发行新股做准备。企业股票价格太高，会使许多潜在的投资者趋于谨慎而不敢轻易对企业的股票进行投资。因此，在新股发行之前，利用股票分割降低股票价格，可以促进新股的发行。

知识点6-9　股票回购

一、股票回购

微课

股票回购

股票回购，是指上市企业出资将其发行的流通在外的股票以一定价格购买回来予以注销或作为库存股的一种资本运作方式。

《公司法》规定："公司不得收购本公司股份。但是，有下列情形之一的除外：（一）减少公司注册资本；（二）与持有本公司股份的其他公司合并；（三）将股份用于员工持股计划或者股权激励；（四）股东因对股东大会作出的公司合并、分立决议持异议，要求公司收购其股份；（五）将股份用于转换上市公司发行的可转换为股票的公司债券；（六）上市公司为维护公司价值及股东权益所必需。"

二、股票回购的动机

在资本市场上，股票回购的动机主要有以下几点：

（一）优化企业资本结构

在企业认为权益资本在资本结构中所占比例较大时，会为了优化资本结构而进行股票回购，从而在一定程度上降低了企业资本成本，并且可以提高净资产报酬率。

（二）稳定或提高企业的股价

由于信息不对称和预期差异，资本市场上的企业股票价格可能被低估，而过低的股价将会对企业产生负面影响。因此，如果企业认为其股价被过分低估时，可以通过股票回购，向市场和投资者传递企业真实的投资价值信息，从而达到稳定或提高企业股价的目的。

（三）基于控制权的考虑

控股股东为了保证其控制权不被改变，往往采取直接或间接的方式回购股票，从而巩固既有的控制权。另外，股票回购可以使企业流通在外的股份数变少，促使企业股价上升，从而使收购方要获得控制企业的法定股份比例变得更加困难。

三、股票回购的影响

股票回购对上市公司及股东的影响主要表现在以下方面：

（一）股票回购对上市企业的影响

股票回购不仅需要大量资金支付回购的成本，形成巨额资金流出。同时，股本的减少，在一定程度上削弱了对债权人利益的保障。另外，股票回购一般以溢价方式进行，虽然能满足大部分股东的投资收入需求，但有可能会损害企业的根本利益。股票回购容易导致企业或他人利用内幕消息进行炒作，或操纵财务信息，加剧企业行为的非规范化，使投资者蒙受损失。

（二）股票回购对股东的影响

对投资者来说，与现金股利相比，股票回购不仅可以节约个人税收，而且具有更大的灵活性。因为需要现金的股东可以选择卖出股票，而不需要现金的股东则可继续持有股票。但是，假如回购价格过高，则回购结束后企业股价将会出现回归性的下降，这样对继续持有股票的股东不利。

四、股票回购的方式

股票回购包括公开市场回购、要约回购及协议回购三种方式。

（一）公开市场回购

公开市场回购，是指企业在股票的公开交易市场上按照企业股票当前市场价格回购股票。采取这种方式容易推高股价，增加回购成本，而且交易税费和交易佣金会大大增加企业回购成本。

（二）要约回购

要约回购是指企业在特定期间向市场发出的以高出股票当前市场价格的某一价格，回购既定数量股票的要约。这种方式赋予所有股东向企业出售其所持股票的均等机会。要约回购通常被市场认为是更积极的信号，因为要约价格存在高出股票当前价格的溢价。当然，溢价的存在，也使得要约回购的执行成本较高。

（三）协议回购

协议回购是指企业以协议价格直接向一个或几个主要股东回购股票。协议价格一般低于当前的股票市场价格，尤其是在卖方首先提出的情况下。有时企业也以超常溢价向其认为有潜在威胁的非控股股东回购股票，显然这将损害继续持有股票的股东的利益。

【做中学6-17】（多选题）2016年8月首度宣布25亿美元回购计划后，汇丰股价在4个月内累升30%。关于公司的股票回购，下列说法中，正确的有（　　）。

A.向市场传递股价被低估的信号，可以稳定公司股价

B.减少外部流通股股数，可以降低被收购的风险

C.可以达到增厚每股利润等指标的效果

D.股票回购注销后，若负债水平不变，会提高资产负债率

参考答案：ABCD。

拓展阅读

假设你是企业的高级管理人员，请阅读以下材料，谈谈把“蛋糕”做大，把“蛋糕”分好，对企业分配管理的启示。

把“蛋糕”做大，把“蛋糕”分好

中国要实现共同富裕，但不是搞平均主义，而是要先把“蛋糕”做大，然后通过合理的制度安排把“蛋糕”分好，水涨船高、各得其所，让发展成果更多更公平惠及全体人民。（摘自2022年1月17日习近平主席在北京出席2022年世界经济论坛视频会议的演讲）

治国之道，富民为始。共同富裕是社会主义的本质要求，也是新时代中国共产党的新使命。按照马克思、恩格斯的构想，共产主义社会将真正实现社会共享、实现每个人自由而全面的发展，到那时，“生产将以所有人的富裕为目的”。中国共产党自成立以来，始终坚守为中国人民谋幸福，为中华民族谋复兴的初心使命，坚持人民主体地位。进入新时代，中国共产党坚持以人民为中心、一切发展为了人民，着力推进经济社会高质量发展，坚持把蛋糕“做大”，同时还强调要把蛋糕“做优”“分好”，进一步丰富和发展了共同富裕的理论与实践。

实现共同富裕是一个长期奋斗的过程。我们党在改革开放伟大实践中形成了让一部分人通过劳动先富起来、先富带动后富、逐步实现共同富裕的规律性认识，推动了人民生活质量和社会共享水平显著提升。以习近平同志为核心的党中央强调“分阶段促进共同富裕”，要依照中国国情，分阶段、有步骤、循序渐进地推动。

“幸福都是奋斗出来的”。共同奋斗是共同富裕的根本实现路径，共同富裕是建设社会主义现代化强国的关键目标。新时代推进共同富裕，不是搞“平均主义”，更不是倡导不劳而获吃“大锅饭”。只有全社会成员共同努力奋斗，以人人参与、人人奋斗、人人共建实现人人共享；只有继续将蛋糕“做大”，才能实现水涨船高、各得其所，为“分好”蛋糕打下坚实的基础。推进共同富裕，必须做好顶层设计，强调发展的普惠性、共享性，扩大中等收入群体，依靠稳定的经济发展、合理的制度安排、积极的社会参与，让发展成果更多更公平惠及全体人民，真正实现在高质量发展中扎实推动共同富裕。

资料来源：李佳金. 把“蛋糕”做大，把“蛋糕”分好［EB/OL］.［2022-03-07］. https：//baijiahao.baidu.com/s? id = 1726593446231257635&wfr = spider&for = pc.

职业能力测试

一、判断题

（　　）1.“2022年5月11日，华源控股首次通过回购专用证券账户以集中竞价交易方式回购股份”，该行为有可能会达到提升股价的效果。

（　　）2.在通货膨胀时期，企业一般会采用宽松的利润分配政策。

（　　）3.股票股利不会改变股东权益内部结构。

（　　）4.处于稳定发展且财务状况也比较稳定的公司，一般适宜采用剩余股利政策。

（　　）5.股票分割会使股票面值发生变化，但所有者权益总额和内部结构均不发生变化。

二、单项选择题

1.在确定企业的利润分配政策时，应当考虑相关因素的影响，其中“资本保全约束”属于（　）。

A.股东因素　　B.企业因素　　C.法律因素　　D.债务契约因素

2.公司采用固定股利政策发放股利的好处主要表现在（　　）。

A.可以增强投资者信心　　B.降低资本成本

C.提高支付能力　　D.实现资本保全

3.我国公司不得用于利润分配的权益资金是（　　）。

A.法定盈余公积　　B.任意盈余公积

C.上年未分配利润　　D.资本公积

4.企业股东会或董事会违反《公司法》规定的利润分配顺序，在抵补亏损和提取法定盈余公积之前向股东分配利润的（　　）。

A.必须在下一年度调整冲回

B.必须将违反规定发放的利润退还企业

C.必须冲转当年未分配利润

D.必须退还企业并处以罚款

5.下列各项中，不属于企业进行利润分配应遵循的原则的是（　　）。

A.依法分配原则　　B.资本保全原则

C.分配与积累并重原则　　D.权责发生制原则

三、多项选择题

1.江苏新日股票公告股利分配条件：“在发放股票股利有利于公司全体股东整体利益时，可以进行股票股利分配。”下列说法中，正确的有（　　）。

A.发放少量的股票股利可能会使股东得到股票价值相对上升的好处

B.发放股票股利可使股东分享企业的盈余但无须分配现金，在再投资机会较多的情况下，可以减少资金筹集压力

C.发放股票股利可以降低每股价格，从而吸引更多的投资者成为股东，进而使股权更为分散，有效地防止公司被恶意控制

D.可以传递公司未来发展前景良好的信息，从而增强投资者信心，树立企业良好的形象

2.公司基于不同的考虑会采取不同的股利分配政策。采用剩余股利政策的公司更多地关注（　　）。

A.盈余的稳定性　　B.现金的充裕性

C.未来的投资机会　　D.目标资本结构的保持

3.下列因素中，股东往往希望公司提高股利支付率的有（　　）。

A.规避投资风险　　B.稳定股利收入

C.防止公司控制权被稀释　　D.避税

4.下列有关股票股利的表述中，正确的有（　　）。

A.使股东权益内部结构发生变化　　　　B.每股净资产下降
C.每股收益下降　　　　　　　　　　　D.每股市价下降

5.当公司现金短缺时，可采用的股利支付形式有（　　）。

A.现金股利　　　B.股票股利　　　C.财产股利　　　D.债务股利

四、简答题

1.请简述公司管理层基于哪些考虑，会更倾向采用剩余股利政策发放股利。有管理者说，剩余股利政策一般适用于公司成熟阶段。你认为该管理者的说法是否恰当?

2.请分析能保持股利与收益之间一定的比例关系，并体现“多盈多分、少盈少分、无盈不分”原则的是哪一种股利政策，有何优缺点?

3.请简述公司发放股票股利对公司现金流、流通股、所有者权益结构的影响。

五、案例题

1.北海企业2024年税后净利润为2 500万元，2025年投资计划需要资金800万元，如果该企业采用剩余股利政策，2024年发放的股利为1 900万元。

思考：

（1）用于投资计划的留存收益金额为多少?

（2）目标资本结构中权益资本所占的比例为多少?

2.假设北海公司2024年的税后净利润为2 000万元；2025年的投资计划需要资金1 800万元。企业目标资本结构为权益资本占60%，债务资本占40%。流通在外的普通股股数为1 000万股。企业拟采用剩余股利政策。

思考：

（1）企业拟分配的股利为多少?

（2）企业预期的每股股利为多少?

3.若2025年北海企业决定将企业的股利政策改为逐年稳定增长的股利政策，设股利的逐年增长率为2%，投资者要求的必要报酬率为12%，假设当前的股利为0.5元/股。

思考：该股票的价值是多少?

4.东海公司2024年流通在外的普通股为50万股。其拟发放20%的股票股利，即每10股送2股。公司2024年税后利润为150万元，当前每股市价为20元。

思考：宣布增发股票股利后的每股收益与每股市价是多少?

项目七

财务预算管理

【知识点】

1. 全面预算的内容与作用
2. 预算编制基本程序
3. 固定预算与弹性预算
4. 增量预算和零基预算
5. 定期预算与滚动预算
6. 预算的执行与考核

【技能点】

1. 弹性预算的编制
2. 滚动预算的编制
3. 日常业务预算的编制（微课）
4. 特种决策预算的编制
5. 财务预算的编制（微课）

任务一　构建全面预算体系

预算是企业合理配置资源的一种方法，也是各部门明确目标、沟通协调、绩效评价的工具。

知识点7-1　全面预算的内容与作用

全面预算是以货币及其他数量形式反映的有关企业未来一段时间各项经营活动目标的行动计划及相应措施的数量说明。其具体包括特种决策预算、日常业务预算和财务预算。

一、全面预算的内容

（一）特种决策预算

特种决策预算是指企业为不经常发生的、需要根据特定决策而编制的一次性预算。其主要包括经营决策预算和投资决策预算两种类型，如固定资产投资预算、债券投资预算等。

（二）日常业务预算

日常业务预算是指与企业日常经营活动直接相关的各种预算。其主要包括：销售预算、生产预算、直接材料耗用及采购预算、应交增值税预算、税金及附加预算、直接人工预算、制造费用预算、产品成本预算、期末存货预算、销售费用预算、管理费用预算等内容。

（三）财务预算

财务预算也称总预算，是指一系列专门反映企业未来一定期限内预计财务状况和经营成果，以及现金收支等价值指标的各种预算的总称。其具体包括现金预算、预计利润表、预计资产负债表等内容。

对一个准备编制全面预算的企业来说，它应该构建一个包括特种决策预算、日常业务预算、财务预算在内的预算体系。图7-1反映了一家企业预算编制的基本内容，也反映了各种预算之间的数据传递关系。

企业应根据长期市场预测和生产能力，编制长期销售预算，并以此为基础，确定本年度的销售预算和相关的资本支出预算。销售预算是年度预算的编制起点，根据“以销定产”的原则确定生产预算，以及相关的期间费用等预算。生产预算的编制，除了考虑计划销售量外，还要考虑现有存货和年末存货水平。然后根据生产预算来确定直接材料、直接人工和制造费用预算，形成产品成本预算。财务预算是有关预算的汇总，预计利润表和预计资产负债表是全部预算的综合。

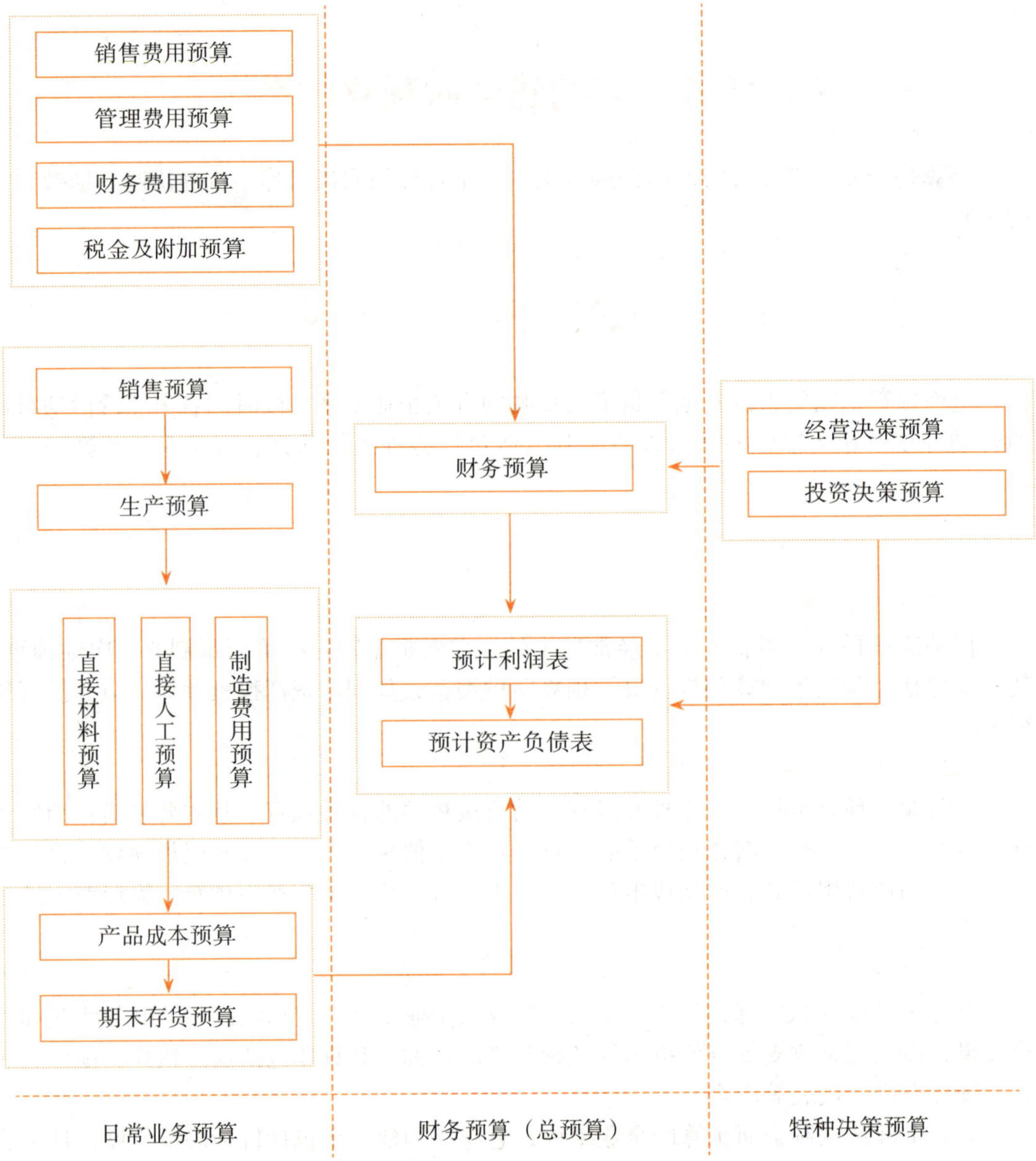

图7-1 全面预算内容及各预算间的数据传递关系

二、全面预算的作用

全面预算反映了企业各级各部门工作的目标，它具有以下作用：

（一）明确目标

预算中规定了企业一定时期的总目标以及各级各部门的子目标，可以动员全体职工为此而奋斗。

（二）沟通和协调

企业内部各级各部门必须协调一致，才能最大限度地实现企业的总目标。各级各部门因其职责不同，各自的目标往往会出现互相脱节的现象。例如，销售部门制订销售计划，生产部门却没有足够的生产能力；生产部门制订生产计划，销售部门却可能无法将产品销售出去；销售和生产部门都认为应当扩大生产能力，但财务部门可能认为无法筹集到必要的资金。通过预算的编制，可以使各级各部门的工作目标协调一致。

（三）控制标准

预算是控制经济活动的依据和衡量其合理性的标准，当实际状态和预算有了较大差异时，要查明原因并采取相应的控制措施。

（四）绩效评估

企业全面预算确定的各项指标，也是考核各部门工作业绩的基本尺度。在评定各部门工作业绩时，要根据预算的完成情况，分析偏离预算的程度与原因，进行客观的绩效评价。

【做中学 7-1】（多选题）下列关于预算的说法中，正确的有（　　）。

A.预算是企业在预测、决策的基础上，以金额的形式反映企业在未来一定时期内经营、投资、财务等活动的具体计划

B.销售预算是日常业务预算编制的起点

C.预算可以实现企业内部各个部门之间的协调

D.预算与企业的战略或目标保持一致

参考答案：BCD。

知识点7-2 预算编制基本程序

企业编制预算，一般应按照“上下结合、分级编制、逐级汇总”的程序进行。一般需要经过以下几个步骤：

一、下达目标

企业董事会或经理办公会根据企业发展战略和对预算期经济形势的初步预测，提出下一年度企业财务预算目标，包括销售或营业目标、成本费用目标、利润目标和现金流量目标，并确定财务预算编制的政策，由财务预算委员会下达各预算执行单位。

二、编制上报

各预算执行单位按照企业财务预算委员会下达的财务预算目标和政策，结合自身特点以及预测的执行条件，提出详细的本部门财务预算方案，上报企业财务部门。

三、审查平衡

企业财务部门对各预算执行单位上报的财务预算方案进行审查、汇总，提出综合平衡的建议。在审查、平衡的过程中，财务预算委员会应当进行充分协调，对发现的问题提出初步调整的意见，并反馈给有关预算执行单位予以修正。

四、审议批准

企业财务部门在有关预算执行单位修正调整的基础上，编制出企业预算方案，报财务预算委员会讨论。对于不符合企业发展战略或者预算目标的事项，企业财务预算委员会应当责成有关预算执行单位进一步修订、调整。在讨论、调整的基础上，企业财务部门正式编制企业年度财务预算草案，提交董事会或经理办公会审议批准。

五、下达执行

企业财务部门将董事会或经理办公会审议批准的年度总预算，分解成一系列的指标体系，由财务预算委员会逐级下达各预算执行单位执行。

任务二　预算编制的基本方法

知识点7-3　固定预算与弹性预算

按照预算编制的业务量不同，可以将预算编制方法分为固定预算方法和弹性预算方法两大类。

一、固定预算

固定预算又称静态预算，是指在编制预算时，只根据预算期内正常的、可实现的某一固定业务量（如生产量、销售量）水平作为唯一基础编制预算的一种方法。

由于固定预算不论预算期内业务量水平可能发生何种变动，都只按事先确定的某一个业务量水平作为编制预算的基础，存在适应性差和可比性差的缺点。因此，一般来说，固定预算只适用于业务量水平较为稳定的企业或非营利性组织的预算编制。

二、弹性预算

弹性预算又称为变动预算，是以本、量、利之间的依存关系为依据，以预算期可预见的各种业务量水平为基础，编制能够适应多种情况的一种预算方法。它克服了固定预算方法的缺点。编制弹性预算所依据的业务量可以是产量、销售量、直接人工工时、机器工时、材料消耗量等。

弹性预算一般适用于与预算执行单位业务量有关的成本（费用）、利润等预算项目。在实务中，可以采用公式法或列表法进行编制。

（一）公式法

公式法是假设成本、利润和业务量之间存在线性关系。例如，成本总额、固定成本总额、业务量和单位变动成本之间的变动关系可以表示为：

$$Y = a + \sum bx$$

式中：Y——成本总额；a——不随业务量变动而变动的那部分固定成本；b——单位变动成本；x——业务量。某项目成本总额Y是该项目固定成本总额和变动成本总额之和。

这种方法要求按成本与业务量之间的线性假定，将企业各项目成本总额分解为变动成本和固定成本两部分。

公式法的优点是在一定范围内预算结果可以随业务量变动而变动，可比性和适应性强，编制预算的工作量相对较小；缺点是按公式进行成本分解比较麻烦，对每个费用子项目甚至细目需要逐一进行成本分解，工作量很大。

（二）列表法

列表法是指通过列表的方式，将与各种业务量对应的预算数列示出来的一种弹性预算编制方法。

列表法的主要优点是可以直接从表中查得各种业务量下的预算金额，不用再另行计算，因此直接、简便；缺点是编制工作量较大，而且由于预算数不能随业务量变动而任意变动，弹性仍然不足。

【做中学7-2】（多选题）下列各项费用中，属于固定成本的有（　　）。

A.公司总部的办公费　　B.仓库及厂房保险费

C.直接材料费　　D.直线法下的折旧费

参考答案：ABD。

技能点7-1　弹性预算的编制

编制弹性预算时，首先需要区分固定资金需求与变动资金需求，然后依据$Y = a+\sum bx$的资金预算公式进行总资金需求预测。

【做中学7-3】南海市财政局拟举办行政事业单位内部控制培训，经办人员设计了一个成本预测公式，以便可以随时计算出在任一参训人数下的成本预算总额。

我们将成本费用划分为固定成本和变动成本，依据$Y = a+\sum bx$预算公式计算出特定业务量下的成本费用总额。假设培训项目单位变动费用和固定费用资料见表7-1。

表7-1　培训项目成本预算表

变动费用项目	单位变动费用（元/人·天）	固定费用项目	固定费用（元）
人均用餐支出	60	场地租金	4 000
人均资料支出	10	音响租金	1 000
人均其他支出	5	劳务报酬	3 000
		宣传支出	500
		专家课酬	3 000
		税费支出	500
小计	75	小计	12 000

根据上表，可以得出该培训项目的成本预算公式为Y = 12 000+75x。

若报名人数达到400人，则成本预算总额为：Y = 12 000+75×400 = 42 000（元）

公式法预测不能同时显示多种情况下的预测数，因此，我们还可以采用列表法进行预测。

【做中学7-4】沿用【做中学7-3】的资料。由于参训人数不固定，经办人员拟以50人为间隔采用列表法编制成本预算表，见表7-2，以便查阅分析。

表7-2　　培训项目成本预算表

变动费用项目	单位变动费用（元/人·天）	参训人数						
		100	150	200	250	300	350	400
人均用餐支出	60	6 000	9 000	12 000	15 000	18 000	21 000	24 000
人均资料支出	10	1 000	1 500	2 000	2 500	3 000	3 500	4 000
人均其他支出	5	500	750	1 000	1 250	1 500	1 750	2 000
小计	75	7 500	11 250	15 000	18 750	22 500	26 250	30 000
固定费用项目	固定费用（元）							
场地租金	4 000							
音响租金	1 000							
劳务报酬	3 000							
宣传支出	500							
专家课酬	3 000							
税费支出	500							
小计	12 000	12 000	12 000	12 000	12 000	12 000	12 000	12 000
成本合计		19 500	23 250	27 000	30 750	34 500	38 250	42 000

知识点7-4　增量预算和零基预算

编制成本费用预算的方法按其出发点的特征不同，可分为增量预算方法和零基预算方法两大类。

一、增量预算

增量预算是指以基期收支水平为基础，结合预算期业务量水平及有关控制的措施，通过调整有关收支项目而编制预算的方法。增量预算以过去的收支水平为基础，主张不需在预算内容上作较大的调整，它的编制遵循如下假定：

（1）企业现有业务活动是合理的，不需要进行调整；

（2）企业现有各项活动的收支水平是合理的，在预算期予以保持；

（3）以现有业务活动和各项活动的收支水平，确定预算期各项活动的预算数。

增量预算编制方法的缺陷是可能导致无效收支项目无法得到有效控制，因为若不加分析地保留或接受原有的收支项目，可能使原来不合理的收支项目继续存在，造成管理上的浪费。

二、零基预算

（一）零基预算的含义及程序

零基预算的全称为“以零为基础的编制计划和预算方法”，它在编制费用预算时，不考虑以往会计期间所发生的费用项目或费用数额，而是一切以零为出发点，根据实际需要逐项审议预算期内各项费用的内容及开支标准是否合理，在综合平衡的基础上编制费用预算的方法。

零基预算的程序如下：

（1）企业内部各级部门的员工，根据企业的生产经营目标，详细讨论计划期内应该发生的费用项目，并为每一费用项目编写一套方案，提出费用开支的目的以及需要开支的费用数额。

（2）划分不可避免费用项目和可避免费用项目。在编制预算时，对不可避免费用项目必须保证资金供应；对可避免费用项目，则需要逐项进行成本与效益分析，尽量控制将可避免项目纳入预算当中。

（3）划分不可延缓费用项目和可延缓费用项目。在编制预算时，应根据预算期内可供支配的资金数额在各费用之间进行分配。应优先安排不可延缓费用项目的支出。然后，再根据需要，按照费用项目的轻重缓急确定可延缓项目的支出。

（二）零基预算的优缺点

零基预算的优点表现在：

（1）不受现有费用项目的限制；

（2）不受现行预算的束缚；

（3）能够调动各方面节约费用的积极性；

（4）有利于促使各基层单位精打细算，合理使用资金。

其缺点是工作量大，重点不突出，编制时间较长，而且容易引发部门之间的矛盾。此法适用于产出较难辨认的服务性部门费用预算的编制。

【做中学 7–5】（多选题）惠州市财政局明确，全部市级部门均在预算安排的基础上，优化支出结构，打破固化的基数，按当年实际需求申报预算，进一步提高年初预算编制的准确度和到位率，年底未能形成实际支出的，一律收回预算统筹。根据上述资料，下列说法中，正确的有（　　）。

A.该预算编制方式为“基数+增长”的增量预算方式

B.该预算编制方式为零基预算方式

C.该预算方式有利于促使各基层单位精打细算，合理使用资金

D.该预算方式能有效地抑制费用的不合理增长

参考答案：BCD。

【做中学7-6】海北公司上年的制造费用为70 000元，预计本年生产任务增加30%，请按增量预算确定计划年度制造费用的预算。

计划年度制造费用预算 = 70 000 ×（1+30%）= 91 000（元）

知识点7-5　定期预算与滚动预算

编制预算的方法按预算期的时间特征不同，可分为定期预算方法和滚动预算方法两大类。

一、定期预算

定期预算也称为阶段性预算，是指在编制预算时以不变的会计期间（如公历年度）作为预算期的一种预算编制方法。

定期预算一般是以会计年度为单位定期编制的，其最大的不足主要是预算的连续性差，即使中期需要修订，也只是针对预算期的剩余月份进行，对下一年度一般不予考虑，从而造成各级管理者只关注预算期剩余期间的生产经营活动，缺乏长远规划。

二、滚动预算

滚动预算又称连续预算，是指在编制预算时，将预算期与会计期间脱离开，随着预算的执行不断地补充预算，逐期向后滚动，使预算期始终保持为一个固定长度（一般为12个月）的一种预算方法。

滚动预算的基本做法是使预算期始终保持12个月，每过1个月或1个季度，立即在期末增列1个月或1个季度的预算，逐期往后滚动，因而在任何一个时期都使预算保持12个月的时间长度，故又叫连续预算或永续预算。

技能点7-2　滚动预算的编制

滚动预算的编制采用长期计划、短期安排的方法进行，就是在基期编制预算时，先按年度分季，并将其中第一季度按月划分，建立各月的明细预算数字，以便监督预算的执行；至于其他三个季度的预算可以粗略一些，只列各季总数。到第一季度结束后，再将第二季度的预算按月细分，第三、四季度以及增列的下一年度的第一季度的预算只列出各季度的总数……如此类推，其编制过程见表7-3。

表7-3　滚动预算的执行与调整

2024年度预算										2025年度预算	
第一季度			第二季度			第三季度			第四季度	第一季度	第二季度
1月	2月	3月	预算总数			预算总数			预算总数		
第一次滚动→			4月	5月	6月	预算总数			预算总数	预算总数	
第二次滚动→						7月	8月	9月	预算总数	预算总数	预算总数

与传统的定期预算方法相比，滚动预算可以保持预算的完整性、继起性，从动态预算中把握企业的未来，能使企业各级管理人员对未来始终保持整整12个月时间的考虑和规划，从而保证企业的经营管理工作能够稳定而有序地进行。而且，由于预算不断调整和修订，使预算与实际情况更相适应，有利于充分发挥预算的指导和控制作用。但是，预算编制的工作量较大。

【做中学7-7】南海公司采用滚动预算方法编制制造费用预算，已知2024年各季度的制造费用预算，见表7-4。

表7-4　2024年全年制造费用预算　金额单位：元

项目	消耗定额	2024年				合计
		第一季度	第二季度	第三季度	第四季度	
直接人工预算总工时		50 000	51 000	52 000	48 000	201 000
变动制造费用						
间接人工费用	8元/小时	400 000	408 000	416 000	384 000	1 608 000
水电与维修费用	3元/小时	150 000	153 000	156 000	144 000	603 000
小计		550 000	561 000	572 000	528 000	2 211 000
固定制造费用						
场地租金	500 000	125 000	125 000	125 000	125 000	500 000
管理人员工资	300 000	75 000	75 000	75 000	75 000	300 000
物料消耗	12 000	3 000	3 000	3 000	3 000	12 000
小计	812 000	203 000	203 000	203 000	203 000	812 000
制造费用合计		753 000	764 000	775 000	731 000	3 023 000

2024年3月31日公司在编制2024年第二季度—2025年第一季度滚动预算时，预见未来的四个季度中将出现以下情况。

（1）间接人工消耗定额将上涨5%，即上涨为8.40元/小时；水电与维修费用消耗定额下降至2.5元/小时。管理人员工资每季度上升到80 000元。

（2）原场地租赁合同到期，新签订的合同租金上涨5%，即上涨为525 000元。

（3）2024年第二季度—2025年度第一季度预计的直接人工总工时分别为52 000小时、52 000小时、50 000小时、52 000小时。

编制的2024年第二季度—2025年度第一季度制造费用预算见表7-5。

表 7-5 2024年第二季度—2025年度第一季度制造费用预算 金额单位：元

项目	消耗定额	2024年度			2025年度	合计
		第二季度	第三季度	第四季度	第一季度	
直接人工预算总工时（小时）		52 000	52 000	50 000	52 000	206 000
变动制造费用						
间接人工费用	8.40元/小时	436 800	436 800	420 000	436 800	1 730 400
水电与维修费用	2.5元/小时	130 000	130 000	125 000	130 000	515 000
小计		566 800	566 800	545 000	566 800	2 245 400
固定制造费用						
场地租金	525 000	131 250	131 250	131 250	131 250	525 000
管理人员工资	320 000	80 000	80 000	80 000	80 000	320 000
物料消耗	12 000	3 000	3 000	3 000	3 000	12 000
小计	857 000	214 250	214 250	214 250	214 250	857 000
制造费用合计		781 050	781 050	759 250	781 050	3 102 400

任务三 预算的编制

技能点7-3 日常业务预算的编制

微课

日常业务预算的编制

通过目标利润预算确定利润目标以后，即可以此为基础，编制全面预算。全面预算的编制应以销售预算为起点，根据各种预算之间的勾稽关系，按顺序从前往后逐步进行，直至编制出预计财务报表。在这个过程中，日常业务预算编制就显得非常重要了。

一、编制销售预算

销售预算是指反映预算期内（通常为一年）各种商品或劳务的销售单价、销售数量和销售收入的预算。它是整个预算的编制起点，其他预算的编制大多以销售预算的数据为基础。

销售预算通常需要分品种、分月份、分销售区域、分销售员来编制。为了简化，本例只按季度进行编制。

编制销售预算时，一般分两部分进行：一是需要预计企业各种产品的销售量、销售单价及其销售收入，即进行销售预算；二是预计销售现金回笼情况，其目的是为编制现金预算提供必要的资料。

同时，需要整理公司期初资产负债表资料，表7–6是东海公司2025年期初的资产负债表，我们需要注意期初资产负债表中的应收账款对现金流预测的影响，长期负债对利息计算的影响。

表7–6　东海公司2025年资产负债表　单位：元

资产	期末余额	上年年末余额	负债和股东权益	期末余额	上年年末余额
流动资产：			流动负债：		
货币资金		8 000	短期借款		
应收票据			应付票据		
应收账款		6 200	应付账款		2 350
存货		10 200	应交税费		
其中：产品30件×240元		7 200	其他应付款		100 000
原材料300千克×10元/千克		3 000	流动负债合计		102 350
流动资产合计		24 400	非流动负债：		
非流动资产：			长期负债		120 000
长期股权投资		50 000	非流动负债合计		120 000
固定资产		47 500	负债合计		222 350
减：累计折旧		3 750	股东权益：		
固定资产净额		43 750	股本		20 000
在建工程		92 200	资本公积		5 000
无形资产		50 000	盈余公积		10 000
非流动资产合计		235 950	未分配利润		3 000
			股东权益合计		38 000
资产总计		260 350	负债和股东权益总计		260 350

【做中学7–8】东海公司计划年度只生产和销售一种产品，公司的销售部门拟编制预算期产品的销售预算。请为东海公司编制2025年度的销售预算和经营现金收入预算表（平均单价保留2位小数，其他计算结果保留整数）。假设每季度的产品销售货款有60%于当期收到现金，有40%于下一个季度收到现金。上一年（基期）年末的资产负债表显示应收账款为6 200元。

计划年度各季度预计销售量见表7-7。

表7-7 东海公司销售预算表

2025年度 金额单位：元

项目	第一季度	第二季度	第三季度	第四季度	全年
预计销量（件）	200	180	260	300	940
单价（元）	500	500	500	500	
预计销售收入	100 000	90 000	130 000	150 000	470 000
应收票据及应收账款期初	6 200				6 200
第一季度销售货款收回	60 000	40 000			100 000
第二季度销售货款收回		54 000	36 000		90 000
第三季度销售货款收回			78 000	52 000	130 000
第四季度销售货款收回				90 000	90 000
现金收入合计	66 200	94 000	114 000	142 000	416 200
应收票据及应收账款期末余额				60 000	60 000

注：为了简化编制工作，在预算编制中除了平均单价保留2位小数、分配率保留4位小数外，其他计算结果保留整数，此处为不含税收入，下同。

第一季度回收前期应收货款是根据上期资产负债表的期末数填列的。同时，由于本期销售收入有40%在下季收讫，因此，第四季度的销售额中有60 000元（150 000×40%）为应收账款的期末数，作为编制预计资产负债表应收账款数据的依据。

二、编制生产预算

生产预算是规划预算期生产数量而编制的一种业务预算，它是在销售预算的基础上编制的，并可以作为编制材料采购预算和生产成本预算的依据。编制生产预算的主要依据是预算期各种产品的预计销售量及存货期初、期末资料。具体计算公式为：

预计生产量 = 预计销售量+预计期末结存量 − 预计期初结存量

生产预算的要点是确定预算期的产品生产量和期末结存产品数量，前者为编制材料预算、人工预算、制造费用预算等提供基础，后者是编制期末存货预算和预计资产负债表的基础。一个企业计划期内生产多少产品，不仅与销售量有关，而且与期初、期末库存相关。

【做中学7-9】假设东海公司2025年年初结存产成品30件，本年各季末结存产成品为下季度预计销售量的10%，假设在第四季度期末结存量为25件。假设产品均在期初投产，期末完工，即无期初、期末在产品（请务必要注意期初与期末存货对编制资产负债表的影响），预算见表7-8。

表7-8　东海公司生产预算表　单位：件

项目	第一季度	第二季度	第三季度	第四季度	全年
预计销量	200	180	260	300	940
加：预计期末结存	18	26	30	25	25
预计需要量	218	206	290	325	965
减：期初结存量	30	18	26	30	30
预计生产量	188	188	264	295	935

三、编制采购预算

材料采购预算是为了规划预算期材料消耗情况及采购活动而编制的，用于反映预算期各种材料消耗量、采购量、材料消耗成本和材料采购成本等计划信息的一种业务预算。依据预计产品生产量和材料单位耗用量，确定生产需要耗用量，再根据材料的期初、期末结存情况，确定材料采购量，最后根据采购材料的付款，确定现金支出情况。

某种材料耗用量 = 产品预计生产量×单位产品定额耗用量

某种材料采购量 = 某种材料耗用量+该种材料期末结存量 − 该种材料期初结存量

材料采购预算的要点是反映预算期材料消耗量、采购量和期末结存数量，并确定各预算期材料采购现金支出。材料期末结存量的确定可以为编制期末存货预算提供依据，现金支出的确定可以为编制现金预算提供依据。

【做中学7-10】假设东海公司计划年度期初材料结存量300千克，本年各季末结存材料为下季度需要量的20%，第四季度末结存量为400千克，每季度的购料款当季支付60%，剩余款项于下一季度支付，期初资产负债表显示，应付账款年初余额为2 350元，其采购预算见表7-9。

表7-9　东海公司材料采购预算表　金额单位：元

项目	第一季度	第二季度	第三季度	第四季度	全年
预计生产量（件）	188	188	264	295	935
材料定额单耗（千克）	15	15	15	15	15
预计生产需要量（千克）	2 820	2 820	3 960	4 425	14 025
加：期末结存量（千克）	564	792	885	400	400
预计需要量合计（千克）	3 384	3 612	4 845	4 825	14 425
减：期初结存量（千克）	300	564	792	885	300
预计材料采购量（千克）	3 084	3 048	4 053	3 940	14 125
材料计划单价（元/千克）	10	10	10	10	10

续表

项目	第一季度	第二季度	第三季度	第四季度	全年
预计购料金额	30 840	30 480	40 530	39 400	141 250
预计现金支出					
应付票据及应付账款年初余额	2 350				2 350
第一季度购料付现	18 504	12 336			30 840
第二季度购料付现		18 288	12 192		30 480
第三季度购料付现			24 318	16 212	40 530
第四季度购料付现				23 640	23 640
现金支出合计	20 854	30 624	36 510	39 852	127 840
应付票据及应付账款年末余额				15 760	15 760

表7-9的应付票据和应付账款年末余额将形成资产负债表的应付票据和应付账款数额。

四、编制税金及附加预算

税金及附加预算是指为规划预算期内预计发生的应交增值税、消费税、资源税、城市维护建设税和教育费附加而编制的一种经营预算。本预算中不包括预交的所得税费用。

编制该预算时，需要确定本单位应缴纳的各项税费种类及其相应的税率、征收率和各项预计的征收基数。由于税金需要及时清偿，为了简化预算工作，假定预算期发生的各项税金及附加均于当期以现金形式支付。

【做中学7-11】假设东海公司为增值税一般纳税人，增值税税率为13%，城市维护建设税税率为7%，教育费附加征收率为3%。则东海公司根据销售预算表及采购预算表编制税金及附加预算见表7-10。销项税额与进项税额的资金收付政策与销售收入、材料采购资金收付政策一致。

表7-10 东海公司税金及附加预算 单位：元

项目	第一季度	第二季度	第三季度	第四季度	全年
增值税销项税额（13%）	13 000	11 700	16 900	19 500	61 100
销项税额现金流分析					
第一季度销项税额资金回笼	7 800	5 200			13 000
第二季度销项税额资金回笼		7 020	4 680		11 700
第三季度销项税额资金回笼			10 140	6 760	16 900
第四季度销项税额资金回笼				11 700	11 700

续表

项目	第一季度	第二季度	第三季度	第四季度	全年
各季度销项税额资金回笼	7 800	12 220	14 820	18 460	53 300
预算期末尚未收回的销项税额				7 800	7 800
进项税额现金流分析					
增值税进项税额（13%）	4 009.20	3 962.40	5 268.90	5 122	18 362.50
第一季度进项税额资金支付	2 405.52	1 603.68			4 009.20
第二季度进项税额资金支付		2 377.44	1 584.96		3 962.40
第三季度进项税额资金支付			3 161.34	2 107.56	5 268.90
第四季度进项税额资金支付				3 073.20	3 073.20
各季度进项税额资金支付	2 405.52	3 981.12	4 746.30	5 180.76	16 313.70
预算期末尚未支付的进项税额				2 048.80	2 048.80
应交增值税	8 990.80	7 737.60	11 631.10	14 378	42 737.50
税金及附加（10%）	899.08	773.76	1 163.11	1 437.80	4 273.75
缴纳税金现金支出	9 889.88	8 511.36	12 794.21	15 815.80	47 011.25

注：由于本例在销售预算及采购预算编制时没有考虑增值税，而将增值税单独进行编制，因此，在编制资产负债表的应收票据、应收账款、应付票据、应付账款项目时需要考虑其对各项目余额的影响。同理，在编制现金预算时应将销项税额与进项税额调整到收入与采购的现金流中。

【做中学7-12】（判断题）销售产品而形成的对购买方应收而未收取的增值税销项税额，应记入应收账款借方核算。（　　）

参考答案：对。

五、编制直接人工预算

直接人工预算是一种既反映预算期内人工工时消耗水平，又规划人工成本开支的业务预算。这项预算是根据生产预算中的预计生产量以及单位产品所需的直接人工小时和单位小时工资率进行编制的。在通常情况下，企业往往要雇用不同工种的人工，必须按工种类别分别计算不同工种的直接人工小时总数；然后将计算所得的直接人工小时总数分别乘以各工种的工资率，再予以合计，即可求得预计直接人工成本的总数。有关数据具体计算公式如下：

（一）预计产品直接人工工时总数

某种产品直接人工总工时＝该产品预计生产量×单位产品定额工时

产品定额工时是由产品生产工艺和技术水平决定的，由产品技术和生产部门提供定额标准，产品预计生产量来自生产预算。

（二）预计直接人工总成本

某种产品直接人工总成本 = 该种产品直接人工总工时×单位工时工资率

单位工时工资率来自企业人事部门制定的工资标准。

【做中学7-13】假设东海公司单位产品耗用工时为8小时，单位工时的工资率为10元。相关资料见表7-11。

表7-11 东海公司直接人工预算 金额单位：元

项目	第一季度	第二季度	第三季度	第四季度	全年
预计生产量（件）	188	188	264	295	935
单耗工时（小时/件）	8	8	8	8	8
直接人工小时数（小时）	1 504	1 504	2 112	2 360	7 480
单位工时工资率（元/小时）	10	10	10	10	10
预计直接人工成本	15 040	15 040	21 120	23 600	74 800

由于工资一般都要全部支付现金，因此，直接人工预算表中预计直接人工成本总额就是现金预算中的直接人工工资支付额。

六、编制制造费用预算

制造费用预算是反映生产成本中除直接材料、直接人工以外的一切不能直接计入产品制造成本的间接费用的预算。这些费用必须按成本习性划分为固定费用和变动费用，分别编制变动制造费用预算和固定制造费用预算。编制制造费用预算时，应以计划期的一定业务量为基础来规划各个费用项目的具体预算数字。

变动制造费用预算部分，应区分不同费用项目，逐一根据单位变动制造费用分配率和业务量（一般是直接人工总工时或机器总工时等）确定各项目的变动制造费用预算数。其中：

某项目变动制造费用分配率 = 该项目变动制造费用预算总额÷业务量预算总数

固定制造费用预算部分，也应区分不同费用项目，逐一确定各项目预算期的固定费用预算。

为了便于以后编制产品成本预算，需要计算在预算产量下的制造费用分配率，假设按产品标准工时进行制造费用分配。

为了便于以后编制现金预算，还需要预计现金支出。制造费用中，除折旧、无形资产摊销外都须支付现金。所以，根据每个季度制造费用数额扣除折旧等非付现支出后，即可得出“付现的制造费用”。

【做中学7-14】假设东海公司单位变动制造费用、固定制造费用项目金额见表7-12，制造费用按全年生产工时7 480小时进行分配，分配率的计算结果保留4位，则变动制造费用分配率为0.50元/小时（3 740÷7 480），固定制造费用分配率为1.30元/小时（9 724÷7 480）。除折旧费以外的各项制造费用均以现金支付。根据相关资料，东海公司制造费用预算及其现金支出预算编制见表7-12。

表7-12　　东海公司制造费用预算表　　金额单位：元

成本项目	定额	第一季度	第二季度	第三季度	第四季度	全年
变动成本项目：						
预计生产件数（件）		188	188	264	295	935
间接人工（元/件）	1.80	338.40	338.40	475.20	531	1 683
间接材料（元/件）	0.90	169.20	169.20	237.60	265.50	841.50
维护费用（元/件）	0.20	37.60	37.60	52.80	59	187
水电费用（元/件）	0.80	150.40	150.40	211.20	236	748
机物料（元/件）	0.30	56.40	56.40	79.20	88.50	280.50
小计	4	752	752	1 056	1 180	3 740
固定成本项目：						
维护费用	2 724	681	681	681	681	2 724
折旧费用	4 000	1 000	1 000	1 000	1 000	4 000
管理费用	2 000	500	500	500	500	2 000
保险费用	600	150	150	150	150	600
财产税	400	100	100	100	100	400
小计	9 724	2 431	2 431	2 431	2 431	9 724
制造费用合计		3 183	3 183	3 487	3 611	13 464
减：折旧费用		1 000	1 000	1 000	1 000	4 000
制造费用现金支出		2 183	2 183	2 487	2 611	9 464

七、编制产品成本预算

产品成本预算是指反映预算期内各种产品生产成本水平的预算。它是以生产、直接材料、直接人工、制造费用预算为基础编制的。通过该预算，可以得出企业产品的单位成本和总成本。同时，该预算能为编制预计利润表和预计资产负债表提供数据。

此外，由于产品的生产成本中包括变动成本和固定成本，而单位产品中的固定成本会受到产品产量的影响。因此，建议按年编制产品的成本预算，不编制分季度预算。同时，由于存货的发出计价方式不同会对预算的结果产生不同的影响，这在编制时需要注意。

【做中学7-15】东海公司需要对其生产经营的产品成本进行估算，以便正确制定相应产品在预算期内的价格政策。请按完全成本法为东海公司编制产品的成本预算。假设存货按先进先出法计价。

在完全成本法下，产品的成本主要由直接材料、直接人工、制造费用构成。因此，根据前面的相关资料，各产品成本预算编制见表7-13。

表7-13 东海公司产品生产成本预算 金额单位：元

成本项目	单位用量	单位价格	单位成本	生产成本
数量（件）				935
直接材料	15千克/件	10	150	140 250
直接人工	8小时/件	10	80	74 800
变动制造费用	8小时/件	0.50	4	3 740
固定制造费用	8小时/件	1.30	10.40	9 724
合计			244.40	228 514

根据期初产成品库存及本期产品生产成本，可以计算产品的加权平均单位成本以及期末存货与本期销售成本，见表7-14，这可以为编制预计利润表提供数据，而期末存货，可以为编制预计资产负债表提供数据。

表7-14 东海公司产品期末库存以及销售成本预算表

项目	期初存货	生产入库	加权单价	期末存货	销售出库
数量（件）	30	935		25	940
金额（元）	7 200	228 514	244.26	6 106.58	229 607.42

八、编制销售及管理费用预算

销售及管理费用预算是以价值形式反映整个预算期内为销售产品和维持一般行政管理工作而发生的各项目费用支出的预算。该预算与制造费用预算一样，需要划分固定费用和变动费用列示，其编制方法也与制造费用预算相同。在该预算表下也应附列计划期间预计销售和管理费用的现金支出计算表，以便编制现金预算。

销售及管理费用预算的要点是确定各个变动及固定费用项目的预算数，并确定预计的现金支出。

对于销售及管理费用预算，可以采取零基预算方法进行费用预算编制，以确保费用支出的合理化。对于变动费用也可以按销售收入的一定比例进行估算。

【做中学7-16】东海公司的销售及管理费用预算直接根据部门预算编制的数据填列，具体见表7-15。

表7-15 东海公司销售及管理费用预算

单位：元

费用明细项目		预算金额
销售费用	销售人员工资	50 000
	广告费	2 000
	包装、运输费	1 000
	保管费	2 000
	折旧	1 000
	小计	56 000
管理费用	管理人员薪金	60 000
	技术转让费	30 000
	保险费用	5 000
	办公费	5 000
	折旧	6 000
	无形资产摊销	12 000
	费用小计	118 000
预计现金支出	销售及管理费用总额	174 000
	减：折旧等非付现费用	19 000
	销售及管理费用现金支出总额	155 000
	每季度销售及管理费用现金支出	38 750

九、编制利息费用预算

利息费用预算是指反映预算期内因筹措使用资金而发生的财务费用的一种预算。该预算必须根据现金预算中的资金筹措及运用的相关数据来编制。

在编制时，需要注意计提的利息可以确认为资本化利息和费用化利息，资本化利息对预计资产负债表中的固定资产、在建工程等项目产生影响；而费用化利息则直接影响到预计利润表中的财务费用。

技能点7-4 特种决策预算的编制

一、经营决策预算

经营决策预算是指与短期经营决策密切相关的特种决策预算。该类预算的主要目标是通过制定最优生产经营决策来合理地利用或调配企业经营活动所需要的各种资源。

该类预算通常是在短期经营决策确定的最优方案基础上编制的，因而需要直接纳入日常业务预算体系，同时也将影响企业的财务预算。例如，企业耗用的某种材料的取得方式一旦确定，就要相应地计入材料采购预算或是生产预算、产品成本预算。

二、投资决策预算

投资决策预算，又称资本支出预算，通常是指与项目投资决策密切相关的特种决策预算。由于这类预算涉及项目固定资产、流动资产的投资，以及相应资金的筹措。因此，一般需要单独编制预算，作为投资决策参考依据。预算所引起的资产的增加、现金的筹措以及相关的费用需要在现金预算、预计资产负债表、预计利润表中反映。

【做中学7-17】为了形成新产品的生产能力，东海公司决定在计划年度新建一条新的生产线，预计建设期1年。东海公司为该项目向银行筹集了90 000元的资金，借款利率为12%，其中30 000元已于年初到账，第二笔资金60 000元将于第三季度到位。东海公司项目投资预算见表7-16。

表7-16 东海公司项目投资预算 单位：元

项目	第一季度	第二季度	第三季度	第四季度	全年
投资支出预算	20 000		50 000	20 000	90 000
借入长期借款	30 000		60 000		90 000

注：假设该项目在预算期期末完工投入使用，相关利息予以资本化处理。

技能点7-5 财务预算的编制

一、现金预算

微课

现金预算编制

现金预算亦称现金收支预算，它是以日常业务预算和特种决策预算为基础所编制的反映现金收支情况的预算。它包括现金收入、现金支出、现金多余或不足的计算，以及不足部分的筹措和多余部分的利用方案。

企业应当在保证各项支出所需资金供应的前提下，注意保持期末现金余额的合理储备量。当企业的现金收支差额超过合理的现金储备量时，应安排部分资金偿还债务，或是将部分资金用于有价证券投资；若现金收支差额低于合理的现金储备量时，就应变现部分有价证券来补足现金短缺；如果现金收支差额为负值，应采取出售有价证券、向银行借款等措施来解决现金不足。

现金预算需要根据销售、材料采购、税金及附加、直接人工、制造费用、销售费用、管理费用等预算中的现金收支相关数据进行编制。

现金预算的编制需要遵循时间的先后次序进行，即先编制第一季度预算再编制第二季度预算，以此类推。

【做中学7-18】假设东海公司全年所得税预计为12 000元，分季平均预缴，各季度预交所得税3 000元，二季度支付股利100 000元。各季度末最低现金持有量为40 000元，现金余额控制在40 000~50 000元，短期借款利率为10%，长期借款利率为12%，借款遵循“季初借款，季末付息”，按万元倍数借款，按“每期期初借入，每期期末归还”来预计利息支出。

东海公司现金预算见表7-17。

表7-17　东海公司现金预算　单位：元

项目	第一季度	第二季度	第三季度	第四季度	全年
期初现金余额	8 000	44 127.60	40 008.12	49 370.61	8 000
经营现金收入	74 000	106 220	128 820	160 460	469 500
可供支配的现金合计	82 000	150 347.60	168 828.12	209 830.61	477 500
经营性现金支出					
直接材料采购	23 259.52	34 605.12	41 256.30	45 032.76	144 153.70
直接人工支出	15 040	15 040	21 120	23 600	74 800
制造费用	2 183	2 183	2 487	2 611	9 464
销售及管理费用	38 750	38 750	38 750	38 750	155 000
支付流转税	9 889.88	8 511.36	12 794.21	15 815.80	47 011.25
预交所得税	3 000	3 000	3 000	3 000	12 000
分配股利		100 000			100 000
资本性现金支出	20 000	0	50 000	20 000	90 000
现金支出合计	112 122.40	202 089.48	169 407.51	148 809.56	632 428.95
现金余缺	−30 122.40	−51 741.88	−579.39	61 021.05	−154 928.95
资金筹措与运用					
出售短期投资					
取得长期借款	30 000	0	60 000	0	90 000
取得短期借款	50 000	100 000			150 000
支付短期借款利息10%	1 250	3 750	3 750	3 750	12 500
支付长期借款利息12%	4 500	4 500	6 300	6 300	21 600
偿还长期借款					
偿还短期借款				10 000	10 000
进行短期投资					
期末现金余额	44 127.60	40 008.12	49 370.61	40 971.05	40 971.05

注：表中的经营现金收入、直接材料采购已将销项税额、进项税额的现金流调整在内。

为了掌握公司在预算期的利息费用开支水平，为编制现金预算、预计利润表、预计资产负债表提供预算数据资料，需要编制东海公司利息费用预算。期初的资产负债表中长期借款期初余额为120 000元，表7-17中相关利息计算过程如下：

（1）第一季度的利息为5 750元。

长期借款利息 =（120 000 + 30 000）× 12% ÷ 4 = 4 500（元）

短期借款利息 =（0 + 50 000）× 10% ÷ 4 = 1 250（元）

（2）第二季度的利息为8 250元。

长期借款利息 =（120 000 + 30 000）× 12% ÷ 4 = 4 500（元）

短期借款利息 =（50 000 + 100 000）× 10% ÷ 4 = 3 750（元）

（3）第三季度的利息为10 050元。

长期借款利息 =（120 000 + 30 000 + 60 000）× 12% ÷ 4 = 6 300（元）

短期借款利息 =（50 000 + 100 000）× 10% ÷ 4 = 3 750（元）

（4）第四季度的利息为10 050元。

长期借款利息 =（120 000 + 30 000 + 60 000）× 12% ÷ 4 = 6 300（元）

短期借款利息 =（50 000 + 100 000）× 10% ÷ 4 = 3 750（元）

若长期借款利息符合资本化条件，则应记入“在建工程”或“固定资产”账户；短期借款利息应予以费用化，在利润表的“财务费用”项目中列示。

需要注意的是，现金预算表中的“预交所得税”项目是在利润规划时估计的。它通常不是根据预计利润和所得税税率计算出来的。因为，从预算编制程序上看，如果根据预计利润和税率重新计算所得税，将会引起各季度现金余额发生改变，从而导致信贷计划修订，进而改变各季度的利息支出，最终又要修改本年利润的数据，从而陷入数据的循环修改。因此，预交所得税及其预分股利项目均采用估计数来确定。

二、预计利润表的编制

预计财务报表可以从总体上反映企业按照预算执行后的财务状况、经营成果、现金流量。企业的管理当局可以通过对预算报表的分析，评价预算方案的合理性，及其预算执行过程中的关键控制点。

预计利润表与实际利润表的内容、格式相同，只不过数据是面向预算期的。它是在销售、生产成本、税金及附加、销售费用、管理费用和财务费用等预算的基础上加以编制的。

预计利润表可以反映出各部门努力后实现的预算利润。通过预计利润表，可以了解企业预期的盈利水平。如果预算利润与最初编制方案中的目标利润有较大的差异，就需要调整部门预算，设法达到目标，或者经企业管理当局同意后修改目标利润。

【做中学7-19】假设东海公司所得税税率为25%。东海公司预计利润表见表7-18。其中，各季度的销售成本根据销售数量与计算出的加权平均单价计算。假设长期借款利息资本化处理，短期借款利息费用化处理，当季利润小于零时，不考虑所得税的影响。

表7-18　　东海公司预计利润表　　单位：元

项目	第一季度	第二季度	第三季度	第四季度	全年
销售收入	100 000	90 000	130 000	150 000	470 000
减：销售成本	48 852.64	43 967.38	63 508.44	73 278.96	229 607.42
销售毛利	51 147.36	46 032.62	66 491.56	76 721.04	240 392.58
减：税金及附加	899.08	773.76	1 163.11	1 437.80	4 273.75
减：销售及管理费用	43 500	43 500	43 500	43 500	174 000
减：财务费用	1 250	3 750	3 750	3 750	12 500
营业利润	5 498.28	−1 991.14	18 078.45	28 033.24	49 618.83
减：所得税（25%）	1 374.57	0	4 519.61	7 008.31	12 902.49
净利润	4 123.71	−1 991.14	13 558.84	21 024.93	36 716.34

三、预计资产负债表的编制

预计资产负债表是总括地反映企业预算期期末财务状况的一种报表。该表中除期初数已知外，其余项目均应在前述经营预算、特种决策预算、现金预算、预计利润表等基础上分析填列，各项目均根据“期初余额+本期增加-本期减少=期末余额”的计算公式计算出期末余额。预计资产负债表可以反映出财务状况的稳定性和结构的合理性。

微课

预计资产负债表编制

【做中学7-20】根据前述资料，东海公司预计资产负债表见表7-19。

表7-19　　东海公司预计资产负债表　　单位：元

资产	期初数	期末数	备注
流动资产：			
库存现金	8 000	40 971.05	根据现金预算分析填列
应收账款	6 200	67 800	根据销售预算、税金及附加预算分析填列
存货	10 200	10 106.58	根据生产预算、材料采购预算分析填列
其中：产品	7 200	6 106.58	期初：产品30件×240元 期末：产品25件×244.2632元
原材料	3 000	4 000	期初：原材料300千克×10元/千克 期末：原材料400千克×10元/千克
流动资产合计	24 400	118 877.63	
非流动资产：			
固定资产	47 500	159 100	根据投资预算、现金预算填列，含资本化利息

续表

资产	期初数	期末数	备注
减：累计折旧	3 750	14 750	根据制造费用预算、销售及管理费用预算分析填列
固定资产净额	43 750	144 350	
长期投资	50 000	50 000	
在建工程	92 200	92 200	
无形资产	50 000	38 000	根据期初数、销售及管理费用预算分析填列
非流动资产合计	235 950	324 550	
资产总计	260 350	443 427.63	
负债和股东权益	期初数	期末数	备注
流动负债：			
短期借款	0	140 000	根据现金预算分析填列
应付账款	2 350	17 808.80	根据采购预算、税金及附加预算分析填列
应交税费		902.49	根据现金预算、税金及附加预算、预计利润表等分析填列
其他应付款	100 000	0	
流动负债合计	102 350	158 711.29	
非流动负债：			
长期负债	120 000	210 000	根据现金预算分析填列
非流动负债合计	120 000	210 000	
负债合计	222 350	368 711.29	
股东权益：			
股本	20 000	20 000	
资本公积	5 000	5 000	
盈余公积	10 000	10 000	
未分配利润	3 000	39 716.34	根据现金预算、预计利润表等分析填列
股东权益合计	38 000	74 716.34	
负债和股东权益总计	260 350	443 427.63	

注：各项目均根据“期初余额+本期增加-本期减少=期末余额”的公式计算填列。

四、预计财务报表分析

通过各种预算的编制，最终以现金预算、预计利润表、预计资产负债表三张报表将预算结果表现出来。我们可以通过对预计报表的分析，来评价预算是否合理，或是确定执行过程中的关键控制点。例如，通过对预计资产负债表的分析，发现某些财务比率不佳，必要时可修改有关预算，以改善财务状况。

【做中学7-21】请根据预计资产负债表、预计利润表等相关资料，完成下列指标的计算与分析（见表7-20）。

表7-20 东海公司净资产收益率分析指标

指标	数值
净资产收益率	64.09%
销售净利率	7.63%
资产周转率	1.34
平均资产负债率	84.11%

通过对东海公司有关财务指标的计算，可以分析评价按预算执行后企业的财务状况、经营成果。相关指标显示，公司属于高杠杆高风险状态，在未来的年度内需关注举债带来的风险。

任务四 预算的执行与考核

知识点7-6 预算的执行与考核

一、预算的执行

企业预算一经批复下达，各预算执行单位就必须认真组织实施，将预算指标层层分解，从横向到纵向落实到内部各部门、各单位、各环节和各岗位，形成全方位的预算执行责任体系。

企业应当将预算作为预期内组织、协调各项经营活动的基本依据，将年度预算细分为月份和季度预算，通过分期预算控制，确保年度预算目标的实现。

企业应当强化现金流量的预算管理，按时组织预算资金的收入，严格控制预算资金的支付，调节资金收付平衡，控制支付风险。

对于预算内的资金拨付，按照授权审批程序执行。对于预算外的项目支出，应当按预算管理制度规范支付程序。对于无合同、无凭证、无手续的项目支出，不予支付。

企业应当严格执行销售、生产和成本费用预算，努力完成利润指标。在日常控制中，企业应当健全凭证记录，完善各项管理规章制度，严格执行生产经营月度计划和成本费用的定额、定率标准，加强适时监控。对预算执行中出现的异常情况，企业有关部门应及时查明原因，提出解决办法。

企业应当建立预算报告制度，要求各预算执行单位定期报告预算的执行情况。对于预算执行中发现的新情况、新问题及出现偏差较大的重大项目，企业财务管理部门以至财务预算委员会应当责成有关预算执行单位查找原因，提出改进经营管理的措施和建议。

企业财务管理部门应当利用财务报表监控预算的执行情况，及时向预算执行单位、企业财务预算委员会以至董事会或经理办公会提供财务预算的执行进度、执行差异及其对企业预算目标的影响等财务信息，促进企业完成预算目标。

二、预算的调整

企业正式下达执行的预算，一般不予调整。预算执行单位在执行中因市场环境、经营条件、政策法规等发生重大变化，致使预算的编制基础不成立，或者预算执行结果产生重大偏差的，可以申请调整预算。

企业应当建立内部弹性预算机制，对于不影响预算目标的业务预算、资本预算、筹资预算之间的调整，企业可以按照内部授权批准制度执行，鼓励预算执行单位及时采取有效的经营管理对策，保证预算目标的实现。

企业调整预算，应当由预算执行单位逐级向企业财务预算委员会提出书面报告，阐述预算执行的具体情况、客观因素变化情况及其对预算执行造成的影响程度，提出预算指标的调整幅度。

企业财务管理部门应当对预算执行单位的预算调整报告进行审核分析，集中编制企业年度预算调整方案，提交财务预算委员会以至企业董事会或经理办公会审议批准，然后下达执行。

对于预算执行单位提出的预算调整事项，企业进行决策时，一般应当遵循以下要求：

（1）预算调整事项不能偏离企业发展战略；

（2）预算调整方案应当在经济上能够实现最优化；

（3）预算调整重点应当放在预算执行中出现的重要的、非正常的、不符合常规的关键性差异方面。

三、预算的分析与考核

企业应当建立预算分析制度，由财务预算委员会定期召开预算执行分析会议，全面掌握预算的执行情况，研究、解决预算执行中存在的问题，纠正预算的执行偏差。

开展预算执行分析，企业管理部门及各预算执行单位应当充分收集有关财务、业务、市场、技术、政策、法律等方面的信息资料，根据不同情况分别采用比率分析、比较分析、因素分析、平衡分析等方法，从定量与定性两个层面充分反映预算执行单位的现状、发展趋势及其存在的潜力。

针对预算的执行偏差，企业财务管理部门及各预算执行单位应当充分、客观地分析产生的原因，提出相应的解决措施或建议，提交董事会或经理办公会研究决定。

企业财务预算委员会应当定期组织预算审计，纠正预算执行中存在的问题，充分发挥内部审计的监督作用，维护预算管理的严肃性。

预算审计可以采用全面审计或者抽样审计。在特殊情况下，企业也可组织不定期的专项审计。审计工作结束后，企业内部审计机构应当形成审计报告，直接提交财务预算委员会以至董事会或经理办公会，作为预算调整、改进内部经营管理和财务考核的一项重要参考。

预算年度终了，财务预算委员会应当向董事会或者经理办公会报告预算执行情况，并依据预算完成情况和预算审计情况对预算执行单位进行考核。

企业内部预算执行单位上报的预算执行报告，应经本部门、本单位负责人按照内部议事规范审议通过，作为企业进行财务考核的基本依据。企业预算按调整后的预算执行，预算完成情况以企业年度财务会计报告为准。

企业预算执行考核是企业绩效评价的主要内容，应当结合年度内部经济责任制进行考核，与预算执行单位负责人的奖惩挂钩，并作为企业内部人力资源管理的参考。

拓展阅读

假设你是企业的高级管理人员，请阅读以下材料，谈谈行动对加强预算管理的启示。

贯彻新发展理念要见行动

2024年7月31日中共中央、国务院印发的《关于加快经济社会发展全面绿色转型的意见》是当前贯彻新发展理念“见行动”的顶层设计文件。

全文以“完整、准确、全面贯彻新发展理念”为主线，把绿色低碳转型作为高质量发展的重要抓手，明确提出到2030年、2035年的分阶段量化目标，并配套2024—2025年先行行动清单。核心看点如下：

1. 量化指标：到2025年，单位GDP能耗较2020年下降13.5%，单位GDP二氧化碳排放下降18%，非化石能源消费比重达到20%左右。

2. 十大行动：围绕能源、产业、交通、城乡建设、科技创新、循环经济、碳汇能力、绿色消费、绿色金融、区域协同等十个领域部署2024—2025年重点工程。

3. 政策工具箱：提出“财政+税收+价格+金融+标准+碳市场”六位一体支撑体系，确保地方和企业可操作、可考核、可见效。

4. 责任机制：把绿色转型成效纳入高质量发展综合绩效评价和领导干部政绩考核，建立中央统筹、省负总责、市县抓落实的工作格局。

一个行动胜过一打纲领。习近平总书记反复强调：“要抓实、再抓实，不抓实，再好的蓝图只能是一纸空文，再近的目标只能是镜花水月。”必须深刻认识到，贯彻新发展理念，决不能停留在口号上，“口号喊得震天响，落实起来轻飘飘”，关键在于见行动。知行合一方为真知，要把新发展理念内化于心、外化于行，坚持求真务实、真抓实干，出实招、使实劲、求实效，力戒形式主义、官僚主义，推动贯彻新发展理念取得扎扎实实的成效。

资料来源：根据中共中央、国务院印发的《关于加快经济社会发展全面绿色转型的意见》整理。

职业能力测试

一、判断题

（　　）1.考虑到期初期末会有存货的余额，所以预算期的预计生产量并不一定等于预算期的销售量。

（　　）2.采用弹性预算法编制成本费用预算时，业务量计量单位的选择非常关键，自动化生产车间适合用手工工时作为业务量的计量单位。

（　　）3.弹性预算编制方法适用于业务量水平较为稳定的企业或非营利组织。

（　　）4.零基预算会受现有费用项目和费用水平的影响。

（　　）5.企业正式下达执行的预算，执行部门一般不能调整。但是，市场环境、政策法规等发生重大变化，将导致预算执行结果产生重大偏差时，可经逐级审批后调整。

二、单项选择题

1.运用弹性预算编制成本费用预算包括以下步骤：①确定适用的业务量范围；②确定各项成本与业务量的关系；③选择业务量计量单位；④计算各项预算成本。这四个步骤的正确顺序是（　　）。

A.①②③④　　B.③②①④　　C.③①②④　　D.①③②④

2.下列各项预算中，构成全面预算体系最后环节的是（　　）。

A.特种决策预算　　B.日常业务预算　　C.财务预算　　D.现金预算

3.随着预算执行不断补充预算，但始终保持一个固定预算期长度的预算编制方法是（　　）。

A.滚动预算法　　B.弹性预算法

C.零基预算法　　D.定期预算法

4对于预算执行单位提出的预算调整事项，企业进行决策时，应当遵循的要求不包括（　　）。

A. 预算调整事项不能偏离企业发展战略

B. 预算调整方案应当在经济上能够实现最优化

C. 预算调整重点应当放在财务预算执行中出现的非重要的、非正常的、不符合常规的关键性差异方面

D. 预算调整重点应当放在财务预算执行中出现的重要的、非正常的、不符合常规的关键性差异方面

5.关于弹性预算方法，下列说法中，不正确的是（　　）。

A. 可比性差

B. 克服了固定预算方法的缺点

C. 弹性预算一般适用于与预算执行单位业务量有关的成本（费用）、利润等预算项目

D. 编制弹性成本预算要进行成本性态分析

三、多项选择题

1. 下列各项预算中，与编制利润表预算直接相关的有（　　）。

A. 销售预算　　B. 生产预算

C. 产品成本预算　　D. 销售及管理费用预算

2. 下列各项中，（　　）能够在现金预算中直接反映。

A. 现金余缺　　B. 现金支出

C. 现金收入　　D. 资金筹措及运用

3. 下列关于生产预算的表述中，正确的是（　　）。

A. 生产预算是一种业务预算

B. 生产预算不涉及实物量指标

C. 生产预算是直接材料预算的编制基础

D. 生产预算是以销售预算编制为基础的

4. 下列预算中，在编制时需要以生产预算为基础的是（　　）。

A. 直接材料预算　　B. 销售预算

C. 直接人工预算　　D. 制造费用预算

5. 编制预计资产负债表的依据包括（　　）。

A. 现金预算　　B. 资本支出预算

C. 日常业务预算　　D. 生产成本预算

四、简答题

1. 假如东海公司期初未分配利润为1 800万元，预计年度实现净利润300万元，计划年度分配利润100万元，支付上年度应付利润70万元。请写出预计未分配利润项目的计算公式，并计算出金额。

2. 现金预算表中有预计所得税支出项目，在预计利润表项目中也有所得税项目。请问两张报表中的所得税项目有何区别，有何联系，如何计算期末未交所得税金额。

五、案例题

1. 南极公司计划年度只生产和销售一种产品，公司的销售部门拟编制预算期产品的销售预算（见表7-21）。假设每季的产品销售货款有60%于当期收到现金，有40%于下一个季度收到现金。上一年（基期）年末的资产负债表显示应收账款为16 200元。

思考：

（1）请计算出表中用字母标示的单元格数据。

（2）请完成该公司预计资产负债表中的“应收账款”的期末数的计算。

表7-21 预算期产品的销售预算 金额单位：元

项目	第一季度	第二季度	第三季度	第四季度
预计销量（件）	300	280	360	300
单价	500	500	500	500
预计销售收入	150 000	140 000	180 000	150 000
应收账款期初	A			
第一季度销售实现	B	60 000		
第二季度销售实现		C	56 000	
第三季度销售实现			D	72 000
第四季度销售实现				90 000
现金收入合计	E	F	G	162 000

2. 致远公司只生产销售A产品，预计2025年各季度生产预算的部分资料见表7-22至表7-26。

表7-22 2025年致远公司生产预算表 单位：件

项 目	第一季度	第二季度	第三季度	第四季度	本年合计
本期销售量	250	300	350	400	1 300
期末存货量	10	15	10	15	15
期初存货量	15	10	15	10	15
本期生产量	245	305	345	405	1 300

表7-23 2025年致远公司材料采购及消耗预算 金额单位：元

项目	第一季度	第二季度	第三季度	第四季度	本年合计
材料耗用量（千克）	350	400	450	500	1 700
期末材料量（千克）	20	15	20	15	15
期初材料量（千克）	15	20	15	20	15
本期采购量（千克）	355	395	455	495	1 700
材料采购成本（单价6元/千克）	2 130	2 370	2 730	2 970	10 200
现金支出预算					
偿付期初应付款	700				700
第一季度采购支付的现金	1 278	852			2 130
第二季度采购支付的现金		1 422	948		2 370
第三季度采购支付的现金			1 638	1 092	2 730
第四季度采购支付的现金				1 782	1 782
各季度采购支付的现金	1 978	2 274	2 586	2 874	9 712
期末应付账款金额				1 188	1 188

备注：每季度采购成本的60%为现购，40%为赊购。

表7-24 2025年致远公司直接人工预算

项目	第一季度	第二季度	第三季度	第四季度	本年合计
人工工时（小时）	5 000	5 500	6 000	6 500	23 000
单位人工工时标准（元/小时）	6	6	6	6	6
直接人工成本（元）	30 000	33 000	36 000	39 000	138 000

表7-25 2025年致远公司制造费用预算 单位：元

项目	第一季度	第二季度	第三季度	第四季度	本年合计
变动费用总额	5 000	5 500	6 000	6 500	23 000
固定制造费用总额	5 000	5 000	5 000	5 000	20 000

表7-26 2025年致远公司生产成本预算 单位：元

项目	第一季度	第二季度	第三季度	第四季度	合计
直接材料					
直接人工					
变动制造费用					
固定制造费用					
成本合计					
单位变动成本					
单位固定成本					
单位成本					

思考：

（1）假设公司期末在产品不计成本，生产费用由完工产品承担，请将表7-23、表7-26的空格填列完整，小数点保留2位。

（2）若公司产品实际成本见表7-26，在内外环境不变的情况下，请分析该公司是否有严格的材料、人工消耗定额，成本控制措施是否严格？为什么？

（3）假设公司材料、人工、车间管理水平等因素在各季度之间不存在较大差异。请根据生产成本预算中的单位成本变化，分析为什么该公司的产品成本会呈现出下降趋势，对你有何启示？

3.MC公司生产经营甲、乙两种产品，2025年度年初应收账款数据和各季度预测的销售价格和销售数量等资料见表7-27。

资料显示，到第四季度甲、乙两种产品的单价都较前三个季度有所变动；每种产品每季的销售中有60%能于当季收到现金，其余40%要到下季收讫。

表7-27 2025年度MC公司的预计销售单价、预计销售量和其他资料 金额单位：元

项目		第一季度	第二季度	第三季度	第四季度	全年
销售单价（元/件）	甲产品	65	65	65	70	
	乙产品	80	80	80	75	
预计销售量（件）	甲产品	800	1 000	1 200	1 000	4 000
	乙产品	500	800	1 000	1 200	3 500
预计销售收入	甲产品	52 000	65 000	78 000	70 000	265 000
	乙产品	40 000	64 000	80 000	90 000	274 000
	合计	92 000	129 000	158 000	160 000	539 000
增值税销项税额（13%）		11 960	16 770	20 540	20 800	70 070
含税销售收入		103 960	145 770	178 540	180 800	609 070

思考：为MC公司编制2025年度的销售预算和经营现金收入预算表（见表7-28）。（平均单价保留两位小数，其他计算结果保留整数）

表7-28 2025年度MC公司的销售预算和经营现金收入预算 单位：元

项目	第一季度	第二季度	第三季度	第四季度	全年
含税销售收入					
期初应收账款	31 000				
第一季度经营现金收入					
第二季度经营现金收入					
第三季度经营现金收入					
第四季度经营现金收入					
经营现金收入合计					

项目八
财务报表分析

【知识点】

1. 财务报表分析的内容
2. 每股收益
3. 每股股利
4. 市盈率
5. 每股净资产
6. 市净率
7. 杜邦财务分析体系
8. 沃尔评分法的应用（微课）

【技能点】

1. 财务报表的阅读（微课）
2. 比较分析法
3. 比率分析法
4. 因素分析法
5. 偿债能力分析
6. 营运能力分析
7. 获利能力分析
8. 发展能力分析
9. 杜邦财务分析（微课）

任务一　财务报表分析

知识点8-1　财务报表分析的内容

财务报表分析是以企业财务报告及其他相关资料为主要依据，对企业的财务状况和经营成果进行评价和剖析，反映企业在运营过程中的利弊得失和发展趋势，从而为改进企业财务管理工作和优化经济决策提供重要的财务信息。

财务报表分析的目的是将财务报表数据转换成有用的信息，帮助报表使用人改善决策。

财务报表分析的主体包括投资人、债权人、经理人员、政府机构等利益相关者。不同主体出于不同分析目的的考虑，分析的侧重点也不一样。也就是说，他们进行报表分析的内容也不一样。

投资人作为企业的股东，关心其资本的保值和增值状况，因而比较重视企业获利能力的分析。

债权人由于不能参加企业的分红，他们关心其能否按期收回本息。所以，债权人更侧重于对企业偿债能力的分析。

经理人员为了更好地为企业发展服务，需要进行内容广泛的财务分析，几乎包括外部使用人关心的所有问题，如资产营运能力、偿债能力、获利能力、发展能力等。

政府机构也是企业财务报表的使用者，包括税务部门、市场监督管理部门、证券管理机构、会计监管机构和社会保障部门等。它们使用财务报表是为了履行自己的监督管理职责。

报表分析目的受财务分析主体的制约，不同的分析主体进行报表分析有着不同的目的。一般而言，报表分析目的可以概括为：评价过去的经营业绩、衡量现在的财务状况、预测未来的发展趋势。报表分析的基本内容包括营运能力分析、获利能力分析、偿债能力分析、发展能力分析和综合分析五个方面。

技能点8-1　财务报表的阅读

微课

财务报表快速阅读——鲁泰A

我们可以从财务报表中快速地获得所需要的经济信息。

资产负债表是根据“资产 = 负债+所有者权益”这一会计恒等式为基础编制的，资产负债表的左边是资产分布，可以了解企业资产的构成，进而可以评价企业的经营风险。资产负债表的右边反映的是企业资金的来源，可以评价企业的财务风险。

利润表是以“收入 − 费用 = 利润”为基础编制的，它可以告知我们利润的来源及其构成，可以评价企业的获利能力。

现金流量表中的现金流划分为经营活动、投资活动和筹资活动的现金流，它可以告知企业各年度资金的来源与去向及现金流的构成。

“资产 = 负债+所有者权益”这一基本公式也可以扩展为“资产 = 负债+所有者权益+收入 - 费用”，由此，我们可以根据该公式对三张报表进行综合对应分析，可以客观地评价企业的偿债能力、获利能力、营运能力以及发展能力。

表8-1、表8-2和表8-3分别是东海公司的资产负债表、利润表、现金流量表。

表8-1 资产负债表

编制单位：东海公司　　2025年12月31日　　单位：万元

资产	2025年	2024年	负债和所有者权益（或股东权益）	2025年	2024年
流动资产：			流动负债：		
货币资金	5 100	4 000	短期借款	6 900	7 600
交易性金融资产	200	300	交易性金融负债	80	
应收票据			应付票据		
应收账款	4 450	4 000	应付账款	2 200	4 000
预付款项	700	270	预收款项	200	180
其他应收款	420	400	应付职工薪酬	100	60
存货	5 000	4 500	应交税费	600	250
持有待售资产			其他应付款	130	130
一年内到期的非流动资产			持有待售负债		
其他流动资产	20		一年内到期的非流动负债	500	3 300
流动资产合计	15 890	13 470	流动负债合计	10 710	15 520
非流动资产：			非流动负债：		
长期股权投资	400	450	长期借款	4 800	840
投资性房地产			应付债券		
固定资产	10 000	9 900	其他非流动负债	300	200
在建工程	1 290	960	非流动负债合计	5 100	1 040
无形资产	1 300	1 400	负债合计	15 810	16 560
商誉			所有者权益（或股东权益）：		
递延所得税资产	200	150	实收资本（或股本）	3 400	3 400
其他非流动资产			资本公积	1 400	1 300
非流动资产合计	13 190	12 860	盈余公积	1 200	800
			未分配利润	7 270	4 270
			所有者权益（或股东权益）合计	13 270	9 770
资产总计	29 080	26 330	负债和所有者权益（或股东权益）总计	29 080	26 330

表8-2 **利润表**

编制单位：东海公司 2025年度 单位：万元

项目	2025年	2024年
一、营业收入	29 000	18 000
减：营业成本	20 700	14 000
税金及附加	150	80
销售费用	700	600
管理费用	1 300	950
研发费用		
财务费用	1 100	800
加：其他收益		
投资收益	90	75
公允价值变动收益	-40	
资产减值损失	-250	-90
资产处置收益		
二、营业利润	4 850	1 555
加：营业外收入	160	50
减：营业外支出	140	40
三、利润总额	4 870	1 565
减：所得税费用	1 416	470
四、净利润	3 454	1 095
五、其他综合收益的税后净额		
六、综合收益总额		
七、每股收益：		
（一）基本每股收益	4.02	1.27
（二）稀释每股收益	4.02	1.27

表8-3

现金流量表

编制单位：东海公司　　2025年度　　单位：万元

项目	2025年	2024年
一、经营活动产生的现金流量：		
销售商品、提供劳务收到的现金	32 700	15 900
收到的税费返还	290	880
收到其他与经营活动有关的现金	740	140
经营活动现金流入小计	33 730	16 920
购买商品、接受劳务支付的现金	21 000	12 300
支付给职工以及为职工支付的现金	1 390	1 100
支付的各项税费	1 650	850
支付其他与经营活动有关的现金	900	900
经营活动现金流出小计	24 940	15 150
经营活动产生的现金流量净额	8 790	1 770
二、投资活动产生的现金流量：		
收回投资收到的现金	2 400	
取得投资收益收到的现金	100	250
处置固定资产、无形资产和其他长期资产收回的现金净额	20	10
收到其他与投资活动有关的现金	160	240
投资活动现金流入小计	2 680	500
购建固定资产、无形资产和其他长期资产支付的现金	3 800	1 140
投资支付的现金	3 400	
支付其他与投资活动有关的现金	30	200
投资活动现金流出小计	7 230	1 340
投资活动产生的现金流量净额	－4 550	－840
三、筹资活动产生的现金流量：		
吸收投资收到的现金	260	

续表

项目	2025年	2024年
取得借款收到的现金	19 000	15 000
收到其他与筹资活动有关的现金		
筹资活动现金流入小计	19 260	15 000
偿还债务支付的现金	17 500	13 800
分配股利、利润或偿付利息支付的现金	4 500	900
支付其他与筹资活动有关的现金	200	
筹资活动现金流出小计	22 200	14 700
筹资活动产生的现金流量净额	－2 940	300
四、汇率变动对现金及现金等价物的影响	－200	－30
五、现金及现金等价物净增加额	1 100	1 200
加：期初现金及现金等价物余额	4 000	3 100
六、期末现金及现金等价物余额	5 100	4 300

技能点8-2 比较分析法

财务报表分析的方法主要包括比较分析法、比率分析法和因素分析法。比较分析法，是通过对比两期或连续数期财务报告中的相同指标，确定其增减变动的方向、数额和幅度，来说明企业财务状况或经营成果变动趋势的一种方法。采用这种方法，可以分析引起变化的主要原因、变动的性质，预测企业未来的发展趋势。比较分析法的具体运用主要有重要财务指标的比较、会计报表的比较和会计报表项目构成的比较三种方式。

一、重要财务指标的比较

重要财务指标的比较是指将不同时期财务报告中的相同指标或比率进行比较，直接观察其增减变动方向及变动幅度，考察其发展趋势，预测其发展前景。不同时期财务指标的比较主要有以下指标：

（一）定基动态比率

定基动态比率是以某一时期的数额为固定的基期数额而计算出来的动态比率。其计算公式为：

$$定基动态比率 = 分析期数额 \div 固定基期数额$$

（二）环比动态比率

环比动态比率是以每一分析期的数据与上期数据相比较计算出来的动态比率。其计算公式为：

环比动态比率 = 分析期数额 ÷ 前期数额

定基动态比率能说明某种客观现象在较长时期内总的发展方向和速度，而环比动态比率由于受各期比较基数变动的影响，计算结果容易发生上下波动，会影响对分析指标变动趋势的判断，但它可以说明增长速度的变化。

【做中学8-1】（多选题）2024年精华制药实现营业收入10.45亿元，较上年11.19亿元同比下降6.61%，实现归属于母公司股东净利润1.64亿元，较上年同期下降15.93%。下列说法中，正确的有（　　）。

A.同比属于环比比率分析

B.同比属于定基比率分析

C.数据显示，该公司固定成本可能较高

D.数据显示，该公司的经营杠杆系数大于1

参考答案：ACD。

【做中学8-2】东海公司2021—2025年营业收入见表8-4，请以2021年为基期计算定基动态比率，并计算各期环比动态比率，并对该公司近4年来的营业收入的变动趋势作简要评价。

表8-4　营业收入增长趋势比较分析

项目	2025年	2024年	2023年	2022年	2021年
营业收入（万元）	29 000	18 000	16 000	12 600	11 400
定基动态比率	2.54	1.58	1.40	1.11	1.00
环比动态比率	1.61	1.13	1.27	1.11	

从表中可以看出，根据定基动态比率分析该企业近年来的营业收入呈现出持续增长的势头；根据环比动态比率的前后期比较，可以看出其呈现波浪式增长。

二、会计报表的比较

会计报表的比较是指将连续数期的会计报表的金额并列起来，比较各指标不同期间的增减变动金额和幅度，据以判断企业财务状况和经营成果发展变化的一种方法。具体包括资产负债表比较、利润表比较和现金流量表比较等。

在实务中，我们可以将项目变化的幅度大小作为财务分析的重点，以提高分析的效率。但是，值得我们注意的是，变化幅度大，并不意味着变化金额大。因此，我们需要结合绝对额的变动确定分析重点。

【做中学8-3】东海公司2024年和2025年比较资产负债表见表8-5，请计算各项目的增长额及其增长率。请分析该公司2024年资产增长的主要原因，并确定下一步重点的分析项目。

表8-5 东海公司2024年和2025年比较资产负债表 金额单位：万元

资产	2025年	2024年	增长额	增长率	备注
流动资产：					
货币资金	5 100	4 000	1 100	27.50%	关注
交易性金融资产	200	300	-100	-33.33%	关注
应收票据					
应收账款	4 450	4 000	450	11.25%	
预付款项	700	270	430	159.26%	重点关注
其他应收款	420	400	20	5.00%	
存货	5 000	4 500	500	11.11%	
持有待售资产					
一年内到期的非流动资产					
其他流动资产	20		20		
流动资产合计	15 890	13 470	2 420	17.97%	
非流动资产：					
长期股权投资	400	450	-50	-11.11%	
投资性房地产					
固定资产	10 000	9 900	100	1.01%	
在建工程	1 290	960	330	34.38%	关注
无形资产	1 300	1 400	-100	-7.14%	
商誉					
递延所得税资产	200	150	50	33.33%	关注
其他非流动资产					
非流动资产合计	13 190	12 860	330	2.57%	
资产总计	29 080	26 330	2 750	10.44%	
流动负债：					
短期借款	6 900	7 600	-700	-9.21%	
交易性金融负债	80		80		
应付票据					
应付账款	2 200	4 000	-1 800	-45.00%	关注
预收款项	200	180	20	11.11%	
应付职工薪酬	100	60	40	66.67%	重点关注
应交税费	600	250	350	140.00%	重点关注
其他应付款	130	130			

续表

资产	2025 年	2024 年	增长额	增长率	备注
持有待售负债					
一年内到期的非流动负债	500	3 300	−2 800	−84.85%	重点关注
流动负债合计	10 710	15 520	−4 810	−30.99%	关注
非流动负债：					
长期借款	4 800	840	3 960	471.43%	重点关注
应付债券					
其他非流动负债	300	200	100	50.00%	重点关注
非流动负债合计	5 100	1 040	4 060	390.38%	重点关注
负债合计	15 810	16 560	−750	−4.53%	
所有者权益（或股东权益）：					
实收资本（或股本）	3 400	3 400			
资本公积	1 400	1 300	100	7.69%	
盈余公积	1 200	800	400	50.00%	重点关注
未分配利润	7 270	4 270	3 000	70.26%	重点关注
所有者权益（或股东权益）合计	13 270	9 770	3 500	35.82%	关注
负债和所有者权益（或股东权益）总计	29 080	26 330	2 750	10.44%	

根据“资产＝负债+所有者权益+收入－费用”会计等式，从表中可以看出，公司债务总额略有减少，资产增长主要来源于所有者权益项目的增长。本例中将变化幅度大于等于20%的列为关注项目，大于等于50%的列为重点关注项目。

【技能拓展】

IF函数的应用

在Excel中，借助IF函数对重大变化项目的指标进行判断标注，会更加方便快捷。例如在单元格中录入“=IF（E4=“”，“”，IF（ABS（E4）>=50%，“重点关注”，IF（ABS（E4）>=20%，“关注”，“”）））”即可得出判断的标注结果。公式表达的意思是，如果E4单元格（即为增长率这一列）为空，则显示为空，如果E4单元格的绝对值大于等于50%，则标注为“重点关注”，如果绝对值大于等于20%，则标注为“关注”，否则为空。

三、会计报表项目构成的比较

会计报表项目构成的比较是在会计报表比较的基础上发展而来的，是以会计报表中的某个总体指标作为100%，再计算出各组成项目占该总体指标的百分比，从而比较各个项目百分比的增减变动，以此来判断有关财务活动的变化趋势。

例如，对利润表项目构成进行分析时，以营业收入作为100%；对资产负债表项目构成进行分析时，以资产作为100%。这种比较方法可以用于评价项目构成的合理性，为进一步分析指明方向。

采用比较分析法时，应当注意以下问题：

（1）用于对比的各个时期的指标，其计算口径必须保持一致；

（2）应剔除偶发性项目的影响，使分析所用的数据能反映正常的生产经营状况；

（3）应运用例外原则对某项有显著变动的指标作重点分析，研究其产生的原因。

【做中学8-4】根据东海公司2024年度和2025年度的利润表，以营业收入作为基数，进行会计报表项目构成的比较，计算结果见表8-6。请分析该企业2025年度营业利润率上升的主要原因。

表8-6　东海公司结构百分比利润表

项目	2025年度	2024年度	备注
一、营业收入	100.00%	100.00%	
减：营业成本	71.38%	77.78%	↘
税金及附加	0.52%	0.44%	↗
销售费用	2.41%	3.33%	↘
管理费用	4.48%	5.28%	↘
研发费用	0	0	
财务费用	3.79%	4.44%	↘
加：其他收益	0	0	
投资收益	0.31%	0.42%	↘
公允价值变动收益	− 0.14%	0	↘
资产减值损失	−0.86%	−0.50%	↘
资产处置收益	0	0	
二、营业利润	16.72%	8.64%	↗
加：营业外收入	0.55%	0.28%	↗
减：营业外支出	0.48%	0.22%	↗
三、利润总额	16.79%	8.69%	↗
减：所得税费用	4.88%	2.61%	↗
四、净利润	11.91%	6.08%	↗

从表中可以看出，该公司营业成本占营业收入的比率有所下降，主要得益于销售成本率、销售费用率、管理费用率、财务费用率在下降。但总体而言，营业成本下降是导

致公司2025年营业利润率上升的主要原因。

技能点8-3 比率分析法

比率分析是通过计算各种比率指标来确定企业财务状况和经营成果的一种分析方法。根据分析的目的和要求的不同，比率指标的类型主要有构成比率、效率比率和相关比率三类。

一、构成比率

构成比率又称结构比率，是某个经济指标的各组成部分数值与总体数值的比率，反映部分与总体的关系。利用构成比率，可以考察总体中某部分的安排是否合理。其计算公式为：

构成比率 = 某个体组成部分数值 ÷ 总体数值

比如，流动资产、固定资产和无形资产占资产总额的百分比，应收账款、存货占流动资产的百分比等都属于构成比率。

【做中学8-5】由表8-6可知，东海公司的销售成本率呈现下降趋势。

要求：请你分析下列哪些因素会导致企业销售成本率的变动：

（1）产品销售品种结构的变动；

（2）生产成本（料、工、费）的变动；

（3）产品产量的变动；

（4）生产方式的变动（如手工生产向机械化生产转变）；

（5）产品销售价格的波动。

分析：根据本量利分析的基本公式“利润 =（单价 − 单位变动成本）×销售量 − 固定成本”，可知产品销售结构、产品的成本构成项目等上述项目的变化均会引起销售成本率的变化。

二、效率比率

效率比率是某项经济活动中所费与所得的比率，反映投入与产出的关系。利用效率比率指标，考察经营成果的优劣，评价经济效益的高低。

比如，将利润与营业成本、营业收入、资本金等项目加以对比，可以计算出成本利润率、销售利润率和资本金利润率指标，从不同角度观察比较企业获利能力的高低及其增减变化情况。

三、相关比率

相关比率是以某个项目和与其有关但又不同的项目加以对比所得的比率，反映有关经济活动的相互关系。利用相关比率指标，可以考查企业相互关联的业务安排是否合理，以保障经营活动顺畅进行。

比如，将流动资产与流动负债加以对比，计算出流动比率；将经营活动现金净流量与流动负债对比，计算出经营现金流动负债比，据以判断企业的短期偿债能力；将负债总额与资产总额进行对比，可以判断企业的长期偿债能力。

比率分析法的优点是计算简便，而且可以使某些指标在不同规模的企业之间进行比较，甚至可以在一定程度上超越行业间的差别进行比较。

技能点8-4 因素分析法

因素分析法是依据分析指标与其影响因素的关系，从数量上确定各因素对分析指标影响方向和影响程度的一种方法。采用因素分析法进行分析，可以衡量各项因素影响程度的大小，有利于分清变动原因和提出改进策略与措施。因素分析法有连环替代法和差额分析法两种具体分析方法。

一、连环替代法

连环替代法，是将分析指标分解为各个可以计量的因素，并根据各个因素之间的依存关系，依次用各因素的比较值（通常为实际值）替代基准值（通常为标准值或计划值），据以测定各因素对分析指标的影响。

假设某一经济指标N值是由相互联系的A、B、C三个因素组成，计划（标准）指标和实际指标的公式是：

$$计划（标准）指标 N_0 = A_0 \times B_0 \times C_0$$

$$实际指标 N_1 = A_1 \times B_1 \times C_1$$

该指标实际值与计划（标准）值的差异（$N_1 - N_0$），可能同时受上述三个因素变动的影响。在测定各个因素变动对指标N的影响程度时可依次计算，见表8-7。

表8-7 连环替代法的基本原理

序号	指标	连环替代	差异额	影响差异原因
（1）	计划（标准）指标（N_0）	$A_0 \times B_0 \times C_0$		
（2）	第1次替代	$A_1 \times B_0 \times C_0$	（2）－（1）	A因素变动的影响
（3）	第2次替代	$A_1 \times B_1 \times C_0$	（3）－（2）	B因素变动的影响
（4）	第3次替代（N_1）	$A_1 \times B_1 \times C_1$	（4）－（3）	C因素变动的影响
合计			（4）－（1）	实际与计划（标准）总差异

值得注意的是，运用连环替代法进行分析时，如果将各因素替代的顺序改变，则各个因素的影响程度的计算结果也可能会不同。

二、差额分析法

差额分析法是连环替代法的一种简化形式，是利用各个因素的比较值与基准值之间的差额，来计算各因素对分析指标的影响。运用差额分析法时，依然要遵循连环替代法的替代顺序和分析规则，只是分析哪个因素，就将哪个因素的变动差额代入公式计算即可。按差额分析法，则有：

$$A因素变动的影响 = (A_1 - A_0) \times B_0 \times C_0$$
$$B因素变动的影响 = A_1 \times (B_1 - B_0) \times C_0$$
$$C因素变动的影响 = A_1 \times B_1 \times (C_1 - C_0)$$

最后，将各因素的影响数相加就应该等于总差异 $N_1 - N_0$。

因素分析法既可以全面分析各因素对某一经济指标的影响，又可以单独分析某个因素对经济指标的影响，因而在财务分析中应用颇为广泛。但是，在采用因素分析法时要注意以下问题：

（1）注意因素分解的关联性。即确定构成经济指标的因素，必须在客观上存在着因果关系，要能够反映形成该项指标差异的内在构成原因，否则，就失去了其存在价值。

（2）因素替代的顺序性。在确定因素替代顺序时，必须按照各因素的依存关系，排列成一定的顺序并依次替代，不能随意颠倒，否则就会得出不同的计算结果。

（3）顺序替代的连环性。计算每一个因素变动的影响时，都是在前一次计算的基础上进行的，并采用连环比较的方法确定因素变化的影响程度。

（4）计算结果的假定性。由于因素分析法计算的各因素变动的影响数，会因替代计算的顺序不同而有差别，因而其计算结果不免带有假定性。

【做中学8-6】假设东海公司2024年、2025年的净资产收益率均为30%。已知“净资产收益率＝销售净利率×资产周转率×权益乘数”，各年的数据见表8-8。该公司有关负责人认为这两年的净资产收益率没有发生变化，因此认为这两年的经营状况、经营环境均相似。

表8-8　东海公司净资产收益率变动分析

主要财务指标	2025年	2024年
净资产收益率	30.00%	30.00%
（1）销售净利率	15.00%	7.50%
（2）资产周转率	2.00	2.00
（3）权益乘数	1.00	2.00

要求：请你分析东海公司有关负责人的观点是否正确，为什么？

分析：我们若用因素分析法分析净资产收益率变化的原因，就会发现这两年企业面临的外部环境、经营状况是不一样的。

我们采用差额分析法计算确定各因素变动对净资产收益率的影响。根据“净资产收益率＝销售净利率×资产周转率×权益乘数”，计算结果如下：

（1）销售净利率的提高对净资产收益率的影响程度＝$(15\% - 7.5\%) \times 2 \times 2 = 30\%$

（2）资产周转率没有变化对净资产收益率的影响程度＝$15\% \times (2 - 2) \times 2 = 0$

（3）权益乘数下降对净资产收益率的影响程度＝$15\% \times 2 \times (1 - 2) = -30\%$

全部因素的影响程度 = 30%+0+（-30%）= 0

从以上分析中可以看出，尽管两年的净资产收益率是相同的，但其销售净利率（获利能力）、资产周转率（营运能力）、权益乘数（杠杆作用）是不同的。

任务二 基本比率分析

财务报表中有大量的数据，可以组成许多有意义的财务比率。这些比率涉及企业经营管理的各个方面。它们大体上可以分为四类：偿债能力比率、营运能力比率、获利能力比率和发展能力比率。

为了便于说明财务比率的计算和分析方法，本节将根据表8-1、表8-2、表8-3的财务数据举例。

技能点8-5 偿债能力分析

企业偿债能力是指企业用其资产偿还债务的能力。从静态角度讲，就是用企业资产清偿企业债务的能力；若从动态的角度讲，就是企业用资产和经营过程创造的收益偿还债务的能力，它需要结合获利能力进行分析。

偿债能力分析可以分为短期偿债能力分析和长期偿债能力分析。

一、短期偿债能力分析

短期偿债能力是指企业流动资产对流动负债及时、足额偿还的保证程度。衡量企业短期偿债能力的指标主要有流动比率、速动比率和现金流动负债比率三项。

（一）流动比率

流动比率是指企业流动资产与流动负债的比率。它表明企业每一元流动负债有多少流动资产作为偿还保证。流动比率是衡量短期债务清偿能力最常用的指标。其计算公式为：

流动比率 = 流动资产÷流动负债

一般认为，流动比率越高，企业短期偿债能力越强。但是，流动比率不宜过高也不宜过低。首先，过高的流动比率，说明企业有较多的资金以流动资产形式存在，流动性虽高，但收益性差，影响资金的使用效率。其次，过高的流动比率也有可能是存货积压、应收账款回笼不畅等原因所致。若比率过低，则表明企业流动资产存量不足，难以如期偿还债务。

一般认为，流动比率的下限为1，等于2时较为适当。值得注意的是，不同行业以及同一企业在不同时期的流动比率通常有明显差别。营业周期较短的行业，合理的流动比率可以较低。近年来，由于企业的经营方式、金融环境和物流环境发生了很大的变化，流动比率有降低的趋势，许多成功企业的流动比率都低于2。

（二）速动比率

流动资产中各构成要素的流动性存在较大的差异，其中的货币资金、交易性金融资产和各种应收款项等，可以在较短时间内变现。若拥有较多数量该类资产，则其短期偿债能力也相对较强。而存货、预付款项、一年内到期的非流动资产及其他流动资产等，由于变现能力弱且不稳定，在一定程度上影响了短期偿债能力的可靠性。

速动比率是企业一定时期的速动资产同流动负债的比率。所谓速动资产，是指流动资产减去存货、预付款项、一年内到期的非流动资产和其他流动资产等变现能力较差且不稳定的项目后的余额。其计算公式为：

速动比率＝速动资产÷流动负债

剔除了流动资产中变现力差且不稳定的项目后，该指标能更加准确、可靠地反映企业实际的短期债务偿还能力。

一般情况下，该指标越高，表明企业偿还流动负债的能力越强。通常认为该比率为1时较为适当。如果该指标小于1，表明企业将面临较大的偿债风险；但是，如果大于1，尽管债务偿还的安全性很高，但却会因企业现金及应收账款等资金占用过多而增加企业的机会成本，影响企业的盈利能力。

影响速动比率可靠性的一个重要因素是应收账款的变现能力。例如，采用大量现金销售的商店，几乎没有应收账款，速动比率低于1是很正常的。相反，一些应收账款较多的企业，速动比率可能要大于1。

因此，运用该指标分析公司短期偿债能力时，还应结合应收账款的规模、周转速度和行业特征进行综合分析。除此之外，如果企业存货流转顺畅，变现能力较强，即使速动比率较低，而流动比率相对较高，企业仍然具有较强的偿债能力。

（三）现金流动负债比率

一般而言，企业偿还短期债务的所需资金主要来自经营活动产生的现金流量。经营活动产生的现金净流量与流动负债的比率称为现金流动负债比率。该指标是从现金流量角度来反映企业当期偿付短期债务的能力。其计算公式为：

现金流动负债比率＝经营现金净流量÷流动负债×100%

式中：经营现金净流量指一定时期内，由企业经营活动所产生的现金及现金等价物的流入量与流出量的差额。它代表了企业经营活动产生现金的能力，由于该指标已经扣除了经营活动自身所需的现金流出，因而是可以用于偿还债务的现金流量。“流动负债”，通常使用资产负债表中“流动负债”年初与年末的平均数。为了简便，也可以直接使用期末数计算。

该指标值越高，表明企业经营活动产生的现金净流入越多，用于保障企业按时偿还到期债务的资金越充裕，企业的偿债能力越强。

【做中学8-7】（阅读题）2024年，房地产行业的经营性现金流和现金流动负债比率的变化情况如下：

（1）经营性现金流。2024年上半年，房地产行业经营性现金流净流出542亿元，而2023年同期为净流入1 292亿元。这表明经营性现金流从净流入转为净流出，显示出行业经营压力的增加。

（2）现金流动负债比率。截至2024年6月末，房地产行业的现金流动负债比率为90%，同比下降39%。现金流动负债比率降至100%以下，表明行业整体短期偿债能力有所下降，面临较大的偿债压力。

总体来看，2024年房地产行业的经营性现金流和偿债能力均面临较大压力，主要受销售回款减少和融资环境收紧的影响。

【做中学8-8】东海公司拟对公司的短期偿债能力进行评估，该公司短期偿债能力分析指标见表8-9。

表8-9　　短期偿债能力分析指标

分析指标	2025年	2024年
流动比率（参考标准为2）	1.48	0.87
速动比率（参考标准为1）	0.95	0.56
现金流动负债比率	82.07%	11.40%

注：流动负债按期末数计算。

流动比率＝流动资产÷流动负债

速动比率＝（流动资产－存货－预付款项－其他流动资产）÷流动负债

现金流动负债比率＝经营活动产生的现金流量净额÷流动负债×100%

（1）流动比率分析。东海公司2025年年末每1元的流动负债，有1.48元流动资产与之对应，与2024年度相比，每1元流动负债的流动资产保障提高了0.61元（1.48－0.87）。从该指标看，偿债能力得到明显的提高。但是，其短期偿债能力是否达到行业内平均水平，则需要参照行业标准值才能进行分析判断。

（2）速动比率分析。计算结果显示，每1元的流动负债有0.95元的速动资产作为保障，当前的速动资产可以偿还95%的流动负债，与年初相比，短期偿债能力有了明显的提高。因为期初的速动资产只能偿还56%的流动负债，债务保障程度低。

（3）现金流动负债比率分析。计算结果显示，本年经营活动产生的现金净流量能够偿还82.07%的流动负债，与期初相比，有了显著提高。

通过前面各项指标的分析，可以看出，东海公司本期的短期偿债能力得到了明显改善，短期偿债能力较强。

【技能拓展】

Excel单元格名称的定义与引用

在Excel中，如果设置了单元格的名称，通过引用单元格名称进行数据的计算，将使得计算公式更易阅读与查错，并且在计算相关财务指标时，直接引用该单元格名称便可得到计算结果，公式编辑栏如图8-1所示。

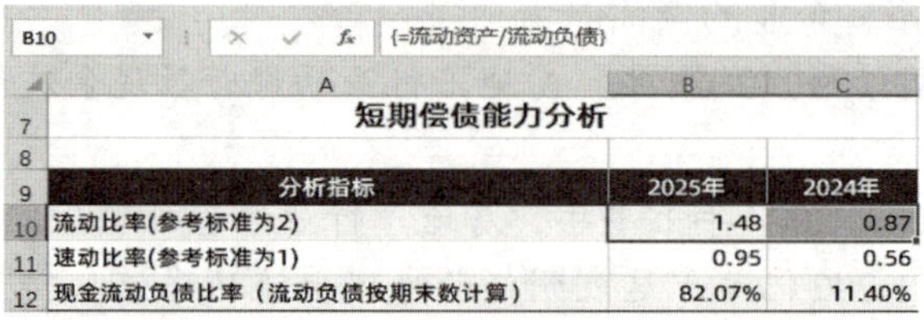

图8-1　定义并引用单元格名称使公式易于检查

二、长期偿债能力分析

长期偿债能力是指企业偿还长期债务的能力。衡量企业长期偿债能力的指标主要有资产负债率、产权比率、权益乘数和利息保障倍数。

（一）资产负债率

资产负债率是指企业负债总额与资产总额的比率。它可以反映企业的资本结构，表示企业资产中有多少资金是通过负债筹集的。其计算公式为：

资产负债率 = 负债总额÷资产总额×100%

资产负债率是衡量企业负债水平及其风险程度的重要指标。从偿债能力分析角度，资产负债率越低，反映企业财务风险越低，表明企业长期偿债能力越强，未来债务筹资的空间越大。但是，这并不能表明，该项指标越小越好，因为不同的分析主体有不同的分析标准。

从债权人角度来分析，该指标越小表明企业自有资金越多，企业的财务实力越强，财务风险也就越低。因此，对债权人来讲，资产负债率越小越安全。

从投资者角度来分析，由于企业通过举债所筹措的资金与投资者自身提供的资本在企业经营中具有同样的资产报酬率。当资产报酬率超过借入资金成本率时，负债比率越高，给股东带来的收益也越大。但是，过高的资产负债率，却又隐含着较高的财务风险，万一经营环境恶化，企业将陷入财务危机。

由于企业偿还债务所需的资金更多地来自经营收益。因此，在评价企业的长期偿债能力时，应结合企业的获利能力指标进行综合分析。

比较保守的观点认为资产负债率一般不应高于50%，而国际上通常认为资产负债率为60%左右时比较适当。当然，如果单纯从偿债能力角度分析，则越低越好。

【做中学8-9】（多选题）截至2022年4月9日，业内统计数据显示，沪深两市上市房企的资产负债率在66%左右，比2021年提高了近2个百分点，其中有21%的上市房企资产负债率高于80%，18%的上市房企资产负债率低于50%。下列说法中，正确的有（　　）。

A.上述数据显示，上市房企的财务风险越来越高

B.评价某一企业资产负债率高低时，可以采用行业均值进行判断

C.在房地产繁荣阶段，持续高涨的资产负债率可以显示出企业举债经营的策略

D.在房地产紧缩阶段，持续高涨的资产负债率可以显示出企业生产经营的困境

参考答案：ABCD。

（二）产权比率与权益乘数

产权比率是负债总额与所有者权益总额的比率，是企业财务结构稳健与否的重要标志，也称资本负债率。它反映企业所有者权益对债权人权益的保障程度。其计算公式为：

产权比率 = 负债总额÷所有者权益总额

产权比率表明股东权益对债务的保障程度。一般情况下，产权比率越低，表明企业自有资金所占比例越高，企业财务风险越小，长期偿债能力越强，对债权人权益的保障

程度越高；反之，则表明企业债务水平过高，企业净资产对当前债务水平的保障程度越低，企业的财务风险越高。

当企业的资产报酬率大于借入资金成本率时，举债经营有利于提高企业的经营业绩。因此，企业应结合获利能力来评价产权比率的合理性。

产权比率与资产负债率对评价企业偿债能力的作用是基本相同的，两者的主要区别是：资产负债率侧重于揭示资产对债务的物质保障程度及反映资金的来源；产权比率则侧重于揭示财务结构的稳健程度以及自有资金对债务的承受能力。

与产权比率、资产负债率密切相关的，还有另一项指标：权益乘数。其计算公式为：

权益乘数 = 资产÷所有者权益 = 1÷（1 − 资产负债率）= 1+产权比率

应该注意到，任意给出这三个比率中的一项，就能很快地计算出其他两项。因此，它们反映出的基本信息是一致的。

（三）利息保障倍数

利息保障倍数是指一定时期息税前利润与利息费用的比率。它反映企业盈利水平对债务利息偿付的保证程度。其中，息税前利润总额是指利润总额与利息支出的合计数。其计算公式如下：

利息保障倍数 = 息税前利润÷利息费用 =（净利润+所得税费用+利息费用）÷利息费用

通常，可以用利润表中的财务费用的数额作为利息费用进行计算。但是，我们必须清晰地认识到，利息费用中既包括费用化的利息也包括资本化的利息，而财务费用中只反映了费用化的利息。

一般情况下，该指标大于1，则表明企业负债经营能够赚取比资金成本更高的利润；若小于1，则表明企业赚取的利润低于资金成本，企业财务风险很大。利息保障倍数越高，既表明企业获利能力越强，又反映企业按期足额支付利息的可靠性越高。一般认为，利息保障倍数至少要大于2。

【做中学8-10】（单选题）江南公司2024年息税前利润为1 000万元，计入财务费用的利息支出为20万元，资本化利息支出为5万元，所得税费用为245万元，则甲公司的利息保障倍数为（　　）。

A. 36.75　　B. 40　　C. 37.75　　D. 50

参考答案：B。

【做中学8-11】东海公司管理当局想了解公司近两年资本结构及其债务水平的变化，拟为其未来筹资决策提供依据。该公司长期偿债能力分析指标见表8-10。

表8-10　长期偿债能力分析指标

分析指标	2025年	2024年
资产负债率	54.37%	62.89%
产权比率	1.19	1.69
权益乘数	2.19	2.69
利息保障倍数	5.43	2.96

（1）资产负债率分析。期末该公司每100元的资产中，有54.37元来自负债，较上一年度有所下降。从偿债能力角度分析，该公司的财务风险进一步降低，企业的偿债能力比期初有所增强。

（2）产权比率分析。计算结果显示，该企业每100元的净资产对应着119元的债务，自有资金不能完全保障债务资金的清偿需求，但与期初产权比率相比，自有资金对债务资金的保障程度已经明显增强，显示企业财务结构进一步趋向稳健。根据期末的资产负债率，每100元的资产中有54.37元的债务。因此，每54.37元的负债有45.63元（100－54.37）的净资产作为保障。由此，也可以得出产权比率为1.19（54.37÷45.63）。所以，我们也可以将产权比率视作资产负债率的另一表现形式。

（3）权益乘数分析。计算结果显示，期末每1元的所有者权益资金投入，形成2.19元的资产，具有乘数放大作用。但与期初相比，权益资金的使用效率有所下降，未来应该适度考虑债务资金的利用。

（4）利息保障倍数分析。计算结果显示，东海公司的息税前利润是当前利息费用的5.43倍。也就是说，若将企业所有盈利均用于支付利息的话，在资金成本率不变的情况下，企业还可以扩大4.43倍的债务规模。或者说，在维持当前债务规模不变的情况下，企业还能承受当前利率5.43倍的利率水平。与年初相比，其举债能力有了较大的提高。

技能点8-6 营运能力分析

一般说来，资产周转速度越快，资产的使用效率越高，则资产的营运能力越强；反之，资产的营运能力越差。

一、资产营运能力指标通用公式

资产营运能力被用来描述企业运用资产去创造营业收入的有效程度，一般用资产周转率来表示。

资产周转率（次）＝周转额÷资产平均余额

资产周转期（天）＝计算期天数÷周转次数

式中：

资产平均余额＝（资产期初余额+资产期末余额）÷2

资产周转率表示资产在计算期内中的周转次数，也可以理解为每1元资产所创造的周转额。资产周转期表示资产每周转一次所需要的时间。周转率越高，周转期越短，表明资产管理效率越高。

根据资产选择的口径不同，资产周转率又可以划分为总资产周转率、固定资产周转率、流动资产周转率、应收账款周转率、存货周转率等指标。

二、资产营运能力比率的计算与分析

（一）总资产周转率

总资产周转率是一定期间的营业收入与总资产平均余额的比率，可以用来反映企业全部资产的利用效率。其计算公式为：

总资产周转率（次）= 营业收入÷总资产平均余额

总资产周转期（天）= 360÷总资产周转次数

一般情况下，该指标数值越高，周转速度越快，资产利用效率越高。根据计算公式，企业可以通过提高营业收入或处理闲置的资产来提高总资产周转率。

从因素分析的角度来看，总资产周转率高低受到流动资产周转率、固定资产周转率等的影响。

（二）固定资产周转率

固定资产周转率是指一定期间的营业收入与固定资产平均净值的比率。它是衡量固定资产利用效率的一项指标。该比率越高，表明固定资产利用效率越高，利用固定资产效果越好。当然，过高的固定资产周转率，也有可能是固定资产投入不足。其计算公式为：

固定资产周转率（次）= 营业收入÷固定资产平均净值

固定资产周转期（天）= 360÷固定资产周转次数

值得注意的是，由于该指标的分母采用固定资产平均净值，因此在分析时，应注意折旧方法和折旧年限对计算结果的影响，分析时应注意前后各期可比性的问题。

（三）流动资产周转率

流动资产周转率是一定期间的营业收入与流动资产平均余额的比率，它是反映企业流动资产周转速度快慢的指标。其计算公式为：

流动资产周转率（次）= 营业收入÷流动资产平均余额

流动资产周转期（天）= 360÷流动资产周转次数

流动资产周转次数，表明流动资产在计算期中的周转次数，或者说是每1元流动资产所创造的营业收入。流动资产周转天数表明流动资产每周转一次所需要的时间，也就是流动资产平均余额转换成现金平均所需要的时间。

通常，流动资产中应收账款和存货占绝大部分。因此，可以将流动资产周转率进一步分解为应收账款周转率和存货周转率指标。

（四）应收账款周转率

应收账款周转率是一定期间的营业收入与应收账款平均余额的比率，是反映应收账款周转速度及管理效率的指标。其计算公式如下：

应收账款周转率（次）= 营业收入÷应收账款平均余额

应收账款周转期（天）= 360÷应收账款周转次数

应收账款周转次数，表明应收账款在计算期内周转的次数。应收账款周转天数，表明从销售开始到回收现金平均需要的天数。应收账款周转率高表明企业收账速度快，资产流动性强，短期偿债能力强。

在计算和使用应收账款周转率时应注意以下问题：

（1）公式中的应收账款包括会计核算中的“应收账款”和“应收票据”等赊销款项在内。

（2）财务报表上列示的应收账款是已经提取减值准备后的净额。因此，提取的减值准备越多，有可能导致应收账款周转率越高。但这种周转率的提高，反而说明应收账款管理欠佳。如果减值准备的数额较大，就应进行调整，使用未提取坏账准备的应收账款计算周转率。同样，对存货周转率、固定资产周转率的计算分析，也要关注相应项目减值准备计提的影响。

（五）存货周转率

存货周转率是一定期间的营业收入（或营业成本）与存货平均余额的比率，是衡量企业生产经营各环节中存货运营效率的一个综合性指标。其计算公式如下：

存货周转率（次）= 营业收入（或营业成本）÷存货平均余额

存货周转期（天）= 360÷存货周转次数

计算存货周转率时，使用“营业收入”还是“营业成本”作为周转额，要看分析的目的。在短期偿债能力分析中，为了评估资产的变现能力需要计量存货转换为现金的数量和时间，应采用“营业收入”。在分解总资产周转率时，为系统分析各项资产的周转情况并识别主要的影响因素，也应统一使用“营业收入”计算周转率。但是，如果为了评估存货管理的业绩，应当使用“营业成本”计算存货周转率。

存货周转速度的快慢，不仅反映出企业采购、储存、生产、销售各环节管理工作状况的好坏，而且会对企业的偿债能力及获利能力产生显著的影响。

【做中学8-12】（多选题）江南服装（一家服装上市公司）2022年至2025年1—6月存货周转率分别为2.29、2.41、2.10、0.71，同期行业存货周转率平均值分别为4.53、4.01、2.73、0.97。下列说法中，正确的有（　　）。

A.江南服装存货周转率低于行业平均水平

B.2022年至2025年的同行业经营环境在不断下滑

C.从数据上看，江南服装近年来的销售业绩较好

D.存货周转率的高低有可能受到存货减值准备计提的影响

参考答案：ABD。

【做中学8-13】东海公司要求对整体资产对营业收入的贡献能力进行分析评价，计算的各营运指标见表8-11。

表8-11　　资产周转率计算表

分析指标	2025年	2024年
总资产周转率（次）	1.05	0.71
总资产周转天数（天）	343.92	508.05
固定资产周转率（次）	2.91	1.76
固定资产周转天数（天）	123.52	204.70

续表

分析指标	2025年	2024年
流动资产周转率（次）	1.98	1.42
流动资产周转天数（天）	182.23	253.75
应收账款周转率（次）	6.86	4.66
应收账款周转天数（天）	52.45	77.25
存货周转率（次）	6.11	3.87
存货周转天数（天）	58.97	93.00

（1）总资产周转率分析。假设2023年年末的资产总额为24 475万元。计算结果表明，对于每1元的资产，在2025年能创造出1.05元的营业收入。或者说，该公司的总资产每年周转1.05次，即每隔343.92天周转1次。较上一年有了显著提升。

（2）固定资产周转率分析。假设2023年的固定资产期末净值为10 570万元。计算结果表明，对于每1元的固定资产投资，在2025年能创造出2.91元的营业收入。或者说，该公司的固定资产每年周转2.91次，即每隔123.52天周转1次。比上一年的周转速度明显提升。

（3）流动资产周转率分析。假设东海公司2023年的流动资产期末余额为11 905万元。计算结果表明，对于每1元的流动资产，在2025年能创造出1.98元的营业收入，或者说，该公司的流动资产每年周转1.98次，即每隔182.23天周转1次，比上一年明显提升。

（4）应收账款周转率分析。假设公司2023年的应收账款期末余额为3 725万元。计算结果表明，该公司2025年度的应收账款周转率呈现出上升趋势。周转次数由4.66次上升到6.86次，周转天数从77.25天提速到52.45天，应收账款回收力度明显增强。

（5）存货周转率分析。假设公司2023年的存货期末余额为4 800万元。计算结果表明，在2025年存货周转次数为6.11次，存货在售出之前，在企业内平均存放天数为58.97天，比上一年的周转速度有所提高。

上述各项指标表明，东海公司2025年资产营运能力比上一年有了明显的改善，营运能力在增强。

技能点8-7 获利能力分析

获利能力分析都是围绕着利润展开的。其主要包括营业利润率、总资产报酬率、净资产收益率等指标。

一、营业利润率

营业利润率是营业利润与营业收入的比率。其反映每100元营业收入所产生的营业利润的大小。其计算公式为：

营业利润率 = 营业利润÷营业收入×100%

营业利润率越高，表明产品市场竞争能力越强，企业获利能力越强。通过营业利润率的前后各期比较分析，可以发现企业经营状况的稳定性、面临的危险或者可能出现转机的迹象。

在实务中，也经常使用营业净利率、销售毛利率等指标来分析企业经营业务的获利水平。其计算公式为：

营业净利率 = 净利润÷营业收入×100%

销售毛利率 = （营业收入 − 营业成本）÷营业收入×100%

营业利润率越高，说明企业收入获利水平越高。值得注意的是，企业的投资收益、营业外收支净额等会影响净利润的大小，但这些收益并不是营业收入所创造的。因此，在分析营业利润率指标时，还需要关注净利润的结构对企业获利能力的稳定性与持续性的影响。

二、总资产报酬率

总资产报酬率是指企业息税前利润与平均资产总额的比率，是衡量每1元的资产给企业带来贡献的一项综合指标。其计算公式如下：

总资产报酬率 = 息税前利润÷平均资产总额 × 100%

息税前利润 = 净利润+所得税费用+利息费用

一般情况下，企业可将该指标与资金成本率进行比较，如果该指标大于资金成本率，则表明企业可以充分发挥财务杠杆的作用，以获取尽可能多的收益。

作为公司的股东，我们可能更关心的是总资产净利率。因为净利润才属于股东。由此我们可以得到另一公式：

总资产净利率 = 净利润÷平均资产总额 × 100%

【做中学 8–14】（多选题）假定其他条件不变，下列各项经济业务中，会导致公司总资产报酬率上升的有（　　）。

A. 支付应付账款　　B. 收回应收账款

C. 用银行存款购入生产设备　　D. 用银行存款归还银行借款

参考答案：AD。

三、净资产收益率

净资产收益率是指企业一定时期内的净利润与平均净资产的比率。它可以反映投资者投入企业的自有资本获取净收益的能力。若以股东财富最大化作为企业理财目标，该指标则是评定企业绩效的核心指标。其计算公式为：

净资产收益率 = 净利润÷平均净资产×100%

一般认为，企业净资产收益率越高，企业自有资本获取收益的能力越强，运营效益越好，对企业投资人、债权人的保障程度越高。

【做中学 8–15】东海公司拟评价企业的获利能力，该公司2024年度和2025年度的营业利润相关指标计算见表8-12。假设2023年年末的资产总额为24 475万元，净资产总额为8 585万元。

表8-12 利润率等相关指标计算表

分析指标	2025年	2024年
营业利润率（%）	16.72	8.64
营业净利率（%）	11.91	6.08
销售毛利率（%）	28.62	22.22
总资产报酬率（%）	21.55	9.31
总资产净利率（%）	12.47	4.31
净资产收益率（%）	29.98	11.93

（1）营业利润率分析。计算结果表明，东海公司2025年每100元的营业收入，创造了16.72元营业利润，与上年相比，营业利润率呈现出快速的增长。与之对应，营业净利率、销售毛利率也呈现出增长的趋势，且变动幅度较大。根据分析指标的相关因素，可以重点分析企业营业外收支、所得税、产品结构调整对企业盈利能力的影响。

（2）总资产报酬率分析。假设企业的利息支出全部为财务费用。计算结果表明，东海公司2025年平均每100元的资产能给企业带来21.55元的息税前利润，资产创造效益的能力比上年有了一定提高。

（3）总资产净利率分析。计算结果表明，东海公司2025年平均每100元资产能创造出12.47元的净利润，比上年增加了8.16元（12.47－4.31），企业的盈利能力进一步增强了。

（4）净资产收益率分析。计算结果表明，东海公司2025年每100元的净资产能创造出29.98元的净利润，与上一年的11.93%相比，出现了大幅上升趋势。

上述各项指标表明，东海公司2025年的获利能力比上一年有显著提高。

技能点8-8 发展能力分析

发展能力是指企业发展、壮大的潜在能力。我们一般用增长率来衡量企业的发展能力，主要包括营业收入增长率、营业利润增长率、总资产增长率、资本积累率等指标。

一、营业收入增长率

营业收入增长率是指企业本期营业收入增长额与上期营业收入总额的比率。它是评价企业成长状况和发展能力的重要指标。其计算公式为：

营业收入增长率＝本期营业收入增长额÷上期营业收入总额×100%

式中：本期营业收入增长额＝本期营业收入总额－上期营业收入总额。

不断增长的营业收入，是企业生存和发展的基础。若该指标大于0，表示企业本期的营业收入有所增长，指标值越高，表明增长速度越快，企业的市场前景越好；若该指标小于0，则说明产品或服务不适销对路、收入增长速度减缓、市场份额正在萎缩。

在分析时，应结合企业历年的营业水平、企业市场占有情况、行业未来发展及其他影响企业发展的潜在因素进行前瞻性预测，或者结合企业前三年的营业收入增长率作出趋势性分析判断。

二、营业利润增长率

营业利润增长率是企业本期营业利润增长额与上期营业利润总额的比率，反映企业营业利润的增减变动情况。其计算公式为：

营业利润增长率 = 本期营业利润增长额÷上期营业利润总额×100%

式中：本期营业利润增长额 = 本期营业利润总额 - 上期营业利润总额。

三、总资产增长率

总资产增长率是企业本期总资产增长额与期初资产总额的比率。它用以衡量企业本期资产规模的增长情况，用于评价企业经营规模的扩张程度。其计算公式为：

总资产增长率 = 本期总资产增长额÷期初资产总额×100%

式中：本期总资产增长额 = 资产总额期末数 - 资产总额期初数。

该指标越高，表明企业在一个经营周期内资产经营规模扩张的速度越快。它是从企业资产总量扩张方面衡量企业的发展能力，表明企业规模增长水平对企业发展后劲的影响。资产的增长主要有三种途径：一是举债；二是投资者投入；三是通过收益的积累。因此，在分析时，应注意资产规模扩张的原因以及规模扩张质与量的关系，确保企业可持续发展，避免资产盲目扩张。

【做中学8-16】（判断题）企业资产的增长率大于0，意味着企业利润的增长率大于0。（　　）

参考答案：错。资产的增长，也有可能是源于负债的增长。

四、资本积累率

资本积累率是指企业本期所有者权益增长额与期初所有者权益总额的比率。它可以表示企业当期资本的积累能力，是评价企业发展潜力的重要指标。其计算公式为：

资本积累率 = 本期所有者权益增长额÷期初所有者权益总额×100%

式中：本期所有者权益增长额 = 所有者权益总额期末数 - 所有者权益总额期初数。

该指标反映了企业所有者权益在当年的变动水平，体现了企业资本的积累情况，是企业持续发展的重要评价依据。该指标越高，表明企业当期的资本积累越多，持续发展的能力越大。该指标如为负值，表明企业资本受到侵蚀。分析时，应注意本期所有者权益变动原因的分析。

五、三年营业收入平均增长率

三年营业收入平均增长率表明企业营业收入连续三年的增长情况，体现企业的持续发展态势和市场扩张能力。其计算公式为：

$$三年营业收入平均增长率=(\sqrt[3]{本年营业收入总额 \div 三年前营业收入总额}-1)\times 100\%$$

式中：三年前营业收入总额指企业三年前的营业收入。假如评价企业2024年的绩效状况，则三年前营业收入总额是指2021年的营业收入总额。

该指标能够比较平稳地反映企业多年的持续发展状况，可以避免因少数年份业务波动而对企业发展潜力的错误判断。该指标越高，表明企业可持续发展能力越强，发展的潜力越大。

六、三年资本平均增长率

三年资本平均增长率表示企业资本连续三年的积累情况，体现企业的发展水平和发展趋势。其计算公式为：

$$三年资本平均增长率=(\sqrt[3]{年末所有者权益总额 \div 三年前年末所有者权益总额}-1)\times 100\%$$

三年资本平均增长率指标，能够平稳地反映企业资本保值增值的历史发展状况，以及企业稳步发展的趋势。该指标越高，表明企业所有者权益得到的保障程度越高，企业可以长期使用的资金越充足，抗风险和持续发展能力越强。

【做中学8-17】假设东海公司需要对企业的发展能力情况进行分析判断，为未来的发展提供决策依据。该公司的财务人员计算的相关财务指标见表8-13。

表8-13 发展能力指标的计算

项目	2025年	2024年	2023年
营业收入增长率（定基）	130.16%	42.86%	26.98%
营业收入增长率（环比）	61.11%	12.50%	26.98%
三年营业收入平均增长率	32.03%		
营业利润增长率	211.90%	217.35%	
净利润增长率	215.43%	236.92%	
总资产增长率	10.44%	7.58%	
资本积累率	35.82%	13.80%	
三年资本平均增长率	17.17%		

（1）营业收入增长率分析。假设2023年、2022年的营业收入额分别为16 000万元、12 600万元，若以2022年为基准进行定基分析，可以看出该公司营业收入呈现出持续增升态势，到2025年则出现爆发式增长（130.16%）。若环比分析，则可以看出公司呈现出波浪式的增长，每隔一年，将出现一次快速增长，2025年增长速度为61.11%，高于常规发展速度。

（2）三年营业收入平均增长率分析。假设2022年的营业收入额为12 600万元。数据显示，2025年东海公司近三年的营业收入平均增长率为32.03%，仍然呈现出高速增长势头。

（3）营业利润增长率分析。假设公司2023年营业利润为490万元，净利润为325万元。数据显示，东海公司营业利润呈现出强劲的增长势头，2025年增长率达到211.90%，但增长的势头较上一年217.35%有所下降。这一数据暗示公司的经营杠杆系数也是比较高的，但若要寻找营业利润增长的具体原因，还需要根据“营业利润 = 营业收入 − 营业成本 − 税金及附加 − 销售费用 − 管理费用 − 研发费用 − 财务费用 − 资产减值损失 − 信用减值损失 + 其他收益 + 投资收益 + 公允价值变动收益 + 资产处置收益”的计算公式，从营业利润的构成来分析其快速增长的原因。公司净利润增长率也显示了相同的分析结论。

（4）总资产增长率分析。假设公司2023年年末的资产总额为24 475万元。数据显示，2025年东海公司总资产比上年增长了10.44%，结合前面的分析，我们可知2025年资产的增长在很大程度上受益于利润的增长。至于总资产增长的更为具体的原因，需要对资产负债表的结构变动进行深入分析。

（5）资本积累率分析。假设公司2023年净资产为8 585万元。数据显示，东海公司所有者权益比上一年增长了35.82%，结合利润增长分析，净资产的增加主要来自企业利润的增加，显示出超常的增长。

（6）三年资本平均增长率分析。假设2022年的所有者权益总额为8 250万元。数据显示，东海公司三年资本平均增长率为17.17%，公司近年来呈现出良好的发展势头，企业抗风险能力强。

综合各方面的分析，该公司近年来正处于高速发展期，企业发展前景良好，偿债能力、获利能力、发展能力强。

微课

财务比率计算的5个要点

任务三　上市公司基本财务分析

知识点8-2　每股收益

每股收益是综合反映上市企业获利能力的重要指标，可以用来判断和评价管理层的经营业绩。它可以细分为基本每股收益和稀释每股收益。

一、基本每股收益

基本每股收益的计算公式为：

基本每股收益 = 归属于公司普通股股东的净利润÷发行在外的普通股加权平均数

在报告期内，如果因增资（如发行新股）、回购等原因导致发行在外的普通股股数发生变化，应当按照这些股份实际发行或回购的日期进行加权计算，以确定当期“发行在外的普通股加权平均”。

二、稀释每股收益

企业存在稀释性潜在普通股的，应当计算稀释每股收益。潜在普通股主要包括：可转换公司债券、认股权证和股份期权等。计算稀释每股收益时，要将与潜在普通股相关的各项收益作为净利润的增加额；因潜在普通股而可能增加的普通股股数作为分母的调整项目，同时还应考虑时间权数。

在分析每股收益指标时，应注意企业利用回购库存股的方式减少发行在外的普通股股数，对每股收益简单增加的影响。另外，如果企业将盈利用于派发股票股利或配售股票，就会使企业流通在外的股票数量增加，这样将会大量稀释每股收益。在分析上市公司公布的信息时，投资者应注意区分公布的每股收益是按原始股股数还是按完全稀释后的股数计算的，以免受到误导。

每股收益这一财务指标在不同行业、不同规模的上市公司之间具有相当大的可比性。因而在各上市公司之间的业绩比较中被广泛地加以引用。此指标越高，盈利能力越好，股利分配来源越充足，资产增值能力越强。

◆知识点8-3　每股股利

每股股利是企业股利总额与企业流通股股数的比值。其计算公式为：

每股股利 = 股利总额÷流通股股数

每股股利反映的是上市公司每一股普通股获取股利的大小。每股股利越大，则股东获得的股利越多；每股股利越小，则股东获得的股利就越少。但须注意，上市公司每股股利发放多少，除了受上市公司获利能力大小的影响以外，还取决于企业的股利发放政策。因此，借助于该指标，投资者可以了解一家上市公司的股利发放政策。另外，通过对复合杠杆的分析，投资者应当理解业务量变化对每股股利变动的影响。

【做中学8-18】东海公司2025年度归属于普通股股东的净利润为3 454万元。2025年年末的股本为860万股，本年度公司股数没有发生增减变化。则该公司2025年度基本每股收益为：

基本每股收益 = 3 454÷860 = 4.02（元/股）

【做中学8-19】沿用【做中学8-18】的资料，假设东海公司2025年1月1日按面值发行年利率为5%的可转换公司债券，面值总额为10 000万元，期限为5年，利息每年年末支付一次，发行结束一年后可以转换为股票，转换价格为每股20元。假设债券利息不符合资本化条件，全部直接计入当期损益，所得税税率25%。

要求：计算2025年度稀释每股收益。

假设可转换公司债券全部转股：

调增的净利润 = 10 000×5%×（1－25%）= 375（万元）

所增加的普通股股数 = 10 000÷20 = 500（万股）

2025年度稀释每股收益 = （3 454+375）÷（860+500）≈2.82（元/股）

【做中学8-20】沿用【做中学8-18】的资料，若东海公司2025年度发放普通股股利500万元。

要求：计算2025年度每股股利。

2025年度的每股股利 = 500÷860 = 0.58（元/股）

知识点8-4　市盈率

市盈率是股票每股市价与每股收益的比率，其计算公式如下：

市盈率 = 每股市价÷每股收益

在理性的投资环境中，市盈率越高，意味着投资者对该股票的评价越高，企业未来成长的潜力越大。反之，投资者对该公司未来预期越低。另外，市盈率越高，也说明每股市价越高，投资于该股票的风险越大；市盈率越低，说明投资于该股票的风险相对较小。

影响企业股票市盈率的因素有：

（1）上市公司盈利能力的成长性。如果上市公司预期盈利能力不断提高，说明企业具有较好的成长性，虽然目前市盈率较高，也值得投资者进行投资。

（2）投资者所获取报酬的稳定性。如果上市公司经营效益良好且相对稳定，则投资者获取的收益也较高且稳定，投资者就愿意持有该企业的股票，则该企业股票的每股市价会由于众多投资者的普遍看好而相应提高，从而提高了市盈率。

（3）市盈率也受到利率水平变动的影响。当市场利率水平变化时，市盈率也应作相应的调整。利率与市盈率之间的关系常用如下公式表示：

市场平均市盈率 = 1÷市场利率

所以，我们应关注央行利率变化对市盈率的影响。

【做中学8-21】（阅读题）电光科技发布异动公告，根据中证指数有限公司发布的数据，截至2025年1月21日，公司市盈率为68.90倍，滚动市盈率为79.51倍。公司所属行业分类“C35专用设备制造业”的静态市盈率为27.82倍，滚动市盈率为27.46倍。公司最新的市盈率与同行业平均水平存在明显差异，与同期深证A股指数偏离度较大，且高于同行业公司的同期涨幅。公司特别提醒投资者审慎决策、理性投资，注意二级市场交易风险。公司股票价格短期涨幅较大，股票价格受到多种因素影响，但公司基本面未发生重大变化，也不存在应披露而未披露的重大信息。公司股票价格短期大幅上涨，可能存在短期涨幅较大后的下跌风险。

知识点8-5　每股净资产

每股净资产，又称每股账面价值，是指企业净资产与发行在外的普通股股数之间的比率。用公式表示为：

每股净资产 = 股东权益总额÷发行在外的普通股股数

每股净资产显示了发行在外的每一股普通股所能分配的企业账面净资产的价值。这里所说的账面净资产是指企业账面上的总资产减去负债后的余额，即股东权益总额。每股净资产指标反映了在会计期末每一股普通股在企业账面上到底值多少钱，它与股票面值、发行价值、市场价值乃至清算价值等往往有较大差异。

利用该指标进行横向和纵向对比，可以衡量上市公司股票的投资价值。如在企业性质相同、股票市价相近的条件下，某一企业股票的每股净资产越高，则企业发展潜力与其股票的投资价值越大，投资者所承担的投资风险越小。

知识点8-6 市净率

市净率是每股市价与每股净资产的比率，是投资者用以衡量、分析个股是否具有投资价值的指标之一。其计算公式为：

市净率 = 每股市价÷每股净资产

净资产代表的是全体股东共同享有的权益，是股东拥有公司财产和公司投资价值最基本的体现，它可以用来反映企业的内在价值。一般来说，市净率较低的股票，投资价值较高；反之，则投资价值较低。但有时较低市净率反映的可能是投资者对公司前景的不良预期，而较高市净率则相反。因此，在判断某只股票的投资价值时，还要综合考虑当时的市场环境以及公司经营情况、资产质量和获利能力等因素。

【做中学8-22】沿用【做中学8-18】的资料，同时假定东海公司2025年年末每股市价为40元，每股收益为4.02元。则：

市盈率 = 40÷4.02 = 9.95

【做中学8-23】假设东海公司2025年年末股东权益为13 270万元，全部为普通股股东权益，年末普通股股数仍为860万股。则：

每股净资产 = 13 270÷860 = 15.43（元）

【做中学8-24】沿用【做中学8-22】和【做中学8-23】的资料。若公司管理当局拟了解每股净资产的市场溢价，则可以通过市净率这一指标进行衡量。

市净率 = 40÷15.43 = 2.59

该公司的市场溢价属于中下水平，若公司未来发展前景良好，则该公司的价值未来有较大的上升空间。

任务四 企业综合绩效分析

综合分析的意义在于能够全面、正确地评价企业的财务状况和经营成果，因为局部不能替代整体，某项指标的好坏不能说明企业整体经济效益的高低。因此，只有将企业偿债能力、营运能力、获利能力以及发展能力等各项分析指标有机地联系起来，作为一套完整的体系，进行系统的综合评价，才能从总体上把握企业财务状况和经营情况的优劣。

企业综合绩效分析方法有很多，主要有杜邦分析法和沃尔评分法等。

知识点8-7　杜邦财务分析体系

杜邦分析法，又称杜邦财务分析体系，是利用各主要财务比率指标间的内在联系，对企业财务状况及经济效益进行综合系统分析评价的方法。该体系是以净资产收益率为起点，通过指标分解重点揭示企业获利能力（营业净利率）、企业营运能力（总资产周转率）及财务杠杆（权益乘数）对净资产收益率的影响，以及各相关指标间的相互影响。因其最初由美国杜邦公司成功应用，故取名为杜邦分析法。

杜邦分析法对净资产收益率的分解如图8-2所示。其分析关系式为：

净资产收益率 = 总资产净利率×权益乘数 = 营业净利率×总资产周转率×权益乘数

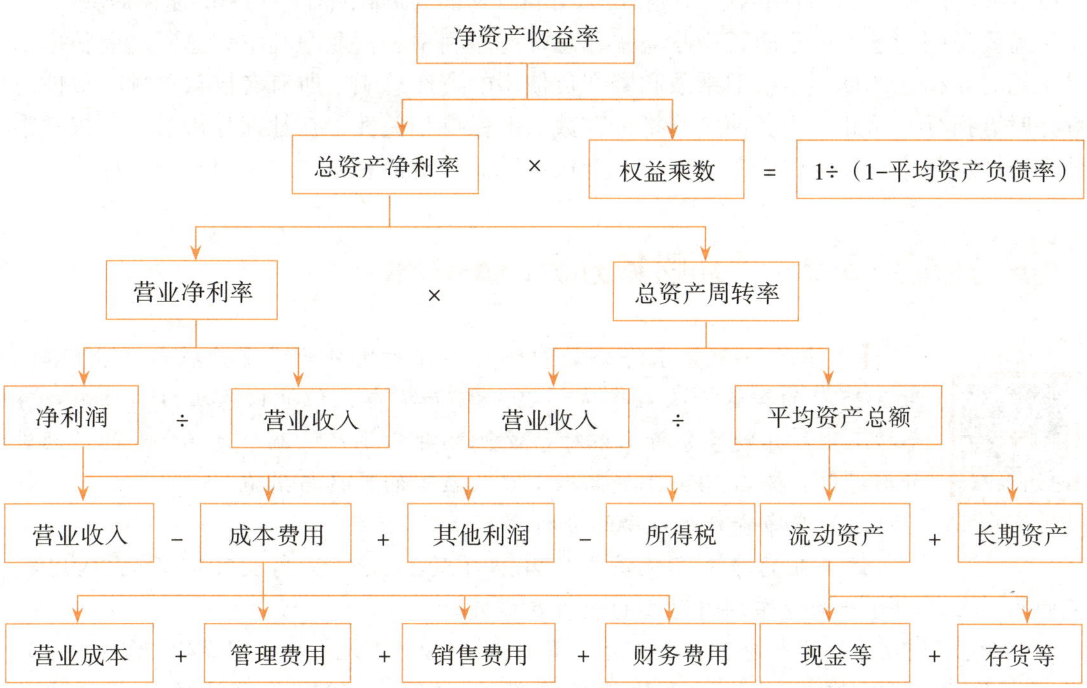

图8-2　杜邦分析体系

注：图中有关资产、负债与权益指标通常用平均值计算。

【做中学8-25】（单选题）南极公司2024年和2025年的营业净利率分别为7%和8%，资产周转率分别为2和1.5，两年的资产负债率相同，与2024年相比，2025年的净资产收益率的变动趋势为（　　）。

A. 上升　　B. 下降　　C. 不变　　D. 无法确定

参考答案：B。

根据公式，我们可以看出：

（1）净资产收益率是一个综合性最强的财务比率，是杜邦财务分析体系的核心。决定净资产收益率高低的因素有三个方面：权益乘数、营业净利率和总资产周转率。这三个比率分别反映了企业的财务杠杆作用大小、获利能力和资产营运能力高低。

（2）权益乘数主要受资产负债率影响。负债比率越大，权益乘数越高，若企业有较高的负债水平，会给企业带来较多的财务杠杆作用。

（3）总资产净利率是营业净利率和总资产周转率的乘积。它的高低受企业获利能力和资产管理效率的影响。

影响总资产周转率的一个重要因素是资产总额。资产总额由流动资产与长期资产组成，它们结构的合理与否将直接影响资产的周转速度。一般来说，流动资产直接体现企业的偿债能力和变现能力，而长期资产则体现了企业的经营规模、发展潜力。两者之间应该有一个合理的比例关系。

影响总资产净利率的另一个重要因素是营业净利率。营业净利率反映了企业净利润与营业收入的关系，要想提高营业净利率：一是要扩大营业收入；二是降低成本费用。我们可以对影响收入、成本费用的原因进行深入分析，从而为提高营业净利率的途径提供依据。

需要说明的是，由于净资产收益率、总资产净利率、营业净利率和总资产周转率都是采用时期指标计算，而权益乘数和资产负债率的资产总额、所有者权益总额、负债总额是时点指标。因此，为了使这些指标在数量上保持相关性，在杜邦分析法中，权益乘数和资产负债率涉及的资产总额、所有者权益总额和负债总额均应采用平均值计算。

技能点8-9 杜邦财务分析

微课

杜邦财务分析实例——鲁泰A

【做中学8-26】东海公司管理当局在对比分析净资产收益率指标时，为2025年的净资产收益率达到29.98%而振奋，但也倍感压力。公司财务部拟运用杜邦财务分析体系对导致2025年净资产收益率大幅上升的原因进行剖析；并提出2026年提高净资产收益率的策略与措施。

（1）对净资产收益率的分析。

该企业的净资产收益率从2024年的11.93%提高至2025年的29.98%，反映出企业的净资产为股东创造财富的能力在提升。

假设公司2023年资产为24 475万元，负债为15 890万元。据此计算的2025年平均资产负债率为58.42%，对应的平均权益乘数为2.4049；2024年平均资产负债率为63.87%，对应的平均权益乘数为2.7679。

净资产收益率 = 总资产净利率×权益乘数

2025年：29.98% = 12.47%↑×2.4049↓

2024年：11.93% = 4.31%×2.7679

从等式中可以看出，公司净资产收益率大幅上升主要为总资产净利率的提升所致。

（2）对总资产净利率的分析。

总资产净利率 = 营业净利率×总资产周转率

2025年：12.47% = 11.91%↑×1.0467↑（注：表8-11中总资产周转率的值为1.05，为避免尾数差异以4位小数计算）

2024年：4.31% = 6.08% × 0.7086

从等式中可以看出，2025年由于营业净利率与总资产周转率大幅提高，促进了总资产净利率的提高。

（3）对营业净利率的分析。

营业净利率 = 净利润÷营业收入

2025年：11.91% = 3 454↑÷29 000↑ × 100%

2024年：6.08% = 1 095÷18 000 × 100%

从等式中可以看出，该企业2025年在大幅提高销售收入的同时，净利润有了快速的增长，显示出该企业销售结构可能发生了较大的变化，需要进一步对企业的成本费用构成进行剖析。

（4）对总资产周转率进行分析。

通过对表8-11的资产周转率分析，可知该公司应收账款、存货、流动资产、固定资产、总资产的周转率均较上一年有所提升。显示出该企业的产品能较好地适应市场的需求，固定资产利用率高，应收账款的收账政策较为严格，资产营运能力强。

（5）对权益乘数的分析。

在杜邦分析法中，权益乘数需要以平均值进行计算。2023年资产为24 475万元，负债为15 890万元，据此计算的2025年平均资产负债率为58.4191%，假设2024年平均资产负债率为63.8717%，于是有：

权益乘数 = 1÷（1 − 平均资产负债率）

2025年：2.4049 = 1÷（1 − 58.4191%↓）

2024年：2.7679 = 1÷（1 − 63.8717%）

该企业下降的权益乘数说明企业的资本结构发生了变动，但在总资产净利率大幅提高的情况下，下降的权益乘数并没有对公司净资产收益率造成较大的负面影响。

（6）结论。

2025年，净资产收益率高达29.98%主要受益于企业产品的获利能力、资产营运能力显著提升。展望2026年，公司应在保持或提高当前产品结构和盈利水平的基础上，合理优化资本结构，如通过分红降低未分配利润，密切关注固定资产生产能力变化，必要时可以举债经营扩大生产规模等措施，避免净资产收益率下降。

知识点8-8　沃尔评分法的应用

1928年，亚历山大·沃尔（Alexander Wole）出版的《信用晴雨表研究》和《财务报表比率分析》中提出了信用能力指数的概念，他选择了7项财务指标即流动比率、产权比率、固定资产比率、存货周转率、应收账款周转率、固定资产周转率和自有资金周转率，分别给定各项指标的比重，总和为100分，然后确定标准比率（以行业平均数为基础），将实际比率与标准比率相比，得出相对比率，将此相对比率与各指标比重相乘，确

微课

沃尔比重评分法的应用与雷达图绘制

定各项指标的得分及总体指标的累计得分，若总分高于100分，则说明企业的信用水平高于标准值。由于有了财务指标的评价标准，沃尔评分法有利于报表分析者评价公司主体在市场竞争中的优劣地位。

现代社会与沃尔所处的时代相比，已经发生了很大的变化。沃尔最初提出的七项指标已经难以完全满足当前企业评价的需要。但我们通常认为，在选择评价指标时，应包括偿债能力、营运能力、获利能力和发展能力等方面的指标。除此之外，还应当选取一些非财务指标作为参考。

一、沃尔评分法的应用步骤

沃尔评分法的基本步骤包括：

（1）选择评价指标并分配指标评分权重。对于评价指标的选择与权数的制订，我们可以参考财政部《企业效绩评价操作细则（修订）》中的企业效绩评价指标体系选择评价指标和制订各评价指标的权数。

（2）确定各项评价指标的标准值。财务指标的标准值一般可以行业平均数、企业历史先进数、国家有关标准或者国际公认数为基准来加以确定。

（3）计算企业在一定时期各项评价指标的实际值。

（4）对各项评价指标计分并计算综合分数。各项评价指标的计分按下列公式进行：

$$各项评价指标的得分=各项指标的权重\times（指标的实际值\div指标的标准值）$$

$$综合分数=\sum各项评价指标的得分$$

（5）形成评价结果。在最终评价时，如果综合得分大于100，则说明企业的财务状况高于评价标准；反之，则说明企业的财务状况低于标准水平。

【做中学8-27】（多选题）南极公司采用沃尔评分法进行绩效评价，若2024年综合绩效评价分数为90分，2025年综合绩效评价分数为96分。下列各项说法中，正确的有（　　）。

A.该企业绩效上升

B.该企业绩效下降

C.该企业整体评价低于评价标准

D.该企业整体评价高于评价标准

参考答案：AC。

二、沃尔评分法应用的改进

在使用沃尔比重评分法进行综合评价分析时，我们应注意到方法本身的局限性对评价结果的影响。

首先，异向性评价指标的存在，使得各指标评价得分存在相互抵减的现象。由于各项评价指标的得分 = 各项指标的权重 ×（指标的实际值÷指标的标准值），就意味着当某项指标实际值越大于标准值，该指标的得分就会越高。在实务中，可能有些指标低于标准值才代表理想值。但是，用该公式计算出来的分数却低于标准分，显然与实际不符。因此，在指标选择上，应注意评价指标的同向性，对于不同向的指标应进行同向化处理或是选择其他替代指标。例如资产负债率就可以用其倒数的值来代替。

其次，沃尔评分法从技术上还存在一个问题，就是当某一个指标严重异常时，会对综合分数产生不合逻辑的重大影响。这个缺陷是由相对比率与比重相“乘”而引起的。因此，有时需要对某些指标的最高得分或最低得分进行限制，以减少其影响程度。

【做中学8-28】东海公司的管理当局拟将自身的经营状况与行业平均水平进行对比，以正确估量公司在同行业中的竞争力，要求采用沃尔评分法进行评价分析。

采用沃尔评分法进行同行业比较，首先要确定比较的内容，其次要确定比较的标准。经充分讨论，确定评价内容、评价标准。评价标准按照大型工业企业相关指标的平均值确定，其评价过程见表8-14。

表8-14　沃尔评分法的基本应用

评价内容	权数	基本指标	评价步骤				
		指标	权数	标准值	实际值	关系比率	实际得分
			(1)	(2)	(3)	(4) = (3) ÷ (2)	(5) = (4) × (1)
一、财务效益状况	38	净资产收益率	25	14.20%	29.98%	2.11	52.78
		总资产报酬率	13	13.10%	21.55%	1.64	21.39
二、资产营运状况	18	总资产周转率	9	1.5	1.05	0.70	6.30
		流动资产周转率	9	4.5	1.98	0.44	3.96
三、偿债能力状况	20	资产负债率	12	43.50%	54.37%	0.80	9.60
		已获利息倍数	8	7.2	5.43	0.75	6.03
四、发展能力状况	24	销售增长率	12	26.70%	61.11%	2.29	27.47
		资本积累率	12	23.10%	35.82%	1.55	18.61
合计	100		100				146.14

注：表中的资产负债率指标为异向指标，采用倒数计算；数据使用Excel计算得出，可能存在尾数差异。

从表中可知，该企业的综合得分为146.13分，大于100分，说明该企业综合评价得分高于国家公布的大型工业企业的平均水平。

【技能拓展】

雷达图的绘制与阅读

如果需要将众多的指标与标准值进行对比，我们可以借助雷达图，让分析者在最短的时间内掌握哪些方面高于标准，哪些方面低于标准，便于进行整体分析评价。

在Excel中，可以十分方便地绘制雷达图，如图8-3所示。若以前例中的关系系数（指标的实际值÷指标的标准值）作为绘图标准，则图中最里面一圈的值为标准值，即为1，数据点落在圈内则为低于标准，在圈外的为高于标准。从图中可以看出，公司除了总资产周转率、流动资产周转率、资产负债率、已获利息倍数指标外，其余指标均高于评价标准。因此，公司应该在提高总资产周转率、流动资产周转率，降低资产负债率等方面做文章，比如，降价销售也许是提高周转率的一种有效策略。

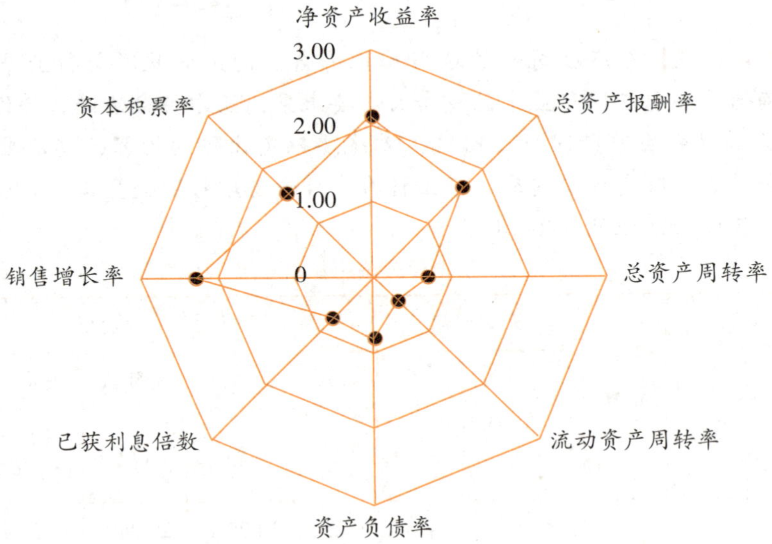

图8-3 雷达图在财务分析中的应用

拓展阅读

假设你是企业的高级管理人员，请阅读以下材料，谈谈报表分析与企业经营决策的关系。

做好加减乘除法，构筑发展新优势

工业和信息化部、国务院国有资产监督管理委员会、中华全国工商业联合会2024年年底印发《制造业企业数字化转型实施指南》。其可概括为：加的是未来，减的是包袱，乘的是效率，除的是浪费。

一、加法

文件提出到2025年打造1 000个以上数字化转型标杆工厂，重点围绕5G+工业互联网、AI大模型、绿色智造三大方向，把数字新技术、新模式、新业态直接转化为新增订单、新增市值。

二、减法

连续两年能效、碳效低于行业基准的产品线将被强制退出，高耗能、低效率产能不再拥有“续命”空间，为先进产能腾出能耗、排放和资金指标。

三、乘法

数字化研发、网络化协同、智能化制造、服务化延伸“四大倍增工程”同步发力，让企业从“单点突破”走向“全链跃升”。按指南测算，关键工序数控化率每提高10%，全要素生产率可放大1.8倍。

四、除法

2024—2025年行动清单给出硬指标——单位产值能耗再降12%，用工成本再降10%，资金周转率再提15%。通过“上云用数赋智”，把分子做大、分母做小，真正实现“扩大劳动生产率、缩小资本占用率”。

政策工具箱也简洁可用：研发费用加计扣除120%，数字化设备可加速折旧，1 000亿元专项再贷款随时可提款。对企业来说，路线图已画好，时间表已排定，关键只剩一个字：干！

该文件紧扣“数字经济做加法、落后产能做减法、创新驱动做乘法、效率提升做除法”的最新实践，为地方和企业在2024—2025年调结构、育动能提供了可操作的施工图。

资料来源：根据工业和信息化部、国务院国有资产监督管理委员会、中华全国工商业联合会印发的《制造业企业数字化转型实施指南》整理。

职业能力测试

一、判断题

（　　）1.负债比率越低，则权益乘数越高，财务风险越大。

（　　）2.在采用因素分析法时，既可以按照各因素的依存关系排列成一定的顺序并依次替代，也可以任意排序，其计算结果是相同的。

（　　）3.速动比率比流动比率更能反映出流动负债偿还的安全性和稳定性。

（　　）4.一般来说，市盈率高，说明投资者对该公司的发展前景看好，愿意出较高的价格购买该公司股票。但是某种股票的市盈率过高，也意味着这种股票具有较高的投资风险。

（　　）5.临近资产负债表日，大量购入存货必然会导致速动比率上升。

二、单项选择题

1.下列各项中，不会影响流动比率的业务是（　　）。

A.用现金购买短期债券　　B.用现金购买固定资产

C.用存货进行对外长期投资　　D.从银行取得长期借款

2.南极集团当期和基期的营业净利率分别为7%和8%，资产周转率分别为2和1.75，两年的资产负债率相同，与基期相比，当期的净资产收益率变动趋势为（　　）。

A.上升　　B.下降　　C.不变　　D.无法确定

3.下列各项中，不会稀释公司每股收益的是（　　）。

A.公司债券　　B.可转换公司债券

C.授予管理层的股份期权　　D.认股权证

4.计算下列各项指标时，其分子分母不需要采用平均数的是（　　）。

A.资产负债率　　B.应收账款周转次数

C.总资产报酬率　　D.总资产净利率

5. 产权比率越高，通常反映的信息是（　　）。

A. 财务结构越稳健　　B. 长期偿债能力越强

C. 财务杠杆效应越强　　D. 股东权益的保障程度越高

三、多项选择题

1. 南极集团采用沃尔评分法进行综合评价，若基期综合绩效评价分数为90分，当期综合绩效评价分数为110分，则（　　）。

A. 该企业绩效上升　　B. 该企业绩效下降

C. 该企业整体评价低于评价标准　　D. 该企业整体评价高于评价标准

2. 假定其他条件不变，下列各项经济业务中，会导致公司净资产收益率上升的有（　　）。

A. 支付应付账款　　B. 收回应收账款

C. 用现金分红　　D. 股票回购注销

3. 一般而言，存货周转次数增加，其所反映的信息有（　　）。

A. 盈利能力下降　　B. 存货周转期延长

C. 存货流动性增强　　D. 资产管理效率提高

4. 在一定时期内，应收账款周转次数多，周转天数少表明（　　）。

A. 收账速度快　　B. 信用管理政策宽松

C. 应收账款流动性强　　D. 应收账款管理效率高

5. 下列各因素中，影响企业偿债能力的有（　　）。

A. 资产结构　　B. 或有事项　　C. 资产质量　　D. 银行授信额度

四、简答题

1. 为什么在计算速动比率时要把存货等变现能力较弱的资产项目从流动资产中剔除？

2. 应收账款周转率的高低受到哪些因素的影响，过低过高的周转率可能会给企业带来什么负面影响？

3. “如果净资产收益率不令人满意，那么杜邦财务分析体系会告诉你从哪里开始寻找原因”，你如何理解这句话？

4. 请将表8-15中的各项财务指标的计算公式填写完整。

表8-15　各项财务指标的计算公式

评价指标	计算公式
（1）偿债能力指标	
流动比率	
速动比率	
资产负债率	
产权比率	

续表

评价指标	计算公式
权益乘数（平均权益乘数）	
利息保障倍数	
（2）营运能力指标	
总资产周转率	
固定资产周转率	
流动资产周转率	
应收账款周转率	
存货周转率	
（3）获利能力指标	
营业净利率	
总资产报酬率	
净资产报酬率	
（4）发展能力指标	
营业收入增长率	
营业利润增长率	
总资产增长率	
净资产增长率	

五、案例题

1.东海公司2023—2024年主要财务指标见表8-16。

表8-16　东海公司主要财务指标　单位：万元

项目	2023年	2024年
净利润	1 220	1 940
营业收入	40 100	55 700
平均资产总额	30 400	33 200
平均负债总额	20 600	16 400
平均净资产总额	9 800	16 800

思考：

（1）请完成表8-17中各项分析指标的填写。

表8-17 各项分析指标

分析指标	2023年	2024年
1.净资产收益率		
2.总资产净利率		
（1）营业净利率		
（2）总资产周转率		
3.权益乘数		

（2）请分析该企业净资产收益率变化的原因。

2.东海公司的资产管理比率指标见表8-18。

表8-18 东海公司的资产管理比率指标

项目	2024年	2023年	2022年
总资产周转率	1.36	1.28	1.24
固定资产周转率	2.87	2.32	2.19
流动资产周转率	2.87	3.24	3.24
应收账款周转率	10.47	7.46	7.23
存货周转率	20.23	17.41	16.21
营业周期	52	69	72

思考：请根据上述6项指标，简要分析评价该公司的资产管理的状况。

3.2024年南极公司的有关资料见表8-19。

表8-19 南极公司的有关资料

资产	占总资产结构		比例增减	比基期增加（减少）	
	2023年度	2024年度		金额（元）	百分比
货币资金	14.69%	18.46%	3.77%	65 925 919.50	23.51%
短期投资	0	0	0	—	
应收票据	22.52%	20.74%	-1.78%	-40 886 643.05	-9.51%
应收账款	10.07%	11.38%	1.31%	21 175 707.33	11.02%

2024年现金流量表主要项目见表8-20。

表8-20　现金流量表主要项目　单位：元

现金流量表项目	金额
经营活动产生的现金流量净额	239 931 967.44
投资活动产生的现金流量净额	−50 697 019.85
筹资活动产生的现金流量净额	−123 315 244
汇率变动对现金的影响额	6 215.91
现金及现金等价物净增加额	65 925 919.50

2024年营业收入比上年增加14.16%。

思考：

（1）根据上述资料，请说明2024年南极公司货币资金主要来源及其投向。

（2）对其偿债能力作简单评价。

参考文献

[1] 财政部会计财务评价中心. 财务管理［M］. 北京：经济科学出版社，2025.

[2] 靳磊. 财务管理实务［M］. 6版. 北京：高等教育出版社，2025.

[3] 张利. 财务管理［M］. 上海：立信会计出版社，2022.

[4] 钭志斌. Excel在财务中的应用［M］. 4版. 北京：高等教育出版社，2024.

[5] 马元兴，孙作林. 财务管理：原理、实务、案例、实训［M］. 2版. 大连：东北财经大学出版社，2016.

[6] 罗斯，韦斯特菲尔德，乔丹. 公司理财精要［M］. 张建平，等译. 7版. 北京：人民邮电出版社，2016.

附　录

附表一　　复利终值系数表

期数	1%	2%	3%	4%	5%	6%	7%	8%	9%	10%
1	1.0100	1.0200	1.0300	1.0400	1.0500	1.0600	1.0700	1.0800	1.0900	1.1000
2	1.0201	1.0404	1.0609	1.0816	1.1025	1.1236	1.1449	1.1664	1.1881	1.2100
3	1.0303	1.0612	1.0927	1.1249	1.1576	1.1910	1.2250	1.2597	1.2950	1.3310
4	1.0406	1.0824	1.1255	1.1699	1.2155	1.2625	1.3108	1.3605	1.4116	1.4641
5	1.0510	1.1041	1.1593	1.2167	1.2763	1.3382	1.4026	1.4693	1.5386	1.6105
6	1.0615	1.1262	1.1941	1.2653	1.3401	1.4185	1.5007	1.5869	1.6771	1.7716
7	1.0721	1.1487	1.2299	1.3159	1.4071	1.5036	1.6058	1.7138	1.8280	1.9487
8	1.0829	1.1717	1.2668	1.3686	1.4775	1.5938	1.7182	1.8509	1.9926	2.1436
9	1.0937	1.1951	1.3048	1.4233	1.5513	1.6895	1.8385	1.9990	2.1719	2.3579
10	1.1046	1.2190	1.3439	1.4802	1.6289	1.7908	1.9672	2.1589	2.3674	2.5937
11	1.1157	1.2434	1.3842	1.5395	1.7103	1.8983	2.1049	2.3316	2.5804	2.8531
12	1.1268	1.2682	1.4258	1.6010	1.7959	2.0122	2.2522	2.5182	2.8127	3.1384
13	1.1381	1.2936	1.4685	1.6651	1.8856	2.1329	2.4098	2.7196	3.0658	3.4523
14	1.1495	1.3195	1.5126	1.7317	1.9799	2.2609	2.5785	2.9372	3.3417	3.7975
15	1.1610	1.3459	1.5580	1.8009	2.0789	2.3966	2.7590	3.1722	3.6425	4.1772
16	1.1726	1.3728	1.6047	1.8730	2.1829	2.5404	2.9522	3.4259	3.9703	4.5950
17	1.1843	1.4002	1.6528	1.9479	2.2920	2.6928	3.1588	3.7000	4.3276	5.0545
18	1.1961	1.4282	1.7024	2.0258	2.4066	2.8543	3.3799	3.9960	4.7171	5.5599
19	1.2081	1.4568	1.7535	2.1068	2.5270	3.0256	3.6165	4.3157	5.1417	6.1159
20	1.2202	1.4859	1.8061	2.1911	2.6533	3.2071	3.8697	4.6610	5.6044	6.7275
21	1.2324	1.5157	1.8603	2.2788	2.7860	3.3996	4.1406	5.0338	6.1088	7.4002
22	1.2447	1.5460	1.9161	2.3699	2.9253	3.6035	4.4304	5.4365	6.6586	8.1403
23	1.2572	1.5769	1.9736	2.4647	3.0715	3.8197	4.7405	5.8715	7.2579	8.9543
24	1.2697	1.6084	2.0328	2.5633	3.2251	4.0489	5.0724	6.3412	7.9111	9.8497
25	1.2824	1.6406	2.0938	2.6658	3.3864	4.2919	5.4274	6.8485	8.6231	10.835
26	1.2953	1.6734	2.1566	2.7725	3.5557	4.5494	5.8074	7.3964	9.3992	11.918
27	1.3082	1.7069	2.2213	2.8834	3.7335	4.8223	6.2139	7.9881	10.245	13.110
28	1.3213	1.7410	2.2879	2.9987	3.9201	5.1117	6.6488	8.6271	11.167	14.421
29	1.3345	1.7758	2.3566	3.1187	4.1161	5.4184	7.1143	9.3173	12.172	15.863
30	1.3478	1.8114	2.4273	3.2434	4.3219	5.7435	7.6123	10.063	13.268	17.449

续表

期数	12%	14%	15%	16%	18%	20%	24%	28%	32%	36%
1	1.1200	1.1400	1.1500	1.1600	1.1800	1.2000	1.2400	1.2800	1.3200	1.3600
2	1.2544	1.2996	1.3225	1.3456	1.3924	1.4400	1.5376	1.6384	1.7424	1.8496
3	1.4049	1.4815	1.5209	1.5609	1.6430	1.7280	1.9066	2.0972	2.3000	2.5155
4	1.5735	1.6890	1.7490	1.8106	1.9388	2.0736	2.3642	2.6844	3.0360	3.4210
5	1.7623	1.9254	2.0114	2.1003	2.2878	2.4883	2.9316	3.4360	4.0075	4.6526
6	1.9738	2.1950	2.3131	2.4364	2.6996	2.9860	3.6352	4.3980	5.2899	6.3275
7	2.2107	2.5023	2.6600	2.8262	3.1855	3.5832	4.5077	5.6295	6.9826	8.6054
8	2.4760	2.8526	3.0590	3.2784	3.7589	4.2998	5.5895	7.2058	9.2170	11.703
9	2.7731	3.2519	3.5179	3.8030	4.4355	5.1598	6.9310	9.2234	12.166	15.917
10	3.1058	3.7072	4.0456	4.4114	5.2338	6.1917	8.5944	11.806	16.060	21.647
11	3.4785	4.2262	4.6524	5.1173	6.1759	7.4301	10.657	15.112	21.199	29.439
12	3.8960	4.8179	5.3503	5.9360	7.2876	8.9161	13.215	19.343	27.983	40.037
13	4.3635	5.4924	6.1528	6.8858	8.5994	10.699	16.386	24.759	36.937	54.451
14	4.8871	6.2613	7.0757	7.9875	10.147	12.839	20.319	31.691	48.757	74.053
15	5.4736	7.1379	8.1371	9.2655	11.974	15.407	25.196	40.565	64.359	100.71
16	6.1304	8.1372	9.3576	10.748	14.129	18.488	31.243	51.923	84.954	136.97
17	6.8660	9.2765	10.761	12.468	16.672	22.186	38.741	66.461	112.14	186.28
18	7.6900	10.575	12.375	14.463	19.673	26.623	48.039	85.071	148.02	253.34
19	8.6128	12.056	14.232	16.777	23.214	31.948	59.568	108.89	195.39	344.54
20	9.6463	13.743	16.367	19.461	27.393	38.338	73.864	139.38	257.92	468.57
21	10.804	15.668	18.822	22.574	32.324	46.005	91.592	178.41	340.45	637.26
22	12.100	17.861	21.645	26.186	38.142	55.206	113.57	228.36	449.39	866.67
23	13.552	20.362	24.891	30.376	45.008	66.247	140.83	292.30	593.20	1 178.7
24	15.179	23.212	28.625	35.236	53.109	79.497	174.63	374.14	783.02	1 603.0
25	17.000	26.462	32.919	40.874	62.669	95.396	216.54	478.90	1 033.6	2 180.1
26	19.040	30.167	37.857	47.414	73.949	114.48	268.51	613.00	1 364.3	2 964.9
27	21.325	34.390	43.535	55.000	87.260	137.37	332.95	784.64	1 800.9	4 032.3
28	23.884	39.204	50.066	63.800	102.97	164.84	412.86	1 004.3	2 377.2	5 483.9
29	26.750	44.693	57.575	74.009	121.50	197.81	511.95	1 285.6	3 137.9	7 458.1
30	29.960	50.950	66.212	85.850	143.37	237.38	634.82	1 645.5	4 142.1	10 143

附表二

复利现值系数表

期数	1%	2%	3%	4%	5%	6%	7%	8%	9%	10%
1	.9901	.9804	.9709	.9615	.9524	.9434	.9346	.9259	.9174	.9091
2	.9803	.9612	.9426	.9246	.9070	.8900	.8734	.8573	.8417	.8264
3	.9706	.9423	.9151	.8890	.8638	.8396	.8163	.7938	.7722	.7513
4	.9610	.9238	.8885	.8548	.8227	.7921	.7629	.7350	.7084	.6830
5	.9515	.9057	.8626	.8219	.7835	.7473	.7130	.6806	.6499	.6209
6	.9420	.8880	.8375	.7903	.7462	.7050	.6663	.6302	.5963	.5645
7	.9327	.8706	.8131	.7599	.7107	.6651	.6227	.5835	.5470	.5132
8	.9235	.8535	.7894	.7307	.6768	.6274	.5820	.5403	.5019	.4665
9	.9143	.8368	.7664	.7026	.6446	.5919	.5439	.5002	.4604	.4241
10	.9053	.8203	.7441	.6756	.6139	.5584	.5083	.4632	.4224	.3855
11	.8963	.8043	.7224	.6496	.5847	.5268	.4751	.4289	.3875	.3505
12	.8874	.7885	.7014	.6246	.5568	.4970	.4440	.3971	.3555	.3186
13	.8787	.7730	.6810	.6006	.5303	.4688	.4150	.3677	.3262	.2897
14	.8700	.7579	.6611	.5775	.5051	.4423	.3878	.3405	.2992	.2633
15	.8613	.7430	.6419	.5553	.4810	.4173	.3624	.3152	.2745	.2394
16	.8528	.7284	.6232	.5339	.4581	.3936	.3387	.2919	.2519	.2176
17	.8444	.7142	.6050	.5134	.4363	.3714	.3166	.2703	.2311	.1978
18	.8360	.7002	.5874	.4936	.4155	.3503	.2959	.2502	.2120	.1799
19	.8277	.6864	.5703	.4746	.3957	.3305	.2765	.2317	.1945	.1635
20	.8195	.6730	.5537	.4564	.3769	.3118	.2584	.2145	.1784	.1486
21	.8114	.6598	.5375	.4388	.3589	.2942	.2415	.1987	.1637	.1351
22	.8034	.6468	.5219	.4220	.3418	.2775	.2257	.1839	.1502	.1228
23	.7954	.6342	.5067	.4057	.3256	.2618	.2109	.1703	.1378	.1117
24	.7876	.6217	.4919	.3901	.3101	.2470	.1971	.1577	.1264	.1015
25	.7798	.6095	.4776	.3751	.2953	.2330	.1842	.1460	.1160	.0923
26	.7720	.5976	.4637	.3607	.2812	.2198	.1722	.1352	.1064	.0839
27	.7644	.5859	.4502	.3468	.2678	.2074	.1609	.1252	.0976	.0763
28	.7568	.5744	.4371	.3335	.2551	.1956	.1504	.1159	.0895	.0693
29	.7493	.5631	.4243	.3207	.2429	.1846	.1406	.1073	.0822	.0630
30	.7419	.5521	.4120	.3083	.2314	.1741	.1314	.0994	.0754	.0573
35	.7059	.5000	.3554	.2534	.1813	.1301	.0937	.0676	.0490	.0356
40	.6717	.4529	.3066	.2083	.1420	.0972	.0668	.0460	.0318	.0221
45	.6391	.4102	.2644	.1712	.1113	.0727	.0476	.0313	.0207	.0137
50	.6080	.3715	.2281	.1407	.0872	.0543	.0339	.0213	.0134	.0085
55	.5785	.3365	.1968	.1157	.0683	.0406	.0242	.0145	.0087	.0053

续表

期数	12%	14%	15%	16%	18%	20%	24%	28%	32%	36%
1	.8929	.8772	.8696	.8621	.8475	.8333	.8065	.7813	.7576	.7353
2	.7972	.7695	.7561	.7432	.7182	.6944	.6504	.6104	.5739	.5407
3	.7118	.6750	.6575	.6407	.6086	.5787	.5245	.4768	.4348	.3975
4	.6355	.5921	.5718	.5523	.5158	.4823	.4230	.3725	.3294	.2923
5	.5674	.5194	.4972	.4761	.4371	.4019	.3411	.2910	.2495	.2149
6	.5066	.4556	.4323	.4104	.3704	.3349	.2751	.2274	.1890	.1580
7	.4523	.3996	.3759	.3538	.3139	.2791	.2218	.1776	.1432	.1162
8	.4039	.3506	.3269	.3050	.2660	.2326	.1789	.1388	.1085	.0854
9	.3606	.3075	.2843	.2630	.2255	.1938	.1443	.1084	.0822	.0628
10	.3220	.2697	.2472	.2267	.1911	.1615	.1164	.0847	.0623	.0462
11	.2875	.2366	.2149	.1954	.1619	.1346	.0938	.0662	.0472	.0340
12	.2567	.2076	.1869	.1685	.1372	.1122	.0757	.0517	.0357	.0250
13	.2292	.1821	.1625	.1452	.1163	.0935	.0610	.0404	.0271	.0184
14	.2046	.1597	.1413	.1252	.0985	.0779	.0492	.0316	.0205	.0135
15	.1827	.1401	.1229	.1079	.0835	.0649	.0397	.0247	.0155	.0099
16	.1631	.1229	.1069	.0930	.0708	.0541	.0320	.0193	.0118	.0073
17	.1456	.1078	.0929	.0802	.0600	.0451	.0258	.0150	.0089	.0054
18	.1300	.0946	.0808	.0691	.0508	.0376	.0208	.0118	.0068	.0039
19	.1161	.0829	.0703	.0596	.0431	.0313	.0168	.0092	.0051	.0029
20	.1037	.0728	.0611	.0514	.0365	.0261	.0135	.0072	.0039	.0021
21	.0926	.0638	.0531	.0443	.0309	.0217	.0109	.0056	.0029	.0016
22	.0826	.0560	.0462	.0382	.0262	.0181	.0088	.0044	.0022	.0012
23	.0738	.0491	.0402	.0329	.0222	.0151	.0071	.0034	.0017	.0008
24	.0659	.0431	.0349	.0284	.0188	.0126	.0057	.0027	.0013	.0006
25	.0588	.0378	.0304	.0245	.0160	.0105	.0046	.0021	.0010	.0005
26	.0525	.0331	.0264	.0211	.0135	.0087	.0037	.0016	.0007	.0003
27	.0469	.0291	.0230	.0182	.0115	.0073	.0030	.0013	.0006	.0002
28	.0419	.0255	.0200	.0157	.0097	.0061	.0024	.0010	.0004	.0002
29	.0374	.0224	.0174	.0135	.0082	.0051	.0020	.0008	.0003	.0001
30	.0334	.0196	.0151	.0116	.0070	.0042	.0016	.0006	.0002	.0001
35	.0189	.0102	.0075	.0055	.0030	.0017	.0005	.0002	.0001	.0000
40	.0107	.0053	.0037	.0026	.0013	.0007	.0002	.0001	.0000	.0000
45	.0061	.0027	.0019	.0013	.0006	.0003	.0001	.0000	.0000	.0000
50	.0035	.0014	.0009	.0006	.0003	.0001	.0000	.0000	.0000	.0000
55	.0020	.0007	.0005	.0003	.0001	.0000	.0000	.0000	.0000	.0000

附表三 年金终值系数表

期数	1%	2%	3%	4%	5%	6%	7%	8%	9%	10%
1	1.0000	1.0000	1.0000	1.0000	1.0000	1.0000	1.0000	1.0000	1.0000	1.0000
2	2.0100	2.0200	2.0300	2.0400	2.0500	2.0600	2.0700	2.0800	2.0900	2.1000
3	3.0301	3.0604	3.0909	3.1216	3.1525	3.1836	3.2149	3.2464	3.2781	3.3100
4	4.0604	4.1216	4.1836	4.2465	4.3101	4.3746	4.4399	4.5061	4.5731	4.6410
5	5.1010	5.2040	5.3091	5.4163	5.5256	5.6371	5.7507	5.8666	5.9847	6.1051
6	6.1520	6.3081	6.4684	6.6330	6.8019	6.9753	7.1533	7.3359	7.5233	7.7156
7	7.2135	7.4343	7.6625	7.8983	8.1420	8.3938	8.6540	8.9228	9.2004	9.4872
8	8.2857	8.5830	8.8923	9.2142	9.5491	9.8975	10.260	10.637	11.028	11.436
9	9.3685	9.7546	10.159	10.583	11.027	11.491	11.978	12.488	13.021	13.579
10	10.462	10.950	11.464	12.006	12.578	13.181	13.816	14.487	15.193	15.937
11	11.567	12.169	12.808	13.486	14.207	14.972	15.784	16.645	17.560	18.531
12	12.683	13.412	14.192	15.026	15.917	16.870	17.888	18.977	20.141	21.384
13	13.809	14.680	15.618	16.627	17.713	18.882	20.141	21.495	22.953	24.523
14	14.947	15.974	17.086	18.292	19.599	21.015	22.550	24.215	26.019	27.975
15	16.097	17.293	18.599	20.024	21.579	23.276	25.129	27.152	29.361	31.772
16	17.258	18.639	20.157	21.825	23.657	25.673	27.888	30.324	33.003	35.950
17	18.430	20.012	21.762	23.698	25.840	28.213	30.840	33.750	36.974	40.545
18	19.615	21.412	23.414	25.645	28.132	30.906	33.999	37.450	41.301	45.599
19	20.811	22.841	25.117	27.671	30.539	33.760	37.379	41.446	46.018	51.159
20	22.019	24.297	26.870	29.778	33.066	36.786	40.995	45.762	51.160	57.275
21	23.239	25.783	28.676	31.969	35.719	39.993	44.865	50.423	56.765	64.002
22	24.472	27.299	30.537	34.248	38.505	43.392	49.006	55.457	62.873	71.403
23	25.716	28.845	32.453	36.618	41.430	46.996	53.436	60.893	69.532	79.543
24	26.973	30.422	34.426	39.083	44.502	50.816	58.177	66.765	76.790	88.497
25	28.243	32.030	36.459	41.646	47.727	54.865	63.249	73.106	84.701	98.347
26	29.526	33.671	38.553	44.312	51.113	59.156	68.676	79.954	93.324	109.18
27	30.821	35.344	40.710	47.084	54.669	63.706	74.484	87.351	102.72	121.10
28	32.129	37.051	42.931	49.968	58.403	68.528	80.698	95.339	112.97	134.21
29	33.450	38.792	45.219	52.966	62.323	73.640	87.347	103.97	124.14	148.63
30	34.785	40.568	47.575	56.085	66.439	79.058	94.461	113.28	136.31	164.49

续表

期数	12%	14%	15%	16%	18%	20%	24%	28%	32%	36%
1	1.0000	1.0000	1.0000	1.0000	1.0000	1.0000	1.0000	1.0000	1.0000	1.0000
2	2.1200	2.1400	2.1500	2.1600	2.1800	2.2000	2.2400	2.2800	2.3200	2.3600
3	3.3744	3.4396	3.4725	3.5056	3.5724	3.6400	3.7776	3.9184	4.0624	4.2096
4	4.7793	4.9211	4.9934	5.0665	5.2154	5.3680	5.6842	6.0156	6.3624	6.7251
5	6.3528	6.6101	6.7424	6.8771	7.1542	7.4416	8.0484	8.6999	9.3983	10.146
6	8.1152	8.5355	8.7537	8.9775	9.4420	9.9299	10.980	12.136	13.406	14.799
7	10.089	10.730	11.067	11.414	12.142	12.916	14.615	16.534	18.696	21.126
8	12.300	13.233	13.727	14.240	15.327	16.499	19.123	22.163	25.678	29.732
9	14.776	16.085	16.786	17.519	19.086	20.799	24.712	29.369	34.895	41.435
10	17.549	19.337	20.304	21.321	23.521	25.959	31.643	38.593	47.062	57.352
11	20.655	23.045	24.349	25.733	28.755	32.150	40.238	50.398	63.122	78.998
12	24.133	27.271	29.002	30.850	34.931	39.581	50.895	65.510	84.320	108.44
13	28.029	32.089	34.352	36.786	42.219	48.497	64.110	84.853	112.30	148.47
14	32.393	37.581	40.505	43.672	50.818	59.196	80.496	109.61	149.24	202.93
15	37.280	43.842	47.580	51.660	60.965	72.035	100.82	141.30	198.00	276.98
16	42.753	50.980	55.717	60.925	72.939	87.442	126.01	181.87	262.36	377.69
17	48.884	59.118	65.075	71.673	87.068	105.93	157.25	233.79	347.31	514.66
18	55.750	68.394	75.836	84.141	103.74	128.12	195.99	300.25	459.45	700.94
19	63.440	78.969	88.212	98.603	123.41	154.74	244.03	385.32	607.47	954.28
20	72.052	91.025	102.44	115.38	146.63	186.69	303.60	494.21	802.86	1 298.8
21	81.699	104.77	118.81	134.84	174.02	225.03	377.46	633.59	1 060.8	1 767.4
22	92.503	120.44	137.63	157.41	206.34	271.03	469.06	812.00	1 401.2	2 404.7
23	104.60	138.30	159.28	183.60	244.49	326.24	582.63	1 040.4	1 850.6	3 271.3
24	118.16	158.66	184.17	213.98	289.49	392.48	723.46	1 332.7	2 443.8	4 450.0
25	133.33	181.87	212.79	249.21	342.60	471.98	898.09	1 706.8	3 226.8	6 053.0
26	150.33	208.33	245.71	290.09	405.27	567.38	1 114.6	2 185.7	4 260.4	8 233.1
27	169.37	238.50	283.57	337.50	479.22	681.85	1 383.1	2 798.7	5 624.8	11 198
28	190.70	272.89	327.10	392.50	566.48	819.22	1 716.1	3 583.3	7 425.7	15 230
29	214.58	312.09	377.17	456.30	669.45	984.07	2 129.0	4 587.7	9 802.9	20 714
30	241.33	356.79	434.75	530.31	790.95	1 181.9	2 640.9	5 873.2	12 941	28 172

附表四

年金现值系数表

期数	1%	2%	3%	4%	5%	6%	7%	8%	9%
1	0.9901	0.9804	0.9709	0.9615	0.9524	0.9434	0.9346	0.9259	0.9174
2	1.9704	1.9416	1.9135	1.8861	1.8594	1.8334	1.8080	1.7833	1.7591
3	2.9410	2.8839	2.8286	2.7751	2.7232	2.6730	2.6243	2.5771	2.5313
4	3.9020	3.8077	3.7171	3.6299	3.5460	3.4651	3.3872	3.3121	3.2397
5	4.8534	4.7135	4.5797	4.4518	4.3295	4.2124	4.1002	3.9927	3.8897
6	5.7955	5.6014	5.4172	5.2421	5.0757	4.9173	4.7665	4.6229	4.4859
7	6.7282	6.4720	6.2303	6.0021	5.7864	5.5824	5.3893	5.2064	5.0330
8	7.6517	7.3255	7.0197	6.7327	6.4632	6.2098	5.9713	5.7466	5.5348
9	8.5660	8.1622	7.7861	7.4353	7.1078	6.8017	6.5152	6.2469	5.9952
10	9.4713	8.9826	8.5302	8.1109	7.7217	7.3601	7.0236	6.7101	6.4177
11	10.3676	9.7868	9.2526	8.7605	8.3064	7.8869	7.4987	7.1390	6.8052
12	11.2551	10.5753	9.9540	9.3851	8.8633	8.3838	7.9427	7.5361	7.1607
13	12.1337	11.3484	10.6350	9.9856	9.3936	8.8527	8.3577	7.9038	7.4869
14	13.0037	12.1062	11.2961	10.5631	9.8986	9.2950	8.7455	8.2442	7.7862
15	13.8651	12.8493	11.9379	11.1184	10.3797	9.7122	9.1079	8.5595	8.0607
16	14.7179	13.5777	12.5611	11.6523	10.8378	10.1059	9.4466	8.8514	8.3126
17	15.5623	14.2919	13.1661	12.1657	11.2741	10.4773	9.7632	9.1216	8.5436
18	16.3983	14.9920	13.7535	12.6593	11.6896	10.8276	10.0591	9.3719	8.7556
19	17.2260	15.6785	14.3238	13.1339	12.0853	11.1581	10.3356	9.6036	8.9501
20	18.0456	16.3514	14.8775	13.5903	12.4622	11.4699	10.5940	9.8181	9.1285
21	18.8570	17.0112	15.4150	14.0292	12.8212	11.7641	10.8355	10.0168	9.2922
22	19.6604	17.6580	15.9369	14.4511	13.1630	12.0416	11.0612	10.2007	9.4424
23	20.4558	18.2922	16.4436	14.8568	13.4886	12.3034	11.2722	10.3711	9.5802
24	21.2434	18.9139	16.9355	15.2470	13.7986	12.5504	11.4693	10.5288	9.7066
25	22.0232	19.5235	17.4131	15.6221	14.0939	12.7834	11.6536	10.6748	9.8226
26	22.7952	20.1210	17.8768	15.9828	14.3752	13.0032	11.8258	10.8100	9.9290
27	23.5596	20.7069	18.3270	16.3296	14.6430	13.2105	11.9867	10.9352	10.0266
28	24.3164	21.2813	18.7641	16.6631	14.8981	13.4062	12.1371	11.0511	10.1161
29	25.0658	21.8444	19.1885	16.9837	15.1411	13.5907	12.2777	11.1584	10.1983
30	25.8077	22.3965	19.6004	17.2920	15.3725	13.7648	12.4090	11.2578	10.2737
35	29.4086	24.9986	21.4872	18.6646	16.3742	14.4982	12.9477	11.6546	10.5668
40	32.8347	27.3555	23.1148	19.7928	17.1591	15.0463	13.3317	11.9246	10.7574
45	36.0945	29.4902	24.5187	20.7200	17.7741	15.4558	13.6055	12.1084	10.8812
50	39.1961	31.4236	25.7298	21.4822	18.2559	15.7619	13.8007	12.2335	10.9617
55	42.1472	33.1748	26.7744	22.1086	18.6335	15.9905	13.9399	12.3186	11.0140

续表

期数	10%	12%	14%	15%	16%	18%	20%	24%	25%	28%	32%
1	0.9091	0.8929	0.8772	0.8696	0.8621	0.8475	0.8333	0.8065	0.8000	0.7813	0.7576
2	1.7355	1.6901	1.6467	1.6257	1.6052	1.5656	1.5278	1.4568	1.4400	1.3916	1.3315
3	2.4869	2.4018	2.3216	2.2832	2.2459	2.1743	2.1065	1.9813	1.9520	1.8684	1.7663
4	3.1699	3.0373	2.9137	2.8550	2.7982	2.6901	2.5887	2.4043	2.3616	2.2410	2.0957
5	3.7908	3.6048	3.4331	3.3522	3.2743	3.1272	2.9906	2.7454	2.6893	2.5320	2.3452
6	4.3553	4.1114	3.8887	3.7845	3.6847	3.4976	3.3255	3.0205	2.9514	2.7594	2.5342
7	4.8684	4.5638	4.2883	4.1604	4.0386	3.8115	3.6046	3.2423	3.1611	2.9370	2.6775
8	5.3349	4.9676	4.6389	4.4873	4.3436	4.0776	3.8372	3.4212	3.3289	3.0758	2.7860
9	5.7590	5.3282	4.9464	4.7716	4.6065	4.3030	4.0310	3.5655	3.4631	3.1842	2.8681
10	6.1446	5.6502	5.2161	5.0188	4.8332	4.4941	4.1925	3.6819	3.5705	3.2689	2.9304
11	6.4951	5.9377	5.4527	5.2337	5.0286	4.6560	4.3271	3.7757	3.6564	3.3351	2.9776
12	6.8137	6.1944	5.6603	5.4206	5.1971	4.7932	4.4392	3.8514	3.7251	3.3868	3.0133
13	7.1034	6.4235	5.8424	5.5831	5.3423	4.9095	4.5327	3.9124	3.7801	3.4272	3.0404
14	7.3667	6.6282	6.0021	5.7245	5.4675	5.0081	4.6106	3.9616	3.8241	3.4587	3.0609
15	7.6061	6.8109	6.1422	5.8474	5.5755	5.0916	4.6755	4.0013	3.8593	3.4834	3.0764
16	7.8237	6.9740	6.2651	5.9542	5.6685	5.1624	4.7296	4.0333	3.8874	3.5026	3.0882
17	8.0216	7.1196	6.3729	6.0472	5.7487	5.2223	4.7746	4.0591	3.9099	3.5177	3.0971
18	8.2014	7.2497	6.4674	6.1280	5.8178	5.2732	4.8122	4.0799	3.9279	3.5294	3.1039
19	8.3649	7.3658	6.5504	6.1982	5.8775	5.3162	4.8435	4.0967	3.9424	3.5386	3.1090
20	8.5136	7.4694	6.6231	6.2593	5.9288	5.3527	4.8696	4.1103	3.9539	3.5458	3.1129
21	8.6487	7.5620	6.6870	6.3125	5.9731	5.3837	4.8913	4.1212	3.9631	3.5514	3.1158
22	8.7715	7.6446	6.7429	6.3587	6.0113	5.4099	4.9094	4.1300	3.9705	3.5558	3.1180
23	8.8832	7.7184	6.7921	6.3988	6.0442	5.4321	4.9245	4.1371	3.9764	3.5592	3.1197
24	8.9847	7.7843	6.8351	6.4338	6.0726	5.4509	4.9371	4.1428	3.9811	3.5619	3.1210
25	9.0770	7.8431	6.8729	6.4641	6.0971	5.4669	4.9476	4.1474	3.9849	3.5640	3.1220
26	9.1609	7.8957	6.9061	6.4906	6.1182	5.4804	4.9563	4.1511	3.9879	3.5656	3.1227
27	9.2372	7.9426	6.9352	6.5135	6.1364	5.4919	4.9636	4.1542	3.9903	3.5669	3.1233
28	9.3066	7.9844	6.9607	6.5335	6.1520	5.5016	4.9697	4.1566	3.9923	3.5679	3.1237
29	9.3696	8.0218	6.9830	6.5509	6.1656	5.5098	4.9747	4.1585	3.9938	3.5687	3.1240
30	9.4269	8.0552	7.0027	6.5660	6.1772	5.5168	4.9789	4.1601	3.9950	3.5693	3.1242
35	9.6442	8.1755	7.0700	6.6166	6.2153	5.5386	4.9915	4.1644	3.9984	3.5708	3.1248
40	9.7791	8.2438	7.1050	6.6418	6.2335	5.5482	4.9966	4.1659	3.9995	3.5712	3.1250
45	9.8628	8.2825	7.1232	6.6543	6.2421	5.5523	4.9986	4.1664	3.9998	3.5714	3.1250
50	9.9148	8.3045	7.1327	6.6605	6.2463	5.5541	4.9995	4.1666	3.9999	3.5714	3.1250
55	9.9471	8.3170	7.1376	6.6636	6.2482	5.5549	4.9998	4.1666	4.0000	3.5714	3.1250

微课索引

为了满足学生自主学习的需要，我们针对本书的重点和难点内容制作了下列微课，用手机扫一扫对应的二维码即可直接观看，括号内标注的是微课具体页码。

[1] 财务与会计的区别（p.7）
[2] 宏观环境分析（p.14）
[3] 预测利率变动方向（p.17）
[4] 人民币升值对外币资产的影响（p.17）
[5] 拆借天数的计算——单变量求解（p.23）
[6] 短期融资券的利息计算（p.24）
[7] 用FV函数计算复利终值（p.25）
[8] 用PV函数计算复利现值（p.26）
[9] 用FV函数计算年金终值（p.27）
[10] 用PV函数计算年金现值（p.30）
[11] 用PMT函数计算年金（p.31）
[12] 递延年金现值的计算（p.37）
[13] 用RATE函数计算利率（p.39）
[14] 用NPER函数计算期限（p.40）
[15] 用EFFECT函数计算实际利率（p.41）
[16] 风险大小的衡量（p.45）
[17] 经营杠杆分析原理与应用（p.52）
[18] 财务杠杆系数的计算与分析（p.55）
[19] 复合杠杆系数分析原理与应用（p.57）
[20] 销售百分比法预测资金需求（p.70）
[21] 回归分析法的基本应用（p.71）
[22] 债券发行价格的确定（p.82）
[23] 融资租赁租金的计算与分析（p.85）
[24] PMT系列函数的应用（p.87）
[25] IRR函数计算资本成本率（p.99）
[26] IRR与RATE函数应用——债券资本成本率的计算（p.100）
[27] 资本结构优化的思路（p.105）
[28] 企业持有现金动机（p.120）

[29] 用随机模型确定最佳现金持有量（p.124）
[30] 应收账款信用政策决策（p.132）
[31] 经济订货批量基本模型（p.138）
[32] 净现值的计算与分析（p.154）
[33] 内含报酬率的计算与分析（p.157）
[34] 债券投资价值的计算（p.163）
[35] 市场利率变动对债券价值的影响分析（p.164）
[36] 债券价格与债券到期日之间的关系（p.165）
[37] 股票投资价值分析（p.168）
[38] 股利固定增长股票估值（p.168）
[39] 剩余股利政策应用分析（p.182）
[40] 股票回购（p.191）
[41] 日常业务预算的编制（p.206）
[42] 现金预算编制（p.216）
[43] 预计资产负债表编制（p.219）
[44] 财务报表快速阅读——鲁泰A（p.230）
[45] 财务比率计算的5个要点（p.255）
[46] 杜邦财务分析实例——鲁泰A（p.260）
[47] 沃尔比重评分法的应用与雷达图绘制（p.261）